KB252231

근대를 넘어서려는 모험들
일제 말기의 문학사상 연구

Adventures to Get Over Modernity
Studies in Literary Thought at the End of the Japanese Imperialism

홍기돈

지은이 **홍기돈**은 1970년 제주 출생으로 1999년 『작가세계』 신인작가상 평론부문으로 등단하였다. 2003년 「김동리 연구」로 중앙대에서 박사 학위를 받았다. 평론집으로 『페르세우스의 방패』(백의), 『인공낙원의 뒷골목』(실천문학사)이 있으며, 공저한 연구서로는 『한국문학권력의 계보』(한국출판마케팅연구소), 『탈식민주의를 넘어서』(소명출판) 등이 있다. 현재 『작가세계』, 『시경』 편집위원으로 활동 중에 있다.

근대를 넘어서려는 모험들
: 일제 말기의 문학사상 연구

1판 1쇄 발행 2007년 01월 10일
1판 2쇄 발행 2007년 07월 20일

지은이 / 홍기돈
펴낸이 / 박성모
펴낸곳 / 소명출판
출판고문 / 김호영
등록 / 제13-522호
주소 / 137-878 서울시 서초구 서초동 1621-18 (란빌딩 1층)
대표전화 / (02) 585-7840
팩시밀리 / (02) 585-7848
somyong@korea.com / www.somyong.co.kr

ⓒ 2007, 홍기돈

값 17,000원

ISBN 89-5626-235-7 93810

근대를 넘어서려는 모험들

일제 말기의 문학사상 연구

Adventures to Get over Modernity
Studies in Literary Thought at the End of the Japanese Imperialism

홍기돈

소명출판

Adventures to Get over Modernity
Studies in Literary Thought at the End of the Japanese Imperialism

홍기돈

첫 번째 연구서를 묶어낸다. 학자의 길로 나서겠노라 결심을 세운 지 정확히 십 년 만이다. 십 년 전 석사학위를 받은 나는 심각한 회의에 빠져 있었다. 합리적 이성으로는 도무지 이해할 수 없는 일들이 대학원에서 '관례'라는 이름으로 통용되고 있었기 때문이다. 그러한 관례와 번번이 맞섰던 내 대학원 생활이 순탄했을 리 만무하다. 심각한 회의는 여기에서 움터 올랐다. 내가 과연 '이런 곳'에서 견디어낼 수 있을까. 학문에 대한 열정은 그 다음의 문제였다. 돌아보면 참으로 막막하기만 한 시간이었다.

몇 분 교수님들의 도움으로 겨우 박사과정에 들어설 수 있었다(그분들의 존함을 직접 거론하지는 않지만 당시 느꼈던 고마움은 아직까지 오롯이 살아 있다). 입학이 어려웠던 만큼 품고 있던 욕심은 크기만 했다. 실력으로 증명하리라, 결심했던 것이다. 그때 내가 연구 대상으로 초점을 맞춘 주제는 '근대'였다. 근대가 막다른 벽에 부딪쳤다면 응당 그 너머로 나아갈 가능성을 모색해야할 터, 그 길 위에서 나의 존재를 증명하겠다고 생각했던 셈이다. 허생이 십 년 공부를 작심했던 것처럼, 나 또한 일단 십 년을 걸어보겠다고 다짐하였다. 그러니까 멀리 보자면, 여기 묶인 글들은 십 년 전부터 준비한 셈이 되겠다.

하지만, 집중적으로 논문을 써 내려간 것은 최근 삼 년 동안의 일이다. 박사학위 논문을 써 낸 뒤라 다소 여유로운 환경에 놓이기도 했지만, 최근 연구 경향에 도저히 동의할 수 없어서 일종의 사명감을 가지고 달려들게 된 까닭이다. 유럽에서 발원한 단단한 근대를 절대적인 것으로 전제하고, 다른 근대의 가능성을 원천적으로 봉쇄해 버리는 연구들이 설득력을 가질 수 있을까. 제국주의와 저항적 민족주의를 거울의 대칭 관계로 파악하여 둘 다 비판하고 나서는 태도는 결국 식민주의로 귀결하고 마는 것이 아닌가. 더군다나 실상의 왜곡과 침소봉대(針小棒大)의 독법에 의해 만들어진 무책임한 성과(?)는 엄밀한 검증을 거쳐야 하는 것 아닐까. 대략 이러한 물음들이 사명감으로 벼려졌던 것이다.

제1부는 작가론으로 묶었다. 논의의 정확성을 기하기 위해 실증적인 자료의 보완에 먼저 정성을 기울였다. 이를 바탕으로 작가들의 의식을 새롭게 해석한 바 있으니 나름의 의미가 있으리라 생각한다. 특히 근대와 맞서면서 또 다른 근대 혹은 근대 이후를 모색하는 다양한 관점들이 분석되고 있음은 다른 연구자들의 경향과 크게 변별된다고 자부할 수 있다.

가령 '근대가 막다른 벽에 직면하였다'라는 물음에 대한 반응을 보자. 이태준과 김기림은 그 너머로 나아가기 위해 필요한 요소를 찾아나가고 있다. 그러다 보니 의식의 변모 양상이 두드러진다. 해방 이후의 진로 선택은 여기서부터 근원한다. 반면 이육사는 사회주의 내에서의 민족(국가)들 간의 공존 가능성을 추구해 들어갔다. 방향이 정해진 셈이다. 사회주의를 지향했던 강경애에게는 민족 단위에 대한 고려가 충분히 나타나지 않는다. 이육사와 강경애가 "근대=자본주의"라는 판단을 하고 있었던 반면, 김동리는 자본주의와 사회주의를 근대의 쌍생아로 이해하였다. 따라서 그가 근대를 넘어서기 위해 '제3기 르네상스'를 주장했던 것은 당연한 수순이었다. 조연현은 제국주의로 함몰해 들어가는 작가의 예로 분석해 보았다.

제2부는 문학사에 대한 관점에 해당한다. 그러니까 제1부의 작가 분석에서 추출된 결과들을 묶어 귀납적으로 이론화시킨 결과라고 할 수 있겠다. 먼저 「1930년대 문학제도의 변화와 세대 논쟁」은 1930년대의 문학 제도적인 환경을 다루고 있다. 제1부의 작가들이 활동했던 문단 상황을 우선 고려해야 개별 작가의 사상이라든가 동향 파악에 도움이 되리라 싶어 이 책에 덧붙였다. 「근대적 민족국가와 4·3소설」은 제주도(濟州島)를 통해 이 땅에서 진행된 근대의 빈틈을 파악한 논문이다. 언어와 민족, 근대국가의 양상을 한국의 구체적 상황 위에서 살펴보는 데 도움이 될 것이다. 「김동리와 조연현」에서는 김동리의 '제3기 르네상스'가 몰락해가는 과정을 문단제도사의 측면에서 분석하였다. 한국문인협회의 역사를 파악하는 데도 유효할 것이다.

이 책을 펴내면서 「한국 근현대문학사에 붙이는 아홉 개의 주석」을 새롭게 작성하였다. 십여 년 동안 공부하면서 한국 근현대문학사를 파악하는 나름의 관점이 생겼으며, 이를 이론으로 만들어낼 가능성을 점검하기 위해 필요한 작업이었다. 그러니까 이 논문은 나의 십 년 공부를 중간결산 하는 의미를 가진 셈이다. 아마 이 논문에 유독 애정이 가는 이유는 이로써 설명할 수 있을 것이다. 덧붙이자면, 여기서 이야기하고 있는 '비민족주의적 반식민주의'라는 용어는 김재용 원광대 교수의 명명이다. 민족문학연구소에서 연구를 진행하던 도중 그가 제안하였고, 이를 수용하여 공유하게 된 것이다. 용어의 계발에도 응당 저작권이 있을 터이니 그 사실을 명기해 둔다. 용어뿐만이 아니라 근대에 대한 나의 생각을 가다듬는 데에도 김재용 교수는 의미 있는 조언을 많이 해주었다. 이 자리를 통해 고마움을 전한다.

문학 연구는 화석이 된 과거를 들여다보는 작업이어서는 안 된다. 현재와의 적극적인 대화일 수 있어야만 한다. 민족(국가)과 민족(국가)의 공존을 모색해야 하는 현재의 시점에 일제 말기의 작가들을 불러내는 이유는 여기에 있다. 즉 이들은 현재의 우리들에게 중요한 시사점을 제공할 수 있다는 것이다. 그 대화에 생동감을 불어넣기 위해 「기억은 멈추지 않는다」를 보유(補遺)로 포함시킨다. 조선의용군으로 활동했던 작가 김사량·김학철이 걸었던 길을 쉽게 잊어서는 안 되겠다는 감상이 여기에 더해진다.

기실 십 년 전의 나로 말할 것 같으면 의욕은 충만하나 나아갈 방향을 모르던 상태였다. 망아지처럼 날뛰는 나를 제자로 거두어들여 공부하는 방법을 가르쳐주신 분이 계시기에 그나마 지금의 성과를 낼 수 있었다. 나에게 학문적인 행운이 뒤따랐다면 바로 여기서 찾을 수 있으리라고 생각한다. 여기 실린 논문의 모자란 부분은 아둔한 나의 재능 탓이고, 간혹 창발적인 부분이 드러난다면 그것은 그분의 가르침 덕분이다. 그러니 첫 번째 연구서에서는 지도교수이신 그분께 고마움을 돌리고 싶다.

이 책을 김흥식 교수께 바친다.

2006년 12월
홍 기 돈

근대를 넘어서려는 모험들
: 일제 말기의 문학사상 연구

차례

책머리에 __ 3

제1부 작가론—근대와 대결하는 여러 양상

제1장 식민지 말기 이태준의 소설과 백산 안희제 · 13
: 「영월영감」과 「농군」을 중심으로

1. 백산상회, 『중외일보(中外日報)』 그리고 안희제 ·········· 13
2. 만주의 발해농장과 조선어학회 ················ 18
3. 황금광시대(黃金狂時代)의 운명과 맞서는 방식 ·········· 22
4. 「만주기행」과 「농군」의 거리, 그 의미 ············ 30
5. "참다운 藝術家 노릇"이라는 이태준의 결심 ·········· 40

제2장 일제강점기 김기림의 의식 변모 양상 · 44

1. 기교주의 논쟁의 배경과 전개 ················ 44
2. 김기림의 절망—의지와 현실의 괴리 ············· 51
3. 미키 기요시(三木淸)의 영향과 김기림의 민족의식 ········· 57
4. 침묵 해명의 열쇠—「산(山)」과 「동양(東洋)'에 대한 단장(斷章)」의 대응 관계 · 64

제3장 김동리 문학을 이해하기 위한 세 가지 코드 · 69
: 「무녀도」를 중심으로

1. "파우스트의 세기에서 모화의 세기로!" ·········· 69
2. 「무녀도」를 이해하기 위한 세 가지 코드 ··········· 71
3. 「무녀도」의 현재적 의미 ················· 83

제4장 육사의 문학관과 연출된 요양여행 · 86
: 산문세계를 중심으로

1. 충돌하는 진술, 증폭되는 의혹 ················ 86

   2. 민족공산주의자 이육사의 문학/문화에 대한 견해 ················ 91
   3. "한 개의 별을 노래하자" ·································· 100
   4. 이육사의 방랑벽에 대한 하나의 견해 ······················· 105

제5장 식민지, 근대화 그리고 여성 · 113
: 강경애의 작품세계에 대하여
   1. 식민지 근대화와 『인간문제』 ···························· 113
   2. 강경애의 인식 변모와 남편 장하일 ······················· 120
   3. 화요파와 북간도의 사람들 ······························ 127
   4. 여성주의와 계급주의 ································· 133

제6장 욕망 위에서 흔들리는 야지로베에(균형인형)의 사이비지성 · 138
: 조연현의 친일평론에 대하여
   1. 은폐와 왜곡으로 덧칠된 자전 기록 ······················· 138
   2. 일제강점기 말기의 행적 ······························· 141
   3. 인정 욕망 위에서 춤추는 사이비지성(似而非知性) ·············· 146
   4. 조연현의 오류 교정 방식 ······························ 156

제2부 새로운 문학사와 불완전한 근대의 에필로그
제1장 한국 근현대문학사에 붙이는 아홉 개의 주석 · 161
: '비민족주의적 반식민주의' 입론
   1. 번역의 어려움 ··································· 161
   2. 번역과 식민지 조선의 근대 ···························· 163
   3. 문학이란 무엇인가—이광수와 나쓰메 소세키(夏目漱石) ··········· 166
   4. 전통을 파악하는 하나의 사례—문화 지리와 신라정신 ············ 170

5. 순수문학의 진의(眞意) ……………………………………………… 174
6. 친일문학을 바라보는 하나의 관점 ……………………………… 179
7. 민족문학의 배경 ……………………………………………………… 185
8. 호흡하는 존재들 ……………………………………………………… 189
9. 억압된 것들의 귀환 ………………………………………………… 193

제2장 1930년대 문학제도의 변화와 세대 논쟁 • 196
1. 『문장(文章)』의 폐간과 김동리의 절필 ………………………… 196
2. 저널리즘의 영향력 확대와 신인남조론(新人濫造論) …………… 201
3. 구인회의 존립 방식과 좌장 이태준의 논리 수준 ……………… 207
4. 백산 안희제와 이태준 그리고 다솔사의 김동리 ……………… 216

제3장 근대적 민족국가와 4·3소설 • 220
: 제주 인어·신화·역사의 특수성을 중심으로
1. 4·3소설이 놓인 자리―근대(近代)와 전근대(前近代) 사이의 공백 · 220
2. 탐라공화국(耽羅共和國) 건설의 열망과 좌절 …………………… 225
3. 제국(帝國)의 언어 이후―제주의 신화와 방언 ………………… 233
4. 피억압민족의 현실과 상상의 무게 ……………………………… 239

제4장 김동리와 조연현 • 244
: 문학 권력
1. 문학을 바라보는 김동리의 이중성 ……………………………… 244
2. 한국문학가협회의 양 날개 『문예(文藝)』와 『신천지(新天地)』 …… 251
3. 『현대문학』과 『자유문학』의 대결 ……………………………… 256
4. 이사장 박종화가 물러난 이후 한국문인협회의 지형도 ……… 263

5. 1968년 한국문인협회 제7차 정기총회 ················· 268
6. 『월간문학』의 창간 배경 ························· 273
7. 문학정신과 문학제도의 괴리가 낳은 '사회주의적 사실주의 논쟁' ·· 277

**보유
(補遺)**

되돌아보는 그 날의 흔적

기억은 멈추지 않는다 • 283
: 김학철 · 김사량 항일문학비 건립 행사 참관기

1. 위대한 정신과의 맞대면 ··················· 283
2. 반파시즘전쟁을 보는 시각 ················· 286
3. 뜨겁게 남은 흔적을 좇아서 ················· 290
4. 다시 열리는 길 ························· 302

1부

작가론
: 근대와 대결하는 여러 양상

제1장 식민지 말기 이태준의 소설과 백산 안희제
: 「영월영감」과 「농군」을 중심으로

제2장 일제강점기 김기림의 의식 변모 양상

제3장 김동리 문학을 이해하기 위한 세 가지 코드
: 「무녀도」를 중심으로

제4장 육사의 문학관과 연출된 요양여행
: 산문세계를 중심으로

제5장 식민지, 근대화 그리고 여성
: 강경애의 작품세계에 대하여

제6장 욕망 위에서 흔들리는 야지로베에(균형인형)의 사이비지성
: 조연현의 친일평론에 대하여

제1장

식민지 말기 이태준의 소설과 백산 안희제

「영월영감」과 「농군」을 중심으로

1. 백산상회, 『중외일보(中外日報)』 그리고 안희제

『중앙일보』의 사장 여운형은 1933년 3월 7일부터 제호를 『조선중앙일보』로 바꾸었다. 이즈음 학예부장으로 임명된 인물이 상허 이태준이다. 이태준은 『조선중앙일보』 학예부장으로서 1930년대 문단에서 막강한 영향력을 행사할 수 있었다. 마침 문단 질서는 저널리즘의 영향력 안으로 급격하게 포섭되었으며, '구인회'는 그러한 변화의 상징적 모임이었고, 구인회의 좌장이 바로 이태준이었기 때문이다. 1939~40년 벌어진 세대 논쟁의 기반을 추적하다 보면 결국 문단의 이런 지점으로까지 소급하게 된다. 따라서 1930년대의 문단을 이해하기 위해서는 『조선중앙일보』 학예부장 이태준을 제대로 파악할 수 있어야 한다.[1]

반면, 작가로서의 이태준을 이해하기 위해서는 그가 『조선중앙일보』

학예부장이 되기까지의 과정을 염두에 두어야만 한다. 천애의 고아였던 그가 정신적·물질적으로 세계와 관계를 맺어나가는 방식이 이 시기에 형성되기 때문이다. 그런데 이를 해명할만한 단서는 그리 넉넉지 못한 형편이다. 자전소설 『사상의 월야』가 있기는 하지만, 역사적 현실들을 지우는 한편 수난의 역정만 부각시켰기 때문에 세계와 관계 맺는 사실 여부는 분명하게 드러나지 않는다. 그래서 "이러한 개인의 입신을 강조하는 소설의 사건들은 대체로 역사로부터 떨어져 있고 역사에 구체적으로 몸을 입힐 수 있는 풍속의 세계가 중요한 기능을 못하는 것은 당연한 일이다"[2]라는 평가가 나타나기도 한다.

그럼에도 불구하고 『사상의 월야』에는 이태준('송빈')이 수난의 역경 속에서 타인의 도움을 받는 장면이 몇 번 나타난다.[3] 그 가운데 주목해야 할 부분은 다음 두 대목이다. 첫 번째는 원산에서 무전취식하였다가 곤경에 빠졌을 때인데, 한 남자가 나타나서 그 어려운 상황을 해결해 준다. 그는 이태준을 이끌고 "농공 은행(農工銀行) 옆에 있는 '물산객주 김상훈(物産客主 金相勳)'이라는 간판이 붙은 집"[4]으로 데리고 간다. 유리 걸식하던 이태준은 이곳에서 이 년의 기간 동안 사환 노릇을 하며 생계를 이어 갈 수 있었다. 두 번째는 일본으로 유학을 떠날 때의 상황이다. 휘문고보에 다니던 이태준은 동맹휴학을 주도했다가 학교에서 쫓겨나면서 유학을 결심했는데, 막상 부산에 도착하자 '불온분자'라는 이유로

---

1) 이 책의 「1930년대 문학제도의 변화와 세대 논쟁」 참조.
2) 양문규, 「『탑』과 『사상의 월야』의 대비를 통해 본 한설야와 이태준의 역사의식」, 『이태준 문학의 재인식』, 소명출판, 2004, 116면.
3) 범보(김동리의 큰형)와 이태준의 관계를 해명하기 위하여 홍기돈, 「1930년대 문학제도의 변화와 세대 논쟁」에서도 이러한 사실을 적시한 바 있다.
    범보(凡父) : 父는 일반적으로 아비라는 뜻으로 쓰여 "부"로 발음되나, 남자에 대한 미칭(美稱)인 자(字)로 사용될 경우에는 '보'로 읽힌다. 그래서 한자사전에서는 "아버지 부, 자 보"라고 설명하고 있다. 아버지와 같이 존경하여 모시던 분을 일컬어 "상보(尙父 / 尙甫)"라고 부르는 까닭은 김정설의 자이므로 "범보"라고 표기하는 것이 옳다. 이 책에서는 이하 범보로 표기한다.
4) 이태준, 「사상의 월야」, 『사상의 월야』, 깊은샘, 1996, 81면.

도항증(渡航證)을 발급받을 수 없었다. 이때 이태준이 생각해 낸 곳이 백산상회였다.

> 저녁때야 송빈이는 백산상회(白山商會)를 생각해내었다. 부산에 있는 큰 물산객주로 전에 송빈이가 있던 원산의 그 물산객주와 빈번한 거래가 있어 송빈이는 그 주인을 안다. 기억에 떠오르는 '초량(草梁)'이란 이름의 동네를 찾아가니 과연 백산상회가 그저 있을 뿐 아니라 주인도 송빈이를 알아보았다. 주인은 이내 경찰서에 전화를 걸더니 사환애를 보내어 고등계 주임의 명함을 얻어다 주는 것이었다.
> 이 명함은 도항증을 맡을 것도 없었다. 도항증을 보여야 할 목에서마다 도항증보다는 오히려 묻는 말이 없이 통과되었다.[5]

백산상회는 백산 안희제가 자신의 호를 따서 1914년 부산에 세운 회사이다. 표면상으로는 상리기관(商利機關)이었으나, 기실 독립운동의 국내외 연락과 독립자금 공급에 목적을 두고 있었다. 안희제가 '임정 첩보(臨政諜報) 36호'였다는 사실이라든가, "임시 정부의 운영 자금 가운데 약 60퍼센트를 백산 혼자서 댄 것이다"[6]라는 기록을 보면 백산상회의 성격은 짐작하고도 남을 일이다. 1917년 백산상회는 합자회사로 확장되고, 1919년에는 백산무역주식회사로까지 발전하였다가 일제의 탄압으로 1928년 해산되었다.[7] 연통제(聯通制 : 임시정부와 국내의 연락망)에 의해 백산상회는 만주의 안둥(安東)과 봉천(奉天) 국내의 서울·대구·원산 등지에 지사를 설치하기도 하였다.

"농공 은행(農工銀行) 옆에 있는 '물산객주 김상훈(物産客主 金相勳)'이

---

5) 위의 글, 187면.
6) 이규태, 「백산의 비밀 첩보 활동—임시 첩보 활동의 국내 자금 조달책」, 『나라사랑』 제19집, 1975, 78면. 『釜山北區鄕土誌』(釜山直轄市 北區, 1991)에는 백산상회의 설립 연도가 1913년으로 나와 있다.
7) 안호상, 「임정 참여의 근대 상인—구국 운동 전개한 민족 기업가」(『나라사랑』 제19집, 1975) 참조.

라는 간판이 붙은 집"은 백산상회의 원산 지점으로 추정된다. "작년(1918
년-인용자) 11월경 南亨祐가 白山商會의 주인 安熙濟와 함께 그 상회의
출장소 설립을 위하여 元山에 온 일"8)이 있다는 기록은 남아 있지만,
원산 지점에 대한 정확한 사실은 아직 알려진 바 없다.9) 그렇지만 백산
상회와 빈번한 거래가 있었던 것으로 판단하건대, 그 관계가 표면에 드
러난 것에만 한정될 리 만무하다. 백산상회의 설립 이유는 독립운동에
있었고, 사업을 통한 이윤의 창출이란 눈가림에 불과했기 때문이다.

　일본 유학에서 돌아온 이태준은 다시 안희제와 관계를 맺게 된다.
그는 1929년 『중외일보』에 입사하였는데, 당시 『중외일보』의 사장이
안희제였다. 이태준은 1927년 동경의 상지대학(上智大學) 예과를 중퇴하
고 귀국한 후, 각 신문사에 방문하며 취직을 모색하다가 실패한 바 있
다. 그런 그가 『중외일보』에 입사하게 된 데는 안희제의 도움이 절대적
이었다. 안희제가 『중외일보』 사장으로 취임한 날짜는 1929년 9월 1일
이다. 이때 이태준은 월간지 『학생(學生)』을 주재하고 있었는데, 1929년
3월 1일 『학생』이 창간될 때부터 책임자였던 그는 안희제의 사장 취임
에 맞춰 발 빠르게 『중외일보』로 자리를 옮겼다. 편집후기에 해당하는
『학생』의 '숙직실(宿直室)'에 남긴 이태준의 흔적은 1929년 10월호가 마
지막이다. 『삼천리(三千里)』 1930년 1월호에 실린 「인재 순례(人材 巡禮)
-제일편 신문사측(第一編 新聞社側)」의 『중외일보』 기자 이태준 소개는
매우 간략하다. "李泰俊氏二十七京城産 「學生」雜誌를一時 主宰하든
분이다."10)

---

8) 국사편찬위원회, 「尹昌基 신문조서」, 『한민족독립운동사자료집』 제7권, 1988, 51면.
9) 大正 八年(1919) 八月 四日 증인으로 심문을 받은 적이 있으나 안희제는 "기억하지
　　못한다", "결코 그렇지 않다"로 일관하였다(국사편찬위원회, 「증인 安熙濟 신문조서」,
　　『한민족독립운동자료집』 제8권, 1989, 94~95면).
10) 「人材 巡禮-第一編 新聞社側」, 『三千里』, 1930.1, 31면.
　　지금까지 이태준의 『中外日報』 입사는 1931년으로 알려져 왔으나, 이는 사실과 다
　　르다. 이태준이 『中外日報』에 입사하고 나서 몇 년간의 생활상은 『文章』 1941년 2월
　　호에 발표한 소설 「토끼 이야기」의 처음 부분에 드러나 있다. 이와 관련하여 부연하자

안희제가 언론으로 눈을 돌린 것은 1928년 백산상회가 문을 닫게 되었기 때문이다. 그가 『중외일보』의 발행 겸 편집인으로 나선 것은 1930년 2월 5일(제1114호)부터였다. 자금난에 허덕이던 『중외일보』는 1931년 6월 19일 1,492호로 종간을 맞았고, 9월 2일 주주총회에서는 주식회사의 해산을 결의하였다. 이후 『중외일보』는 『중앙일보』를 거쳐 『조선중앙일보』로 이어졌다. 안희제는 『중앙일보』의 고문을 맡기도 했다.[11]

상업적이라는 견해도 있지만, 『중외일보』가 민족주의적 면모를 강하게 드러낸 것은 분명한 사실로 파악된다. "우리 민족 3대지의 하나로서 면모도 유감없이 발휘하여 창간(1926년－인용자) 후 3년 동안 무려 63회의 압수와 반포금지 처분을 받고, 1928년 12월 6일에는 「직업화와 추화(醜化)」라는 사설로 총독부로부터 무기 정간을 당한다"[12]라는 객관적 수치가 이를 방증하며, "총독부에 의하면, 학생에게 반일 의식을 교사하고, 논설을 통해 '매사에 편견과 중상을 바탕으로' 집필하여 총독정치를 오해하게 하였다는 것이다"[13]라는 기록도 여기에 닿아 있다. 안희제가 『중외일보』에 손을 뻗친 것은 『중외일보』의 이러한 성격 때문이었을 것이다.

안희제가 서상일·김동삼·남형우 등과 함께 조직했던 대동청년단(大同靑年團)의 성격을 감안한다면, 안희제가 벌이는 사업의 내막을 이태준

면, 서해는 1929년에는 『中外日報』 기자였고, 1931년에는 『每日申報』 학예부장이었다. 서해의 경력과 「토끼 이야기」의 내용만 관련지어 살펴보더라도 이태준의 『中外日報』 입사 시기는 최소한 1929년까지는 올라가야 타당하다.

1929년 『中外日報』에 입사한 인물들 가운데 관심을 끄는 이는 이태준 이외에도 이육사와 권환이 있다. 이육사와 백산상회의 관계에 대해서는 홍기돈, 「육사의 문학관과 연출된 요양여행－산문 세계를 중심으로」(『한국 근대문학연구』 제11집, 2005) 참조. 권환의 『中外日報』 입사에는 부친의 영향이 있었던 것으로 파악된다. 권환의 부친 권오봉(權五鳳)은 주식을 6백 주 가진 백산무역주식회사의 주주였다(황선열, 「'아름다운 평등'을 꿈꾸며－권환론」, 『권환 전집－아름다운 평등』, 전망, 2002, 462면).

11) 鄭晋錫, 『한국언론사』, 나남출판, 1992, 422~431면 참조
12) 차배근, 「수난기(1910~1945)」, 『우리 신문 100년』, 현암사, 2001, 114면.
13) 김민환, 『한국언론사』, 사회비평사, 1996, 233면.

이 제대로 파악했을 가능성은 희박하다.[14] 그렇지만 백산상회가 1919년부터 이미 독립운동의 혐의를 받았던 데다가 그 단서가 포착되어 1928년 일제에 의해 결국 해산된 마당에 이태준이 안희제의 정체를 전혀 몰랐으리라고 생각할 수도 없다. 또한 『중외일보』의 성격에 대해서도 마찬가지다. 식민지 말기 이태준의 의식세계를 이해하기 위해서는 이러한 사실을 염두에 둘 필요가 있다. 「영월영감」·「농군」과 같은 작품을 이해할 경우에는 이 내용을 특히 강조하여야 한다. 백산 안희제의 그림자가 소설에 어른어른 비치기 때문이다.

　이 논문은 식민지 말기 이태준의 의식세계를 살펴보기 위해 쓰인다. 그동안 이태준(작품) 연구는 다양한 관점에서 전개되었지만, 백산 안희제를 염두에 두고 분석된 바는 없다. 오히려 이태준과 안희제의 관계에 대해 조그만 관심조차 기울인 바 없다고 표현하는 것이 정확할 것이다. 그러면서 이태준에게는 친일의 가능성이 점점 더 크게 덧씌워지는 양상이다. 따라서 이태준의 소설에 나타나는 안희제의 흔적을 찾아가면서 분석하는 일은 나름의 의미가 있을 것으로 판단된다. 안희제의 세계에 다가갈수록 이태준의 친일 혐의는 그만큼 벗겨질 것이기 때문이다. 그러한 의미를 확인하는 것이 이 논문의 목적이다.

---

14) 비밀결사였던 대동청년단의 단규(團規)는 다음과 같다. "1. 단원은 반드시 피로 맹세할 것 2. 새 단원의 가입은 단원 2명 이상의 추천을 받을 것 3. 단명이나 단에 관한 사항은 문자로 표시하지 말 것 4. 경찰 기타 기관에 체포될 경우 그 사건은 본인에만 한하고 다른 단원에게 연루시키지 말 것"(부산일보 특별취재팀, 「만석꾼 집안의 텅 빈 곳간—남저(南樗) 이우식(李祐植)」, 『백산의 동지들』, 釜山日報社 기획출판국, 1998, 38면).

2. 만주의 발해농장과 조선어학회

언론에서 손을 뗀 안희제는 1933년 '발해농장'을 경영하기 위해 만주로 건너갔다. 이때 안희제의 사업 파트너는 김태원이었다. 김태원은 금(金) 광맥 발굴을 위해 전국 각지를 탐사하고 있었고, 안희제는 그가 집념을 이룰 수 있도록 백산상회 시절부터 물심양면 원조해 주었다. 결국 김태원은 경상북도 봉화군에서 금정(金井) 광산을 개광(開鑛)하여 일약 거부로 떠올랐으며, 이에 따라 안희제 역시 나름의 구상을 현실로 펼칠 기반이 갖추어졌다. 안희제의 구상이란 만주에서 농토를 개간하여 농장을 경영하는 한편, 조선의 헐벗은 농민들을 그곳으로 이주시키는 것이었다. 그러니 그가 발해농장의 경영에 나선 것은 당연하다고 하겠다. 발해농장의 건설 과정에 대해서는 안희제의 넷째 아들인 안상두가 비교적 소상하게 기록을 남겨 두었다.

선친은 1931년에 김태원과 공동으로 투자하여 부여국(夫餘國)의 후손이 건립하였다는 발해국(渤海國)의 성도(城都)인 만주 동경성(東京城; 牧丹江省 寧安縣)에 토지를 매입하기 시작하였고, 1932년부터는 목단강 상류의 일부를 석축(石築)으로 하여 강을 막고 농지에 수도(水道)를 대어 광활한 땅을 개간하였다. 그리하여 남한(南韓) 지방의 실농민 3백여 호의 가족을 인솔하고 동경성으로 이주시켜 피땀 어린 개간작업을 계속하였다. 선친은 이 곳을 발해농장이라 이름 짓고, 이 곳을 기점으로 한 계획을 차근차근히 행동으로 실현시키기 시작하였다.

이 때의 선친의 계획은 다음과 같은 것이었다. 즉, 그 당시 우리 농민에 대한 일제의 토지 강탈로 국내에는 실농민이 점차로 격증, 아사지경을 헤매는 우리 농민을 만주로 이주시켜 이들로 하여금 '자작농창제(自作農創制)'를 실시토록 한다는 것이다. '자작농창제'란 것은 우리 농민에게 분배한 토지의 생산 곡물 절반을 수곡(收穀)키로 하는 한편 다른 지방의 농지 개간과 수도(水

道)를 개설하여, 5년 후에는 제3지방에 같은 수도를 개설함과 동시에 토지는 농민에게 무상으로 지급하여 자작농으로 만들게 한다는 것이다. 이렇게 함으로써 만주의 광활한 대지에 수백만 명의 농민을 이주케 한다는 것이다. 또 국내에서는 독립운동이 불가능할 뿐만 아니라 독립운동자금조달조차 곤란해졌고, 동지들이 대부분 국외로 망명·도피해 있었기 때문에 만주를 거점으로 독립운동 기지를 설치하려고 꾀했던 것이다.

이리하여 이주(移住) 농민들에 의해 수전(水田) 개척과 수도 확장이 계속됨으로써 1932년부터 1935년까지 4년 동안에 농지는 점차 확장되어 직경 10리가 넘게 되었다. 종래의 이주민은 영남인이 대부분을 차지하였으나, 각지에 흩어져 살던 함경도·평안도·전라도·강원도의 농민이 소문을 듣고 몰려들게 되어 금강농장(金剛農場; 농장주 徐相武)·동만농사주식회사(東滿農事株式會社; 趙斗容 경영) 등의 큰 농장이 발해농장 몽리구역(蒙利區域) 수도(水道)를 중심으로 속속 설립되고, 이 밖에 농장 기사까지 둔 대소 농장들도 날로 늘어 갔다. 수도 확장은 매년 계속되었으며, 종내에는 각 농장의 연접된 수도 길이가 16킬로미터 이상이나 되었고, 연접된 수도에 거대한 수문을 준공하여 여기에 중국인 수문수(水門守)를 두어 감시·조작케 하였다.15)

망명·도피로 각처에 흩어져 있던 독립투사들이 발해농장으로 모여들었다거나 중국 구국군(救國軍; 세칭 馬賊)과의 비밀스런 교섭, 우리 독립군과의 연대 등에 대해서는 여기서 세세하게 설명할 필요가 없다. 다만, 안희제(발해농장)와 대종교의 깊은 관계는 기억해 둘 만하다. 조선어학회와 안희제(대종교)의 관계가 이를 통해 비로소 해명되기 때문이다. "선친은 대종교(大倧敎) 총본사(總本司)를 동경성으로 옮기게 하는 한편, 3세 교주로서 도사로 가장하고 있는 단애(檀崖) 윤세복(尹世復)과 그의 아들인 윤필한(尹弼漢)을 비롯한 모든 대종교 간부마저 대동청년단에 입당케 하고, 앞으로 다가올 무력봉기를 목표로 착착 준비를 진행해 가고 있었다."16)

---

15) 안상두, 「발해농장 시절의 백산—만주를 거점으로 한 구국독립운동」, 『나라사랑』 제 19집, 1975, 134~135면.

조선어학회를 주도하여 회장을 맡았던 이극로는 대종교인이었다. 고급간부까지 맡아 활발하게 활동할 정도였다. "4275년(1942년-인용자)에 대종교 경의원의 참사로서 宗敎를 통하여 민족 指導에 힘을 기우리시었으니, 대종교의 '한얼 노래'는 거의 모두 가이 스승(이극로-인용자)께서 지으신 것이다"17)라는 기록이 남아 있기도 하다. 이극로는 백산주식회사의 인물들이 주도했던 기미육영회의 지원으로 독일 유학을 할 수 있었다. 그런 만큼 그가 안희제의 인맥으로 움직이던 대종교와 깊은 관계를 맺은 것은 당연하게 파악된다.

「조선어학회 사건 함흥지방법원 예심 종결서(朝鮮語學會 事件 咸興地方法院 豫審 終結書)」를 보면, 이극로가 어느 정도나 깊숙하게 대종교와 관계를 맺고 있었는지 짐작이 가능하다. 결정서에는 이극로가 "金科奉으로부터, '한갓 조선 어문의 연구 또는 辭典 編纂은 民族운동으로서 아무런 의미가 없고 硏究의 결과, 정리 統一된 朝鮮 어문을 널리 조선 民衆에 선전 보급함으로써 처음으로 朝鮮 固有文化의 유지 발전, 민족의식의 배양도 期할 수 있으며 朝鮮독립의 실력 양성도 가능한 것이니 다음으로부터 이와 같은 方針으로 진행하라'는 취지의 지시를 받음에 따라 더욱 語文 운동에 몸을 바치겠다는 決心을 굳게 하여 먼저 그 方法으로써 항상 不振하였던 '朝鮮語 硏究會'(조선어학회의 전신-인용자)라는 朝鮮語의 연구회가 (…중략…) 갑자기 활기를 띠어 朝鮮 語文의 硏究 단체 가운데 가장 유력한 단체가 되"18)었다고 밝혀져 있다.

물론 이극로가 만주의 독립운동 단체 쪽으로부터 그런 지시를 받고 움직였다고 해서 모든 조선어학회 구성원들의 성격이 결정되는 것은 아니다. 겉으로 내건 조선어의 연구·보급에 찬성하여 활동했던 사람이

---

16) 위의 글, 135면.
17) 유열, 「스승님이 걸어오신 길」, 『國學硏究』 제4집, 國學硏究所, 1998, 269면.
18) 안석재 번역·정리, 「朝鮮語學會 事件 咸興地方法院 豫審 終結書 一部」, 『國學硏究』 제4집, 1998, 259~260면.

있을 수 있고, 이면의 계획까지 파악하고서 동조했던 사람이 있을 수 있기 때문이다. 즉 조선어학회의 성격을 이해하는 데 회원들의 인식 수위가 다를 수 있다는 것이다. 기실 「조선어학회 사건 함흥지방법원 예심 종결서」에는 그러한 차이에 따라 회원들을 두 부류로 나누고 있기도 하다. 그럼에도 불구하고, 일부 인물만이 관련되었다고 하더라도, 조선어학회가 대종교·만주의 무장투쟁단체와 연결 고리를 가지는 것은 사실이다. 따라서 조선어학회사건이 대종교 탄압으로까지 확장된 것은 당연한 것으로 파악된다.

그렇다면, 안희제가 경영했던 만주 발해농장의 이러한 성격은 식민지 말기 이태준의 작품과 대체 무슨 관계가 있는 것일까. 김재용은 "중일전쟁 이후에는 무엇을 쓰지 말라는 것은 물론이고 무엇을 쓰라고 강요하는 상황이 벌어졌습니다"[19]라고 지적하고 있다. 그만큼 상황이 엄중했다는 것이다. 그러니 이태준이 작품을 통해 자신의 생각을 선명하게 드러냈을 리는 만무하다. 이는 곧 작품의 행간에 배치된 암시적 내용을 읽어 낼 수 있어야 한다는 말이 된다. 식민지 말기 발표된 이태준의 작품을 이해하기 위해서는 이러한 사실을 미리 염두에 둘 필요가 있다.

3. 황금광시대(黃金狂時代)의 운명과 맞서는 방식

이태준의 소설 가운데 금광채굴이 등장하는 작품으로는 단편 「영월영감」(『文章』, 1939.2~3)과 장편 『청춘무성』(『朝鮮日報』, 1940.3.12~8.11)이 있다. 이들 작품의 주인공들은 목숨을 걸다시피 금광 채굴에 공을 들인다.

---

19) 김재용, 「쟁점의 공간으로서 일제말기 문학사와 협력 및 저항의 문제」, 『문학수첩』, 2005년 봄, 332면.

그래서 김예림은 「영월영감」의 주인공 영월영감이 "결국은 '금전'의 논리에 의해 희생당하는 존재"[20]라고 파악하기도 한다. 하지만, 소설에 표면적으로 드러난 내용만 살펴보더라도 이러한 주장은 근거를 갖기가 힘들다. 그들이 금광채굴에 목숨을 거는 데는 뚜렷한 목표가 있으며, 그 목표란 바로 조선이 처한 현실을 바꾸겠다는 것이다. 따라서 이들은 그저 치부(致富)하기에 정신이 없는 황금광(黃金狂)과 선명하게 구별될 수밖에 없다.

먼저 『청춘무성』을 보자. 주인공 '원치원'은 여학교의 선생이다. 그는 학생들이 '나'라는 입장이 아닌 '우리'라는 관점에서 생각하고 행동하기를 바라며, 유행하고 있는 프랑스 소설들보다는 러시아 작품을 권하는 인물이다. 러시아 작품에 등장하는 "학생들이 얼마나 활발하게 명일의 사상, 명일의 사회, 민중을 위해 얼마나 진실된 노릇들을 했습니까!"라는 것이 추천의 이유이다. 이어서 학생들의 요청에 의해 노래를 불렀는데, 그 장면이 퍽 암시적으로 묘사되어 있다. "켄터키 옛집의 노래 부를 때…… 흑인들이 백인들에게 노예로 잡혀와서 옥수수 익어가는 옛고향 '켄터키'를 그리는 슬픈 노래였다. 원선생은 이야기할 때보다 오히려 자연스럽고 장엄한 표정으로 '팔라아' 전체가 무슨 증기에 끓는 기관(汽罐)처럼 우릉거리도록 우렁찬 소리를 쏟았다."[21]

'옛 고향 켄터키'를 그리는 노예들의 노래는 식민지 조선의 현실을 떠올리게 한다. 그렇지만 시대적 제약 탓에 이러한 내용을 소설의 전면으로 끌어올릴 수는 없다. 그래서 이태준은 '우리'가 해결해야 일들루 다른 문제들을 제시하였다. 소설의 마지막 부분에서 금광에 성공한 원치원이 벌이는 사업들은 그 문제들을 보여 준다. '재락원(再樂園)'을 만들어서 카페 여급의 생활 안정과 교육을 꾀하는 한편 버려진 아이들을 보살피는 일, 신극운동을 위한 연극 본위의 극장 건설, 출판사업 지원,

---

20) 김예림, 『1930년대 후반 근대인식의 틀과 미의식』, 소명출판, 2004, 172면.
21) 이태준, 『청춘무성』, 깊은샘, 2001, 58~60면.

무료의료기관 건립, 우수선수 양성소와 경기장 기부, 연극실·도서실·식당이 들어선 문화관 건립과 무료 제공, 해외유학생 파견 등. 그래서 이태준은 "치원의 돈은, 돈 그것뿐이 아니었다. 백원짜리면 '백원'이란 돈의 가치뿐이 아니라 백원 몇 배의 의(義)와 신(信)의 가치를 가진 고귀한 돈이었다"라고 기술할 수 있었다.22)

　(근대)자본주의의 속물적인 속성을 꾸준히 비판해 왔던 이태준이기에 주인공을 '금전의 논리에 희생당하는 존재'로 제시하지 않은 것은 당연하다. 즉, 중일전쟁이 발발하기 이전의 이태준은 근대가 미치지 못하는 동양적인 정취, 현실과 괴리된 예술세계로의 후퇴를 통해서 근대를 비판하였다.23) 반면, 『청춘무성』의 원치원은 현실 속으로 깊숙하게 뛰어든 형국이다. 기실 『청춘무성』의 원치원은 이태준의 현실 대응 변모 양상을 그대로 보여 주고 있기도 하다. 이러한 차이는 중요하다. 그러므로 이태준／원치원의 변모 과정을 제대로 파악하지 못한다면, 『청춘무성』이 "결국 원치원을 갑부로 만들기 위한 과정이라 해야 할 터인데, 자본의 논리가 정확하게 작동하는 지점이다"24)라는 정도로밖에 이해되지 않을 것이다.

　소설의 처음 부분에서 원치원은 현실에 대한 비판의식을 드러내지만, 그것은 그저 관념적인 수준에 머무르고 만다. 그래서 '최득주'로부터 다음과 같이 비판받기도 한다. "어려운 일이 있음 자신이 처리 못하시구 성경책부터 무슨 부적이나처럼 들구 나서는건 건강한 사람 아니

---

22) 위의 책, 「꿈은 열린다」 부분.
23) "생활현실은 자본의 논리가 관철되는 세속적인 욕망의 타락한 세계이며 또 세부적인 삶에까지 그것이 편재되어 있어 어떠한 실천도 자본의 논리를 승인하지 않고는 불가능한 곳이다. (…중략…) 여기에서 생활현실을 떠나야할 필연성이 제공된다. '떠남'을 통해서만이 속물성을 지배하는 생활과의 비판적 대응이 가능하다는 것이고 그럼으로써만 사회적 이상을 실현할 수 있다는 것이다."(송인화, 「이태준 문학과 '예술 자율성'」, 『이태준과 현대소설사』, 깊은샘, 2004, 50~51면)
24) 채호석, 「통속과 계몽, 그리고 (제국)의 논리―이태준 장편소설 『청춘무성』의 경우」, 위의 책, 107면.

야요."25) '성경책(동양적인 정취, 현실로부터 괴리된 예술세계)' 안에 머물렀던 이태준이 타락한 현실 속으로 걸어 나오기에는 짧지 않은 시간이 필요했다. 그것은 『청춘무성』의 원치원 또한 마찬가지다. 그래서 소설의 중반부까지도 이러한 비판은 유효하게 이어진다.

> "선생님은 갇혔던 거야요."
> "갇히다니?"
> "곡마단에 못 가 보셨어요?"
> "건 또 무슨 소리요?"
> "그 육중한 코끼리가 죄꼬만 궤짝 위에도 올라서구 깃대도 물어 올리구 절도 하구 하는거."
> "코끼리헌텐 비극 아니구 뭐야요? 코끼리헌텐 밀림과 광야가 제 무대지 뭐야요."
> "내가 코끼릴 수 있소?"
> "학교나 예배당은 선생님을 구속하는 데가 아니구 뭐야요?"
> "난 조금도 구속을 안 느꼈는데?"
> "길드신 때문이죠. 내가 깨쳐드리고 싶은 건 그 점이야요. 내가 선생님을 구해 드릴 거란 그 점을 깨쳐드릴 거야요."
> "그럴까?"
> "성경해석은 선생님보다 더 잘할 사람이 얼마든지 있어요. 또 성경의 정당한 해석보다는 세기에 대한 정당한 해석을 요구하는 사람이 세계엔 얼마나 더 많은지 모를거야요."26)

호랑이를 잡으려면 호랑이굴로 들어가야 하듯이, 현실을 바꾸려면 현실 속으로 들어가야만 한다. 현실을 움직이는 것은 '돈의 힘'이다. 그래서 원치원은 '돈의 힘'을 얻기 위하여 금광 개발로 뛰어들었다. 그리고 성공하였다. 그렇지만 원치원의 애당초 목적은 돈 자체가 아니라, 비

---

25) 이태준, 『청춘무성』, 깊은샘, 2001, 89면.
26) 위의 책, 146면.

참한 현실의 개선이었다. 이를 위해 돈이 필요했을 따름이고, 그렇게 돈을 사용하였다. "치원의 돈은, 돈 그것뿐이 아니었다"라는 문장이 가능해지는 이유이다. 이를 과연 "자본의 논리가 정확하게 작동하는 지점"이라고 이야기할 수 있을까. 자본의 논리, 그 이상이 아닌가. 쉽게 이해할 수 없는 것은 이태준의 논리가 아니다. 『청춘무성』을 굳이 자본의 논리 안에 가두어 파악하려는 채호석의 논리이다.

이보다 더욱 이해할 수 없는 것은 원치원의 자선사업을 친일행위로 해석하려는 시도이다. 예컨대 채호석은 "미처 찾아보지는 못했지만"이라는 단서를 달고 "자선사업이 정부에서 권하는 혹은 획책하는 하나의 일이었다는 생각이"27) 든다고 하였다. 그리고 "중요한 것은 자선사업에서(돈에서 — 인용자) 피의 냄새가 지워진다는 것이다. 그리고 선량함의 향기가 난다는 점이다"28)라는 비판도 덧붙여 두었다.

앞에서 이미 살펴보았던 것처럼, 안희제와 그의 동지들은 자선사업을 활발하게 벌였다. 학교의 설립, 해외유학생 파견, 발해농장을 통한 구제사업 전개, 언론사 지원, (민족)문화의 보존 등이 바로 그것이다. 그렇다고 그들이 문화사업을 등한하게 생각한 것은 아니었다. 안희제와 함께 대동청년단을 만들고 백산상회 대구지점을 경영했던 동암 서상일을 보면 알 수 있다. 1922년 그는 대구에 조양회관(朝陽會館)을 건립하였는데, 여기에는 1천여 명이 들어갈 수 있는 강당이 있었으며, 영화관·도서실·오락실·사진관과 같은 시설이 갖추어졌다. 대구구락부·동아일보지국·청년회·대구운동협회·농촌사와 같은 단체가 조양회관으로 몰려들기도 하였다. 조양회관이 대구의 문화중심지로 떠오른 것은 당연한 현상이었다.29)

이런 활동들을 과연 친일행위로 볼 수 있을까. 서상일이 독립운동에

---

27) 채호석, 앞의 글, 112면.
28) 위의 글, 111~112면.
29) 김희곤, 『새로 쓰는 이육사 평전』, 지영사, 2000, 65~66면 참조.

매진하였다는 얘기는 많이 들었어도, 친일행각을 벌였다는 비판은 아직 접해 보지 못했다. 그리고 이런 활동에 대하여 돈에서 피의 냄새를 지워버렸다고 비판하는 목소리도 아직 접한 바 없다. 기실 돈에서 피의 냄새를 지워 버린다고 자선사업을 비판하는 것은 현실과 다소 동떨어진 행위가 아닐까. 아마 이태준은 안희제와 그의 동지들이 벌인 자선사업을 충분히 알고 있었을 것이다. 그들이 자선사업을 감추면서 행하지는 않았기 때문이다. 성격상 자선사업은 굳이 감출 필요가 없기도 하였다. 예컨대 해외유학생 파견의 경우 신문을 통해 보도되기도 하였다.

「영월영감」에도 금광채굴 내용이 중요한 비중을 차지하고 있다. 연구자 송인화는 이를 친일의 요소로 파악한다. 그가 주장의 근거로 내세우는 것은 1937년 일제가 제정한 조선산금령(朝鮮産金令)이다. 전쟁비용 마련을 위해 일제는 금광채굴을 독려하였고, 이태준은 이에 동조하느라 1939년 「영월영감」을 썼다는 것이다. "약간의 비약을 허용한다면 이는 전쟁수행을 위한 일제의 정책에 동조하는 것이라고 보아도 무방할 것이다."[30] 그렇지만 금광채굴이란 소재만으로 친일 여부를 판단하는 것은 억측에 지나지 않는다. 안희제의 사례에서 알 수 있는 것처럼, 금광채굴에 성공해서 유민(流民) 구제와 독립운동의 자금으로 쓸 수도 있기 때문이다. 따라서 영월영감이 왜 그렇게 금광채굴에 매달렸는가 하는 이유를 살펴야만 할 것이다.

영월영감은 어떤 인물인가. 그는 "세도가 정상시가 아닌 때에 득세(得勢)를 하는 것은 소인잡배의 무리라 하고, 읍에 한번 가는 일이 없이 온전히 출입을 끊었다가 기미년 일에 사오 년 동안 옥사 생활을 거친 후로는, 심경에 큰 변화를 일으킨 듯, 논을 팔고 밭을 팔고 가대와 종중(宗中)의 위토(位土)까지를 잡혀 쓰면서 한동안 경향 각지로 출입이 잦았었다. 그러나 무슨 이권이나 세도를 얻으려 다닌 것 같지는 않다."[31] 그러

---

30) 송인화, 앞의 글, 65면.
31) 이태준, 「영월영감」, 『돌다리』, 깊은샘, 2004, 118면.

다가 소식이 끊긴지 십오륙 년 만에 그는 조카 '성익' 앞에 나타났다. 성익의 눈을 통해 보자면 그동안 영월영감이 무슨 일을 하고 다녔는지 짐작할 수 있다. "이분도 시대의 운명을 어쩌기는커녕 자기 자신이 그 운명 속에 휩쓸리고 마는 것이 아닌가 하는 서글픔이 가슴 뿌지지하게 느껴졌다."32)

'시대의 운명'을 둘러싼 일이 어떤 것인가는 누차 암시적으로 전달된다. 금광을 하는 일이 의외라고 하자 영월영감은 "힘 없이 무슨 일을 허나? 홍경래두 돈 만들어 뿌리지 않았어? 금 같은 힘이 어딨나?"33)라고 답변하는가 하면, "금을 금답게 쓰지 못하는 자들이 얼마나 많이들 금을 캐내니? 땅이 울 게다! 땅이……"34)라고 울분을 토한다. 뿐만 아니라 '일모도원(日暮途遠)'이라 하며 '무슨 일'을 이어가기에는 너무 늙어버린 자신의 나이를 한탄하기도 한다. 그러면서 성익의 나이를 묻고는 질책하는 데까지 나아간다. "서른둘! 호랑이 같은 때로구나! 왜들 가만히들 있니?" '무슨 일'에 나서라는 촉구인 셈이다.35)

'무슨 일'이 어떠한 것인지는 분명하게 제시되지 않았다. 그렇지만 어떤 성격의 일인가는 충분히 짐작할 수 있다. 더군다나 「영월영감」이 쓰였던 시대적 상황을 염두에 둔다면 이태준이 이렇게 쓸 수밖에 없었던 이유를 충분히 이해하고도 남을 정도이다. 그렇다면 이태준이 「영월영감」을 쓴 까닭이 과연 일제의 정책에 동조하기 위해서일까. 오히려 그 반대라고 보는 것이 더욱 설득력 있지 않을까. 여기서 조금 더 나간다면, 영월영감의 모델을 안희제라고 추정할 수도 있을 것이다.

안희제는, 마치 당연한 일처럼, 자신의 가산을 털어 독립운동 자금으로 제공하였다. 그리고 독립운동 자금 확보를 위해 여기저기서 돈을 끌

---

32) 위의 글, 같은 면.
33) 위의 글, 122면.
34) 위의 글, 124면.
35) 위의 글, 125면.

어 모으기도 하였다. "백산상회의 주주였던 권오봉의 둘째 아들이자 남
저(이우식—인용자)의 둘째 사위인 권경태(86·서울 중구 회현동)는 '가을추수
가 끝난 후 장인은 돈을 곳간에 박스째 보관했다. 그러나 백산 선생이
방문해 하루를 묵고 가면 곳간은 텅 비어 있었다. 당시 백산을 통해 추
수 직후 상해로 전달된 돈은 10만원 정도로 요즘 돈으로 환산하면 10억
원이 넘는 거금이었다'고 술회했다."36) 이우식에게서 돈을 끌어간 일은
겨우 하나의 예에 불과하다. 나라를 잃은 그는 1911년 러시아로 망명한
후 중국의 독립운동단체들을 두루 방문하였다가 1914년 9월 귀국하고,
귀국하자마자 백산상회를 만들어 다시 국내외 각지를 바람처럼 떠다니
며 독립운동을 하기도 했다. 안희제가 금광채굴에 관심을 기울였던 사
실은 이미 앞에서 밝혀 놓은 바다. 이렇게 따지면, 안희제의 삶은 「영월
영감」의 기본적인 모티프와 그대로 일치하는 양상이다.

아마 이태준으로서는 안희제의 면모를 구체적으로 파악할 수는 없었
을 것이다. 안희제가 벌인 사업이 워낙 기밀을 필요로 하는 내용이었기
때문이다. 설사 알았다고 하더라도 '시대의 운명'이 워낙 가혹했기에 창
작에서는 많은 부분을 지워야만 했을 것이다. 자, 안희제의 이러한 삶에
상상력을 덧입혀 소설로 형상화한다면 「영월영감」 정도가 되지 않을까.
굳이 안희제가 아니어도 상관은 없다. 안희제의 주위에는 이러한 인물이
적지 않았기 때문이다. 즉 비슷한 모델이 더 있을 수 있다는 것이다. 아
무튼 「영월영감」의 세계가 안희제의 방향으로 열려 있는 것은 분명하다.

송인화는 이런 부분들을 철저히 외면하고 있다. 그러면서 영월영감
이 성익에게 "문명으루, 도회지루, 역사가 만들어지는 데루 자꾸 나가야
돼……"37)라고 권유하는 장면에 대하여 다음과 같이 비판한다. "참여의
진정한 의미가 모순에 대한 인식과 그것의 비판적 극복에 있다고 할 때,

<hr>

36) 부산일보 특별취재팀, 「만석꾼 집안의 텅 빈 곳간」, 『백산의 동지들』, 釜山日報社
　　기획출판국, 1998, 39면.
37) 이태준, 「영월영감」, 앞의 책, 120면.

현실을 비판적으로 조망할 수 있는 거리의 확보는 매우 긴요한 조건이다. 그런데 「영월영감」에서는 현실과의 비판적 거리는 무시된 채 현실의 문맥 속으로 들어오라는 현실개입의 당위성만이 반복적으로 강조되는 것이다. 그리고 이렇게 비판적 거리가 확보되지 않은, 현실에의 막연한 유입은 곧 지배질서의 문맥 속에 들어서는 '동참'과 그리 멀리 있지 않다고 할 수 있다."[38] 이태준이 일제의 정책에 동조하였다는 것이다.

안희제는 자신이 골몰했던 사업을 백일하에 드러낼 수 없었다. 그가 살았던 시대가 그만큼 엄중했기 때문이다. 마찬가지로 이태준은 영월영감의 궁극적 목적을 '무슨 일'이라고 밖에는 표현할 수 없었다. 이태준은 안희제와 동시대인이었기 때문이다. 그럼에도 불구하고 이태준은 최소한의 문학적 감수성만 가지고 읽는다면 '무슨 일'이 뜻하는 바를 충분히 간파할 수 있도록 「영월영감」을 써 내었다. 또한, '무슨 일'을 암시하지 못할 경우에는 '문화사업'으로 방향을 틀어 보다 선명하게 자신의 의식을 드러내었다. 『청춘무성』이 이를 보여 준다. 『청춘무성』과 「영월영감」에는 '현실과의 비판적 거리'가 분명히 존재한다. 이를 들여다보지 못한다면, 그 까닭은 아마도 작품에 앞서는 선입견과 편견에 강하게 둘러싸여 있기 때문일 것이다. 그것이 아니라면 문학적 감각의 부재를 증명하는 것에 불과할 따름이다.

4. 「만주기행」과 「농군」의 거리, 그 의미

이태준은 1938년 4월 8일부터 21일까지 『조선일보』에 「이민부락 견

---

38) 송인화, 앞의 글, 63면.

문기(移民部落 見聞記)」를 연재하였다. 『무서록(無序錄)』에는 「만주기행(滿洲紀行)」이라는 제목으로 바꾸어 실려 있다. 이 글이 관심을 끄는 이유는 「농군(農軍)」(『文章』, 1939.7)의 밑그림이 드러나기 때문이다. 송인화는 "상허의 단편 중 현실 참여의 의지를 적극적으로 보여주는 작품은 「영월영감」과 「농군」이다"[39]라고 이야기한 바 있으며, 하정일은 「농군」을 분석하는 과정에서 "「만주기행」은 이태준이 인종 차별주의자도 자민족 중심주의자도 아님을 확실하게 증명해주는 문건이다"[40]라고 하여 「만주기행」의 중요성을 강조하고 있다. 따라서 「만주기행」을 제대로 이해하는 일은 「농군」을 파악하고, 더 나아가서 이태준의 현실 참여 의지를 가늠하는 데 중요하다고 하겠다.

기행문답게 「만주기행」은 여정이 시간의 순서대로 정리되어 있다. 대륙으로 들어선 첫날 이태준이 문득 떠올린 것은 한글을 만들면서 겪었을 세종대왕과 성삼문의 노고이다.

차는 다시 떠난다. 객은 모두 다시 눕는다. '이 곳을 누워서 지나거니!' 깨달으니 문득 나의 머리엔 성삼문(成三問)의 생각이 떠오르는 것이다. 세종께서 지금 내가 쓰는 이 한글을 만드실 때 삼문을 시켜 명(明)의 한림학사 황찬(黃瓚)에게 음운(音韻)을 물으러 다니게 하였는데 황 학사의 요동적소(遼東謫所)에를 범왕반십삼도운(凡往返十三度云)으로 전하는 것이다.

그때는 고작 말을 탔을 것이다. 일행(日行) 불과 6, 70리였을 것이다. 이제 누워 야행천리를 하면서 생각하기엔 너무나 아득한 전설이 아닌가! 더구나 1, 2왕반(往返)두 아니요 범 13도라 하였으니 성삼문이 봉사도 끔찍한 것이려니와 세종의 그 억세신 경륜에는 오직 머리가 숙여질 뿐이다.[41]

여행 첫날 대륙의 광활한 풍경을 접하며 하필 한글 창제 당시의 어려

---

39) 위의 글, 61~62면.

40) 하정일, 「1930년대 후반 이태준 문학과 내부 식민주의 성찰」, 『이태준 문학의 재인식』, 소명출판, 2004, 66면.

41) 이태준, 「만주기행」, 『무서록』, 깊은샘, 2003, 162면.

움을 떠올리는 심사가 흥미롭다. 그만큼 이태준의 한글에 대한 애착이
대단했던 것이다. 이태준이 우리말을 갈고 다듬는 데 상당한 공을 들였
다는 사실은 널리 알려진 바다. 그렇지만 표준어를 확정하는 데 그가
주도적으로 참여했다는 점은 제대로 알려지지 않았다. 따라서 이를 먼
저 살펴볼 필요가 있을 듯하다.

　1935년 1월 2일과 3일 온양의 영천의원(靈泉醫院)에서는 표준어사정위
원회가 열렸다. 조선의 표준어를 정하기 위한 첫 번째 모임이었는데, 경
기도 출신을 절반으로 하고 지방 출신을 절반으로 한 40명의 사람이 참
여하였다. 강원도 대표로 참석한 이태준은 여기서 전형위원을 맡기도
하였다. "임시의장 이희승(李熙昇)씨가 개회를 선언하고 의사를 진행하는
데, 서항석(徐恒錫) 이태준(李泰俊) 함대훈(咸大勳) 정인섭(鄭寅燮) 방신영(方
信榮) 다섯 분을 전형위원으로 뽑아서 아래와 같이 부서를 정하다."42) 표
준어사정 제2독회는 1935년 8월 5일 소귀[牛耳洞] 봉황각에서 열렸다. 70
명이 참가한 이 모임에서 이태준은 기록을 담당하였다. 이때 임시의장
은 이희승이었으며, 신윤국(申允局)·김양수(金良洙)·이극로(李克魯)가 전
형위원이었다.43)

　만주의 발해농장(안희제)과 조선어학회(이극로)의 긴밀한 관계는 앞에서
이미 언급하였다. 조선어학회가 주도한 표준어사정작업에 깊이 관여했
다고 하여 이태준을 이극로의 자리로까지 밀어 올린다면 논리의 비약
이다. 이것만 가지고서는 '통일(統一)된 조선(朝鮮) 어문을 널리 조선 민
중(民衆)에 선전 보급함으로써 처음으로 조선(朝鮮) 고유문화(固有文化)의
유지 발전, 민족의식의 배양도 기(期)할 수 있으며 조선(朝鮮)독립의 실력
양성도 가능'하리라는 이극로의 계획에 이태준이 동의하였다고 보기 어

---

42) 한글 편집부, 「標準語査定委員會─會議經過畧記」, 『한글』 제3권 제2호, 1935.2,
　　209면.
43) 한글 편집부, 「朝鮮語學會 主催 標準語査定二讀會─母語運動의 歷史的會議」, 『한
　　글』 제3권 제7호, 1935.9, 387~388면.

렵기 때문이다. '조선 고유문화'에 대한 이태준의 관심과 애정이 지대하였다는 사실도 떠올릴 수 있지만, 이것 또한 참조항 정도에 머무를 따름이다. 민족의식에 관한 이극로와 이태준의 수위 차이를 무시하기 어렵기 때문이다. 그러니 여기서는 이태준이 '만주'에 와서 하필이면 '한글(조선어)' 창제의 어려움을 떠올리는 대목이 인상적으로 다가온다는 사실만을 분명히 하고 넘어가겠다.

여행의 둘째 날 이태준은 여러 가지 풍경을 그리고 있다. 먼저 보여주는 것은 광대한 '흙의 바다'이며, 여기에 "모든 무대는 오직 주연자(主演者)에게만 영예를 허락할 것이다"라고 생각을 덧붙이고 난 후, '우리 이민들'의 감정을 추체험해 본다. "이 차창에 앉아 저 변두리 없는 흙을 내다보며 순전히 흙으로써 감격하는 사람은 흙을 주지 않는 고향을 버린 우리 이민들일 것이다. 처음엔 '땅도 흔하다!'하고 놀랄 것이요 다음엔 밭머리마다 연장을 들고 반기는 표정이라고는 조금도 없이 지나가는 차를 힐끔힐끔 쳐다보고 섰는 푸른옷 입은 사람들을 볼 때에는 '그래도 모다 임자 있는 밭들이 아닌가!'하고 피곤한 머리 속엔 메마른 생활의 꿈이 어지러웠을 것이다."[44]

다음에는 역 대합실의 풍경인데, 차창 밖 풍경을 보고 추체험한 감정의 연장에서 볼 수 있다. 여기서 이태준이 보는 것은 "자리가 없게 그득한 만인(滿人)들 틈에 흰옷 입은 사람들"이다. 그들은 모두 다 비참한 몰골로 묘사된다. "노파에게로 가 어디까지 가느냐 물으니 콩을 그저 질겅거리며 허리춤에서 꼬깃꼬깃한 하도롱 봉투를 꺼내 보인다. 모란강(牧丹江) 어디라고 쓰인 것이다. 작은아들이 3년 전에 들어가 사는데 굶주리지는 않으니 돌아가실 때까지 배고픈 것이나 면하시려거든 들어오시라고 해서 큰아들의 자식까지 하나 데리고 '평안도 쉰천골' 어디서 떠나 들어온 것이라 한다."[45] 대합실에서 본 또 다른 풍경은 "북경(北京)이

---

44) 이태준, 「만주기행」, 앞의 책, 163~164면.
45) 위의 글, 164~165면.

나 천진(天津) 같은 데 무슨 누(樓) 무슨 관(館)”으로 팔려가는 조선의 “젊고 건강한 여자들이다.” 이들을 보면서 이태준은 골육감(骨肉感)을 느낀다. “이 눈썹을 그리며 미루꾸를 씹으며 무심하게 즐거이 험한 타국에 끌려가는 젊은 계집들, 나는 그들의 비린내 끼치는 살에나마 여기에선 새삼스런 골육감을 느끼지 않을 수 없었다.”46)

여기에서 조선인의 당대 현실을 선명하게 느낄 수 있다. ‘우리 이민들’은 아무 것도 가진 것이 없다. 식민지 조선에서는 굶주릴 수밖에 없으니 살길을 찾아 비참한 몰골로 만주행 기차를 탄 것이다. ‘젊은이’, ‘더벅머리 손자’, ‘할머니’ 등 다양한 연령의 인물들이 이민의 행렬을 채우고 있다. 그리고 조선의 ‘젊고 건강한 여자들’은 중국 도처로 팔려간다. 삶의 극한으로 내몰린 셈이다. 이육사의 「절정」 첫 연을 빌어 표현한다면, “매운 계절(季節)의 채쭉에 갈겨 / 마츰내 북방(北方)으로 휩쓸려오다”라고 이야기함직하다. 이들을 이태준은 따뜻한 시선으로 끌어안는다. 같은 민족으로서의 동일화가 일어나기 때문이다.

팔려가는 이들이야 어쩔 수 없지만, 다른 이민의 행렬은 그나마 한 가닥 희망이 있다. ‘모란강 어디’로 가면 죽을 때까지 배고픈 것을 면할 수 있기 때문이다. 그런데 이들이 찾아가는 ‘모란강 어디’가 바로 발해농장이라는 사실을 떠올릴 필요가 있다. 「만주기행」을 썼던 1938년이면 발해농장이 이미 안정적인 기반을 갖추었을 즈음이다. 고향을 버리고 만주로 떠나는 이들이 무작정 떠나지만은 않을 터, 『조선일보』에 연재된 「만주기행」이 은연중에 발해농장을 알리는 데 도움이 되었을 법하다. 이미 자리를 잡은 경상도 출신 이민들 이외에도 1935년경부터 함경도·평안도·전라도·강원도 등지에서 소문을 듣고 몰려들고 있었으니, 발해농장의 소문에 실감을 더하는 양상이기 때문이다. 이 또한 「만주기행」이 흥미를 끄는 부분이라고 하겠다.

---

46) 위의 글, 165~166면.

대합실을 나선 이태준은 '봉천박물관'을 관람한다. "총장품(總藏品) 삼천오백여 점, 대륙민족의 정력, 유한(有閑), 치밀 원숙, 이런 것은 십이분 느껴지나 고려나 이조의 센티멘털이나 유머와 같은 좀더 감성적인 데를 찔러주는 것은 너무 없었다"[47]라는 평을 보면, '만인(滿人)들 틈에 흰옷 입은 사람들'을 찾던 이태준의 시선이 여전히 유효하다는 것을 알 수 있다. 이어서 찾아간 곳이 '동선당'이다. "동선당(同善堂)이란, 고아, 걸인, 그리고 예작부(藝酌婦), 창기, 사생아, 이런 불우한 인생 칠백여 명을 수용하고 있는 대규모의 자선기관이다."[48] 여기서 『청춘무성』에 등장하는 '재락원(再樂園)'이 '동선당'을 모델로 한다는 사실을 알 수 있다. 만주에 들어온 이후 내내 민족적 의식을 앞세우고 모든 것들을 살피던 이태준이고 보면, 동선당을 둘러보면서 어떤 생각을 하였을지 아마 쉽게 짐작할 수 있을 것이다.

이태준의 마지막 행선지는 '만보산(萬寶山)' 근처의 '쟝쟈워후(姜家窩堡)'다. 조선의 이주민들은 이곳에 마을을 이뤄 살아가고 있다. 일제가 이민의 성공적 사례로 꼽는 지역이기도 하다. 이곳에 살고 있는 조선인은 쟝쟈워후를 다음과 같이 설명하고 있다. "이 쟝쟈워훈 만보산사건 일어난 후로 벌써 여러 해 아닙니까. 아마 이민부락으론 기중 자리잡힌 편인가 봅니다. 그리게 시찰단이 오면 흔히 이 동네로 더리고 오드군요." 그런데 이 말을 듣자 이태준은 곧바로 "이 동넨 다 자작농입니까?"라고 묻는다. 이민이 과연 어느 정도나 성공적인가를 가늠하는 중요한 질문이다. 이에 대한 대답은 이러하다. "자작농은 별로 없습니다. 모다 만인(滿人)의 땅을 차입해 가지고 하니까 결국 소작인 셈이죠 애초에 만보산에 들어온 사람들이 돈을 모아가지구 황지(荒地) 차입운동을 한 겁니다." 성공했다고는 하지만, 자작농은 될 수 없고 소작인에 머무는 수준이라는 말이다.[49]

---

47) 위의 글, 167면.
48) 위의 글, 168면.

이는 발해농장의 '자작농창제'와 자연스럽게 비교된다. '만보산사건'
은 1931년 7월 2일 일어났다. 안희제가 발해에서 토지를 매입하기 시작
할 즈음이다. 벌써 7년이 지났으니 발해농장에서는 자작농이 나타났을
것이다. 5년이 지나면 자작농이 될 수 있도록 안희제가 규칙을 정했기
때문이다. 반면, 쟝쟈워후에는 소작인이 절대 다수를 차지하고 있다. 더
군다나 소작을 하기 위해서는 먼저 황지를 차입할 돈이 있어야만 한다.
이렇게 따진다면 발해농장이 훨씬 나은 조건이라는 사실이 금세 드러
난다. 물론 여기 어디에도 발해농장에 대한 언급은 없다. 그렇지만 고향
을 버리고 낯선 타국으로 떠나는 이민의 입장에서 생각해 본다면 이러
한 비교는 당연하다고 봐야 한다. 그들이 아무런 정보의 취합 없이 무
작정 만주로 뛰쳐나오지는 않을 것이기 때문이다. 또한, 이태준이 쟝쟈
워후의 현실에 대해, 거품을 제거하고, 정확한 사실을 전달하고 있다는
사실도 눈여겨 볼 필요가 있다.

「만주기행」의 이러한 내용에서 파악되는 것은 이태준의 뚜렷한 민족
의식이다. 친일의 욕망 따위가 개입할 여지는 전혀 없다. 만보산사건을
취재하여 내막을 밝혀 놓은 부분에서도 이는 마찬가지다. 여기에 소설
적 상상력을 덧입혀 만들어 낸 작품이 「농군」인바, 이 과정에서 변형이
어떻게 일어나는가를 살펴보면서 그 의미를 파악하고자 한다.

「농군」은 앞머리에 "이 소설의 배경 만주는 그전 장작림(張作霖) 정권
시대임을 말해 둔다"50)라는 부기(附記)가 달려 있다. 작품이 전개되기
전에 굳이 소설의 시간적 배경을 강조해둔 것이다. 이태준의 다른 작품
에서는 이러한 시도를 볼 수가 없다. 따라서 장작림에 대해서 먼저 관
심을 가질 필요가 있다. 마적단 출신인 장작림(장쭤린)은 일본군의 별동
대로 활약하던 인물로 1928년 6월 7일 죽었다. 그러니까 1931년 7월 2일
일어났던 만보산사건의 시간적 배경이 20년대로 변형된 셈이다. 또한,

---

49) 위의 글, 177면 참조.
50) 이태준, 「농군」,『돌다리』, 깊은샘, 2004, 141면.

장작림이 일본군의 별동대로 활약했던 만큼 정권의 성향이 친일적이었음은 당연하다고 하겠다. 그런 점에서 "「농군」의 이야기와 만보산사건의 '사실적 합치' 여부를 따지는 일은 아귀가 맞지 않는다"51)라는 주장은 타당하게 파악된다.

소설은 기차간 풍경에서 시작된다. 넓은 땅을 바라보며 윤창권 부부가 나누는 이야기의 내용은 「만주기행」의 그것과 그대로 일치한다. 다른 점은 윤창권이 '양복쟁이' 형사에게 불심검문 당하는 내용이 첨가되어 있다는 것이다. 그 내용은 하정일이 요령 있게 정리해 놓았다. "조선 땅에서는 도저히 먹고살 수 없어 만주로 이민을 가게 되었다는 것이다. 이는 결국 농업 정책이 총체적으로 실패했음을 암시하는 것에 다름 아니다. (…중략…) 더구나 윤창권의 진술이 형사의 검문과정에서 나온 것이라는 점도 중요하다. 당시 형사란 조선의 민중들에게는 일제 권력의 상징 아닌가. 그런 점에서 형사와 윤창권의 대화는 일제와 조선 민중의 대립각을 여실히 드러낸다."52)

장쟈워푸(姜家窩柵)에 도착한 후 윤창권의 식구들이 겪는 일은 「만주기행」에 나타난 만보산사건과 어느 정도는 일치한다. 만주의 토인들과 조선인들의 격렬한 대립이 그러하다.

이 장쟈워푸를 수십 리 둘러 사는 토민들이 한덩어리가 되어 조선 사람들이 봇동 내는 것을 반대하는 것이었다.
반대하는 이유는 극히 단순한 것이었다. 봇동을 내어 논을 풀면 그 논에서들 나오는 물이 어디로 가느냐? 였다. 방바닥 같은 들이라 자기네 밭에 모두 침수가 될 것이니 자기네는 조선사람들 때문에 농사도 못짓고 떠나야 옳으냐는 것이다. 너희들도 그 물을 끌어다 벼농사를 지으면 도리어 이익이 아니냐 해도 막무가내였다. 자기넨 벼농사를 지을 줄도 모르거니와 이밥을 못 먹는다는 것이다. 고소하지도 않을 뿐 아니라 배가 아파진다는 것이다. 그럼 먹지는

---

51) 하정일, 앞의 글, 64면,
52) 위의 글, 67~68면.

못하더라도 벼를 장춘으로 가지고 가 팔면 잡곡을 몇 배 살 돈이 나오지 않느냐? 또 벼농사를 지을 줄 모르면 우리가 가르쳐 줄 터이니 그대로 해 보라고 하여도 완강히 반대로만 나가는 것이었다. 그리고 조선 사람이 칼이나 낫으로 덤비면 저희에게도 도끼도 몽둥이도 있다는 투로 맞서는 것이다.[53]

그렇지만, 중국 군대의 역할을 중요하게 설정하고 있다는 점에서 「농군」은 「만주기행」과 구별된다. 「만주기행」에서는 중국 군대의 총에 맞은 사람이 하나도 없다고 기술되어 있다. "멀리서 위협하느라고 탄환을 공중으로만 지나가게 쏘아 그런지 한 사람도 상한 사람은 없었고 몇 청년들이 잡혀가 여러 날 갇히었다가 나왔을 뿐인데 오히려 조선에서는 피차에 살상이 생겼다는 것은 여간 유감이 아니라고 한다." 그리고 조선 이주민들과 토민들의 대립이 주된 것이었다는 암시도 느껴진다. "아무튼 군대 출동은 별 문제로 하고 만일 그 토민들이 살생을 즐기는 사람들이었다면 그 토민들의 몽둥이에라도 희생자가 없지 못했을 것이라 한다."[54]

반면, 「농군」에서는 중국 군대의 비중이 크다. 쟝자워푸에 나타나서는 "타우젠바(돈 내라)", "늬문 구냥 화칸(너희 딸 예쁘다)"이라고 떠드는가 하면 마지막엔 총을 쏘아 조선 이주민들을 살해하기까지 한다. 관청에 찾아간 조선 이주민들이 억류되었다는 내용도 나타난다. 군대와 관청이 국가장치의 뼈대를 이룬다는 사실을 감안한다면, 장작림 정권을 비판하고자 했던 이태준의 의도를 읽을 수 있다. 소설 내용을 전개하기에 앞서 굳이 "이 소설의 배경 만주는 그전 장작림(張作霖) 정권시대임을 말해둔다"라는 부기를 달아놓은 까닭은 이로써 해명된다.

만보산사건은 일제가 조장한 측면이 강하다. 그렇지만 시대의 조건상 이러한 사실을 비판할 수는 없었다. 그래서 이태준은 「농군」의 시대

---

53) 이태준, 「농군」, 앞의 책, 151면.
54) 이태준, 「만주기행」, 앞의 책, 178~179면 참조

적 배경을 장작림 정권시대로 끌어올렸다. 일제 대신 일제와 공모 관계에 있는 대상을 내세운 셈이다. 그리고 그들의 야만성을 폭로하였다. 따라서 「농군」에는 민족주의적인 색채가 농후하게 배어난다고 볼 수 있겠다.

그런데, 송인화는 「농군」을 통해 이태준의 친일 욕망을 읽어 내고자 시도하고 있다. 근거는 두 가지이다. 첫째, "개인의 욕망과 차이를 무시하고 집단적인 이해와 동질성에 그것을 귀속시키는 것은 전체주의의 논리와 상당 부분 닮아 있음을 부정하기 어렵다."[55] 필자가 파악하기에 이러한 비판은 그저 공허하기만 할 따름이다. 조선 이주민들은 삶의 끝에 내몰린 존재들이다. "덤벼라! 우린 여기서 못 살면 죽긴 마찬가지다!"라는 의지는 그래서 만들어진 것이다. 토인들이 집단으로 몰려들고, 중국 군대가 출동하여 총을 쏘고, 관청이 개입하여 조선 이주민을 억류하는 상황이다. 생존의 문제가 절박하게 걸린 셈인데, 이 순간 하나로 뭉쳐 외부 세력에 대항하는 것은 당연한 일이 아닐까. 예컨대 1980년 5월 광주에서는 계엄군이 출동하여 무고하게 살상을 저지르자 스스로를 방어하기 위해 시민군이 결성되었다. 개인의 욕망과 차이를 무시했다는 이유로 그들을 전체주의라고 비판하는 것은 폭력적 언사에 해당한다. 송인화의 논리는 이와 마찬가지다.

둘째, "시간이 적극적인 의미를 갖는, 성취를 보장하는 서사란 중일전쟁 이후의 상황에서 현실적으로 가능하지 않았다는 점에서 그것이 갖는 한계는 분명하다. 저대저 세계의 힘이 아무리 간고할 지리도 투쟁과 노력을 통해 그것을 극복할 수 있다는, 이러한 긍정적인 신념의 투사는 곧 현실과의 불가능한 화해를 억지로 시도하는 거짓화해에 가까운 것이기 때문이다."[56] 소설의 배경은 중일전쟁 이후가 아니다. 1931년도 아닌, 장작림 정권시대이다. 그러니 '중일전쟁 이후의 상황'을 여

---

55) 송인화, 앞의 글, 67면.
56) 위의 글, 같은 면.

기서 언급하는 것은 적절치 않다. 그리고 '현실과의 불가능한 화해'가 나타나고 있는가도 의문이다. 물론 물길은 터졌다. 그렇지만 여전히 중국 군대가 쏘는 총알은 날아다니고 있으며, 물길을 따라 "피와 물에 흥건한 노인의 시체"가 떠내려 오고 있다. 창권 또한 넓적다리에 총을 맞았다. 미의 범주에 따르면 '비장미'에 해당할 텐데, 이를 가리켜서 '화해'라고 단정하는 것은 무리라고 봐야 한다.

「만주기행」과 「농군」은 하나의 짝패이다. 그러니 이태준이 만보산사건을 어떻게 취재했으며, 소설적인 변형은 또한 어떻게 가하고 있는가를 동시에 살펴봐야만 한다. 그리고 문맥 뒤에 숨어있는 사실들을 찾아내어 복원하는 노력도 필요하다. 누군가를 비판하는 작업이 그리 만만할 수만은 없는 이유는 여기에 존재한다.

5. "참다운 藝術家 노릇"이라는 이태준의 결심

거의 언급되지 않고 있으나, 이태준이 1938년 3월 1일『조선일보』에 발표한 「참다운 예술가(藝術家) 노릇 이제부터 시작(始作)할 결심(決心)이다」는 눈여겨 볼만하다. 지금까지의 소설 창작 태도에 대한 인식과 반성이 선명하게 드러나기 때문이다. 이 글이 발표된 1938년 3월 1일이라면 단편 「패강랭(浿江冷)」을『삼천리문학(三千里文學)』1938년 1월호에 발표하고 난 지 얼마 지나지 않았을 때이다. 「패강랭」에서 이태준은 화자 '현'을 통하여 "서리를 밟거든 그 뒤에 얼음이 올 것을 각오하라[履霜堅冰至]"를 몇 번이고 뇌이면서 스스로 마음가짐을 다잡던 모습을 보여 준 바 있다. 「영월영감」과 「농군」이 쓰인 것은 「참다운 예술가(藝術家) 노릇 이제부터 시작(始作)할 결심(決心)이다」를 발표한 이후이다. 이태준의 결심과 「영월영감」・「농군」의 세계는 무관하지 않을 것이다. 먼저, 이태준이 그때까지의 작품에 대하여 스스로 어떻게 파악하고 있는가를 살펴보자.

> 나는 아직 作家生活이 아니엿다. 實際的으로 習作을 해왔다. 趣味에 맛는 人物을 붓들어가지고 스켓치나 공부하면서 創作生活을 할수잇는 時期를 기다려왔다. 그래 不遇先生 황수건이(달밤의主人公) 안영감(아담의後裔의 主人公)색시 孫巨富 福德房영감들 따위 思想的思考라거나 現實探究와 聯關한 構成이라거나 그런것을 避할수잇는 이미 運命이 決定된 人物들을 擇해 거이 詩를쓰는 卽興氣分으로 쓴것이다. 나의 作品에 哀愁는 잇고 思想이 업다는것은 가장 쉽고 또 正確한 指摘들이다. 그러나 이 作家는 이런 範圍內에서만 完成할수잇다는 것은 速斷이다.[57]

"小說執筆에만 精力과時間을 쓸수잇는 生活을 茫然히 기다려왔다. 그래도 그런生活이오려니 햇스나當해볼수록 絶望이다"[58]라는 내용은 「참다운 예술가 노릇 이제부터 시작할 결심이다」에서 여러 차례 반복된다. 기다림 속에서 서서히 키워 왔고, 드디어 맞닥뜨릴 수밖에 없었던 절망이 자신의 작품을 '습작(習作)', '스케치 공부' 수준으로 폄하하게 만든 이유이다. 결심은 더 이상 피할 수 없는 절망과 마주선 자리에서 표명되었다. 따라서 「영월영감」・「농군」과 같은 작품은 절망에 맞선 작가 이태준의 산물이라고 이해해도 무방하다.

이와 함께 주목해야 할 점은 고완(古翫)에 대한 태도의 변화이다. 1930년대 초중반 이태준은 생활세계의 반대편에 고완의 세계를 설정하고, 고완의 세계를 적극적으로 긍정하고 있었다. 하지만 1939년 이후에는 이러한 관점을 수정하고 나섰다. 1940년 『문장』 10월호에 발표된 「고완품(古翫品)과 생활(生活)」은 일례가 된다. "젊은 사람이 그야말로 완물상지(玩物

---

57) 李泰俊, 「참다운藝術家노릇 이제부터始作할決心이다」, 『朝鮮日報』, 1938.3.1.
58) 위의 글, 같은 면.

喪志)하는 것도 반성해야 할 것이다. 그렇지 않아도 각 방면으로 조로(早老)하는 동양인에게 있어서는 청년과 고완이란 오히려 경계할 필요부터 있을는지 모른다."[59] 이태준이 고완을 경계하고 나선 까닭은 시대적 상황과 연관되어 있다. 중일전쟁이 발발한 이후 일제는 '신체제론(新體制論)'을 내세웠고, 여기에 영합하기 위해서는 먼저 동양문화(東洋文化)로 관심을 돌려야만 했다. 실제로 많은 지식인들이 동양문화론을 거쳐 신체제론으로 나아갔다.[60] 이러한 시대 분위기를 염두에 둔다면, 고완에 대한 이태준의 태도 변화가 얼마나 중요한 의미를 지니는지 가늠하게 된다. 이 또한 '참다운 예술가(藝術家)'로 자리를 잡는 변모인 것이다.

「참다운 예술가 노릇 이제부터 시작할 결심이다」는 다음과 같은 내용으로 끝을 맺는다. 절망에 직면한 자신의 처지를 '우리 문단(文壇)의 딱한 현상(現狀)'과 포개어 놓은 장면이 인상적이다.

> "인제부터다!"하고 덤빌 生活이 오지안는 나도 슬프거니와 이런 벨르기만 하는 習作人을한作家로 取扱해야될 우리文壇도 딱한 現狀이다. 서로 別―하고 말것인가? 依然히 小說쓸生活이 하늘에서 떠러지기를 기다릴것인가?
> 나도 더 기다리기만 할수는 업다. 이런대로 "인제부터는!" 할수박게 업다. 一年에 短篇하나를 내더라도 정말 藝術家노릇을 始作해야겟다는 決心을 이번 半七十이란 나이를 헤이며 새삼스럽게 먹은것이다. 쓸데업는 壯談가트나 나로선 이제부터 첫 段階를 밟기爲해한번하고본다.[61]

과연 친일로 나서기 위해 이러한 결심이 필요했던 것일까. 이태준이 직면했던 절망은 그동안 제대로 친일문학을 써 내지 못했다는 자책에

---

59) 이태준, 「고완품(古翫品)과 生活」, 『무서록』, 깊은샘, 2003, 142면. 이러한 태도는 「영월영감」, 『청춘무성』 등에서도 확인할 수 있다.

60) 현재 우리 학계에는 古典·古翫에 대한 이태준의 입장 변화를 무시하고 친일로 몰아가는 경향이 팽배해 있다. 김예림의 『1930년대 후반 근대인식의 틀과 미의식』(소명출판, 2004)이 대표적 사례다.

61) 李泰俊, 「참다운 藝術家노릇 이제부터始作할決心이다」, 『朝鮮日報』, 1938.3.1.

서 나온 것일까. 그렇게 판단하기는 결코 쉽지가 않다. 그럼에도 불구하고 그러한 시도는 끊이지 않는다. 뿐만 아니라 이태준 해석의 커다란 경향을 이루는 추세이다. 예컨대 김철은 다음과 같이 주장한다. "「농군」은 작가의 '심각한 내적 변모'와 '모색'의 결과가 아니라, '만주경영'이라는 제국주의의 '새로운 시대적 흐름'에 편승한, 다시 말해 당대의 '국책(國策)'에 적극적으로 부응한 소설이며, 그러한 사정을 떠나 소설 자체로 보아도 지극히 무성의하고 불성실한 작품이다."[62]

식민지를 경영하면서, 전쟁을 치르면서 일제는 여러 가지 정책을 발표하였다. 예컨대 조선산금령(朝鮮産金令)을 통해 금광 채굴을 독려하였으며, '20년간 백만 호(戶) 송출 계획'에 따라 조선농민을 만주로 이주시키는데 힘을 쏟기도 하였다. 그렇지만 금광 채굴이 등장한다고 해서, 조선농민의 만주 이주가 나타난다고 해서 일제의 국책에 부응한 소설이라고 쉽게 단정 지을 수는 없다. 이태준의 「영월영감」·「농군」이 그 까닭을 보여 준다. 식민지 말기의 현실은 그만큼 복잡하고 고단하였다. 식민지 말기 일제의 정책을 몇 가지 찾아내어 마치 짜 맞추듯이 작가와 소설을 해석해서는 곤란한 까닭도 마찬가지 이유이다. 식민지 말기의 문학 연구는 이를 염두에 두고 시작하여야 할 것이다.

---

62) 김철, 「몰락하는 신생(新生)―'만주'의 꿈과 「농군」의 오독(誤讀)」, 『'국민'이라는 노예―한국문학의 기억과 망각』, 삼인, 2005, 107면.

일제강점기 김기림의 의식 변모 양상

1. 기교주의 논쟁의 배경과 전개

현재 국문학 연구계 일각에서는 우리 문학사를 평가하면서 1935~1936년 벌어졌던 '기교주의 논쟁'이 임화의 비판에서 비롯된 것으로 논의하고 있다.1) 그렇지만 이는 사실과 다르다. 논쟁의 당사자였던 김기림·임화·박용철이 당시 발표했던 평론들을 시간 순서대로 배열해 보면 금세 드러난다. ① 김기림, 「시(詩)에잇서서의 기교주의(技巧主義)의반성(反省)과발전(發展)」, 『조선일보』, 1935.2.10~14. ② 임화, 「담천하(曇天下)의시단일년(詩

---

1) 예컨대 이명찬은 "이미 잘 알려져 있다시피 이 논쟁은 임화가 1935년 12월 『신동아』 지상에 발표한 「담천하의 시단1년」이 발단이었다"라고 진술하고 있다(「시의 언어에 대한 새로운 자각―'시문학파 시론'의 형성과 그 전개 과정에 대한 소고」, 『한국 현대 시론사 연구』, 문학과지성사, 1998, 158면).

壇一年)-조선(朝鮮)의시문학(詩文學)은어듸로!」, 『신동아』, 1935.12. ③ 박용철, 「을해시단총평(乙亥詩壇總評)」, 『동아일보』, 1935.12.24~28, ④ 김기림, 「시인(詩人)으로서 현실(現實)에적극관심(積極關心)」, 『조선일보』, 1936.1.1~5. ⑤ 임화, 「기교파(技巧派)와조선시단(朝鮮詩壇)」, 『중앙』, 1936.2. ⑥ 박용철, 「'기교주의(技巧主義)'설(說)의허망(虛妄)」, 『동아일보』, 1936.3.18~25. 여기서 알 수 있듯이, 임화의 비판이 제기되기 전에 김기림은 벌써 「시에잇서서의 기교주의의반성과발전」을 내놓은 상태였다. 다시 말해서, 임화의 비판과는 무관하게, 기교주의에 대한 김기림의 태도는 이미 변화해 있었다는 것이다.[2] 따라서 논의는 '김기림이 자발적으로 문학의 방향을 선회한 까닭은 무엇인가'에서부터 시작되어야 한다.

김기림이 기교주의 반성에 나섰던 데에는 유럽 작가들의 움직임이 커다란 영향을 끼치고 있다. 파시즘에 대항한 유럽 작가들의 움직임은 1932년경부터 드러나기 시작했다. "1932년 국제혁명작가동맹(UTER)의 프랑스 지부로 혁명예술가협회(AEAR)가 설립되어 아라공, 엘뤼아르, 브르통 등의 초현실주의자들, 로맹 롤랑 등도 참여한 좌익 통일전선이 형성되었다. 같은 해 롤랑은 암스테르담에서 국제반전대회를 열었"[3]다는 사실이 이를 보여 준다. 1933년 히틀러의 나찌스당이 독일의 정권을 쥐고, 1934년 2월 파리에서 파쇼지지 세력에 의해 폭동이 일어나자 이러한 경향은 분명한 흐름으로 발전하게 되었다. "종래 서로 갈등이 많던 사회주의와 자유주의가 파시즘에 대항하기 위해 단합하여 임시 위원회를 조직하였고, 同月(1934년 2월-인용자)엔 사회주의와 공산주의 및 자유주의가

---

2) 기실 이러한 김기림의 변화 가능성은 「詩에잇서서의 技巧主義의反省과發展」에서 보다 조금 더 일찍 나타나고 있다. 예컨대 김기림이 "廣範하고또한 全體的인 새로운 '휴매니즘'의 文明批判의 態度를確立하고 그우헤모-든 文學現像을 統一할" 움직임으로 "佛蘭西의 新進評論家 '페르난데쓰'의 轉向 一部의 '슈-르이알이스트'의轉向도 벌서 三四年前일이다"라고 근거를 밝히는 데서 알 수 있다(「將來할朝鮮文學은?-怠慢休息 脫走에서 批評文學의再建에」, 『朝鮮日報』, 1934.11.17).

3) 박홍규, 『카뮈를 위한 변명』, 우물이있는집, 2003, 52면.

통일 행동을 협정하여 소위 人民戰線의 출현을 보았던 것이다."[4]

당시 유럽 지식인·작가들의 움직임에서 중심 역할을 담당했던 이는 앙드레 지드였다. "나치가 집권한 1933년부터 앙드레 지드는 자신이 주간한 잡지 『N·R·F』에 반나치 친공산주의적인 글을 싣고, AEAR에서 반나치 연설을 하여 당시의 지식인들에게 큰 영향을 끼쳤다."[5] 지드를 중심으로 촉발된 이런 움직임은 정신적 충격을 동반하여 식민지 조선에까지 그대로 전달되었다. 김광균과 백철은 이런 상황을 상세하게 증언해 두었다. 페르난데스의 행동주의에 초점을 맞춰 백철이 기술한 내용은 다음과 같다.

> 지드의 코뮤니즘에의 轉向이 전해진 것은 이러한 정세의 초기에 일어난 일이다. 그리고, 페르낭데스가 「지드의 轉向에 대하여」를 발표하여, 지드의 행동에 경의를 표한 것도 이런 정세 아래에서다. 그리고 다음 해 一九三四年의 그 二月事件에 큰 자극을 받아 페르낭데스는 『N·R·F』에 두 번째 「지드에의 公開狀」을 발표하고, 드디어 소비에트 作家大會에 출석하는 데 이르렀으며, 또 그 다음 해 二월사건의 만 一주년 기념 때에 '政治와 文學'을 논하여 "나는 문학이란 語句를 증오한다. 차라리 힘과 생활과를 연결시킨 詩를 채택할 것이다. 마치 사상의 논리는 다른 思想詩가 있는 것과 같이 정치적 운용과는 다른 政治的 詩가 있다"고 하여 詩의 행동성과 예술의 功利性을 주장하였다.[6]

유럽문학계의 동향에 민감했던 『조선일보』 학예부 기자 김기림으로서는 이러한 변화를 무시하고 지나칠 수 없었다. 그래서 그는 「시에잇서서의 기교주의의반성과발전」을 써 내려가게 되었던 것이다. 그렇다면 김기림이 이 평문을 발표한지 거의 열 달이나 지난 후에 임화가 기

---

4) 김윤식, 『韓國近代文藝批評史研究』, 일지사, 2002, 205면.

5) 박홍규, 앞의 책, 같은 면.

6) 백철, 『新文學思潮史』, 新丘文化社, 1997, 463면. 김광균의 경우는 『臥牛山』(범양사, 1985)의 「30년대의 시운동」 참조

교주의를 비판하고 나선 까닭은 무엇일까. 벌써 김기림 스스로 기교주의의 한계를 비판하며 '전체로서의 시'를 강조하고 나서지 않았던가. 여기서 김기림이 말하는 '전체로서의 시'가 현실의 문제를 품고 있는 '시의 내용' 강조로 나아간다는 사실은 분명하다. 임화의 비판에 앞서서 대화의 여지는 이미 열려 있었다는 말이다. "'全體로 서의 詩는 엇던것이며技術의 各部分은 그속에서 엇더케 統一될것이냐? 또한그의根底가 될 精神은무엇일가?' 이것은따로히 한개의論文이될 것이다. 다만여기서는 지금은技巧主義를위하야는 反省의時期라는것과詩의全體性의理解를通하야 詩의純粹化를企圖하는것─그것이야말로現代詩의 새로운 課題가아닐가?하는點을 말해두면그만이다."7)

임화의 비판을 이해하려면 당대 문단의 분위기를 염두에 두어야만 한다. 「시에잇서서의 기교주의의반성과발전」이 발표된 이후 김기림이 주목하였던 유럽의 동향은 분명한 흐름으로 굳어져 갔다. 이에 관련하여 1935~36년의 굵직한 사건들을 김윤식은 다음과 같이 정리해 두었다. "1935년 4월 1일부터 3일간 니스에서, '知的協力國際協會'가 P. 발레리를 의장으로 하여 개최되었고, 특히 6월 21일부터 26일까지 파리에서 '國際作家大會'가 A. 지드를 중심으로 개최된 것은 文化擁護에 대한 획기적인 사건이 되었다. 동 7월엔 '코민테른' 第7回 大會가 이 사태와 관계되어 있으며, 1936년 7월에 일어난 스페인 내란은 파시즘과 데모크라시의 결전장이었"다.8)

국내 문학인들은 여기에 대해 적극적으로 관심을 표명하고 나섰다. 대표적인 논문은 다음과 같다. 함대훈의 「지식계급(知識階級)의불안(不安)과 조선문학(朝鮮文學)의장래성(將來性)」(『朝鮮日報』, 1935.3.30~4.6), 이헌구의 「행동정신(行動精神)의탐조(探照)」(『朝鮮日報』, 1935.4.12~19), 이원조의 「안드레·지―드의 사상(思想)과작품연구(作品研究)」(『朝鮮日報』, 1935.4.20~25), 홍

---

7) 金起林, 「詩에잇서서의 技巧主義의反省과發展(下)」, 『朝鮮日報』, 1935.2.14.
8) 김윤식, 앞의 책, 같은 면.

효민의 「행동주의문학운동(行動主義文學運動)의검토(檢討)—부행동주의문학(附行動主義文學)의 조선적가능(朝鮮的可能)」(『朝鮮文壇』, 1935.8), 김문집의 「동경문단(東京文壇)의근모(近貌)—행동주의(行動主義)를중심(中心)으로」(『조선일보』, 1936.1.4~8). 여기서 논의를 이끌어 간 매체가 『조선일보』라는 사실은 기억해 둘 만하다. 『조선일보』 학예부 기자인 김기림의 문학관 변화와 연관이 있을 터이기 때문이다. 그리고 유럽의 '지적협력국제협회(知的協力國際協會)'에 상응하는 한국의 '지식인연맹(知識人聯盟)' 결성을 촉구한다는 점에서 함대훈의 평문이 관심을 끌기도 한다.

정치적 감각이 예민했던 임화로서는 이러한 분위기를 간과할 수 없었다. 더구나 그는 1935년 5월 김남천·김기진과 함께 종로경찰서에 '카프 해산계'를 제출했던 상태였다. 그러니까 1935년 후반기의 임화로서는 현실에 대응하는 나름의 방식을 새롭게 창출할 필요가 있었고, 그러한 필요성으로 인하여 행동주의문학에 대한 강조로 나아갔던 셈이다. 「담천하(曇天下)의시단일년(詩壇一年)」을 통해 그가 김기림을 겨냥했던 까닭은 바로 거기에 있었다. 다시 말해서 '지적협력국제협회(知的協力國際協會)'와 '문화옹호국제작가대회(文化擁護國際作家大會)'를 모델로 한 좌우합작으로 나아가기 위해서는 그동안 문학관의 대립을 드러냈던 김기림의 변화를 표 나게 강조하며 자신의 방향으로 견인할 필요가 있었던 것이다. 임화 자신이 논쟁의 과정에 「특집연구논문(特輯研究論文)—문학(文學)과행동(行動)의관계(關係)」(『조선일보』, 1936.1.8~10)를 발표했다는 사실은 이와 관련된 문제이기도 하다.

氏(金起林—인용자)의 知性이란 非行動性의 産物이며 感情, 情緒에의 忌避는 곧 行動에의 忌避인것이다.
同時에 知性的 批判性이란것도 現實에對한 知的批判을通한 行動的格鬪 卽 批判의 行動이 아니다 批判, 思考그것에 不過하다.
그러나 恒常 眞正한 批判은 반듯이 行動에로 通한것이며 오직 思考로만

批判한다는것은 喪心으로 부터의 批判者이지 못한 唯一의 表幟이다.

그럼으로 氏의詩的感激의 源泉으로서의 人間精神이란 無力에對한 한개 論理的 彌縫이며 '인테리겐챠'의 過分한 主觀的過信의 結果이리라.

그럼으로 그들은 單純한 知性의 信徒인 것이다.9)

이러한 비판에 대한 김기림의 응답이 「시인(詩人)으로서 현실(現實)에 적극관심(積極關心)」이다. 제목에 나타나는 것처럼 김기림은 이 글에서 현실에 적극적으로 관심을 기울이겠노라는 입장을 밝힌다. 파리에서 열렸던 '문화옹호(文化擁護)를 위한 국제작가회의(國際作家會議)'를 직접 거론하기도 한다. 그렇지만 "내意見은 곧 技巧主義에 대신해서 內容主義를 가저오려는것이라고 理解되여서는 아니된다"라고 하며 임화와는 다른 자신의 근거를 인정받고자 한다. 이를테면 좌우합작으로 나갈 가능성을 열어두되 자신이 지탱해 오던 문학세계의 의미를 살려두는 방편이었던 셈이다. "나는 勿論 右로부터 기우러지는 全體主義의 線을 그려보앗다. '푸로'詩가 萬若에 今後 全體主義의의 線을 쪼차서 發展을 꾀한다고하면 그것은勿論左로부터의 線일것이다. 이 두繕이 어떠한 地點에서 서로 맛날가 또는 反撥할가는 이제부터의 과제다."10)

한편, 박용철은 「을해시단총평(乙亥詩壇總評)」을 발표하며 이 논쟁에 뛰어들었다. 그는 새로운 것을 좇는 "風潮의 先驗者요 또 가장熱烈한 實踐者代辯者"11)로 김기림을 꼽는다. 따라서 박용철의 김기림 비판은 '새것 콤플렉스'에 대한 혐의에서 비롯되었다고 파악해도 무방할 것이다. 이러한 맥락에서 박용철의 비판이 "先人과 같은 詩를 쓸 憂慮가있으니 우리는 새로운考案을 해야한다는데서 出發하면 거기는 衣裳師에로의 길이 있을 뿐이다"면서 결국 "새로운체하는 藝術에 이를것"이라는 단언으로 흐르는 것은 당연하다고 하겠다.12) 반면, 임화에 대한 박용

9) 林和, 「曇天下의詩壇一年─朝鮮의詩文學은어디로」, 『新東亞』, 1935.12, 174~175면.
10) 金起林, 「詩人으로서 現實에積極關心」, 『朝鮮日報』, 1936.1.5.
11) 朴龍喆, 「乙亥詩壇總評」, 『朴龍喆 全集』 第二券, 東光堂書店, 1940, 82면.

철의 비판은 정치 편향을 향해 집중된 양상이다. "性急한現實의채찍이 그들로 하여금 이렇게 忍耐있는 藝術의創作에 從하기가 어렵게 하는 것도 있겠으나 그藝術의 最高의 到達點에對한理解없이 그藝術에 從事하는것은 相當한才能과 努力을헐되이 消費하게할뿐인것이다"[13) 임화가 쓴 글에서 정치적인 의도가 엿보이는 대목을 인용하여 가한 다음과 같은 비판에 이르면, 박용철의 임화 비판이 어떠한 수위인가를 쉽게 가늠할 수 있게 된다. "藝術上 主張에있어 아모리 尖銳하게 對立할때에도 우리가 이狹小한 朝鮮文壇에서의 文壇헤게모니를 唯一한 目標로삼는 卑劣한 徒輩가아닌以上 이러히 無用한 敵愾心의發露는 當然히 淸算하여야 할것이다."[14)

　　이후 기교주의 논쟁은 임화와 박용철의 대결로 좁혀졌다. 김기림은 더 이상 논쟁에 휘말릴 필요가 없었던 것이다. 그렇게 전개된 이유는 다음 두 가지이다. 먼저, 형식적 절충주의라는 혐의가 짙지만, '우로부터 기울어지는 전체주의의 선'과 '좌로부터 기울어지는 전체주의의 선'을 제시함으로써 임화와의 현실적인 대립지점은 해소되었다. 그리고 서구 문단의 동향에 주파수를 맞추고 숨 가쁘게 새로움을 추구하는 김기림의 모습 또한 사실이었으므로 박용철의 비판은 일견 타당한 측면이 있었다. 따지고 보면, 지적협력국제협회(知的協力國際協會)나 문화옹호국제작가대회(文化擁護國際作家大會)의 모델을 염두에 두고 자신의 문학세계 변화를 정당화하는 방식 또한 박용철의 비판 안에 묶이는 양상인 것이다. 김기림의 비극은 여기에서부터 빚어졌다. 반성을 통해 변화를 꾀하고 나섰지만, 식민지 조선에서는 지적협력국제협회(知的協力國際協會), 문화옹호국제작가대회(文化擁護國際作家大會)가 가능할 수 없었다는 사실. 바다를 건너고자 했던 나비의 "靑무우밭인가해서 나러갔다가는 / 어

---

12) 위의 글, 84~85면.
13) 위의 글, 87~88면.
14) 위의 글, 88~89면.

린날개가 물결에 저러서 / 公主처럼 지처서 도라온다"15)라는 고단한 모
험은 여기서부터 시작되었다.

2. 김기림의 절망—의지와 현실의 괴리

　"內容과 形式을 同列에 놓는 等價的均衡論"16)이라고 해서 임화로
부터 '형식 논리적 절충주의'라는 적절한 비판을 받았지만, 「시(詩)에잇
서서의 반성(反省)과발전(發展)」을 자세히 보면 김기림이 모더니즘의 정
신을 진작부터 파악하고 있었다는 사실을 알 수 있다. 「시에잇서서의
반성과발전」에 대해서 오형엽이 주목하는 것도 바로 이러한 사실이다.
"순수화 경향이 시인들의 전통적 가치 부정이라는 개인적 차원과, 현대
문명 자체의 병적 징후라는 사회적 차원이 동시에 작용하여 생겨났다
는 점을 설명하고 있다. 결국 우리는 김기림이 말한 '기교주의'가 근대
시의 전개 과정 속에서 파악된 역사적 개념이며, 김기림이 미적 근대성
이 지닌 이중성을 개인적 차원과 사회적 차원을 동시에 고려하면서 인
식하고 있음을 확인할 수 있다."17) 따라서 '새 것 콤플렉스'의 관점에서
김기림을 비판하고 나선 박용철의 태도는 커다란 설득력을 확보하기가
어렵겠다. 그보다는 오히려 시의 사회성을 좀 더 적극적으로 수용하려
는 노력으로 김기림의 변화를 이해하는 것이 합당할 것이다.
　그렇지만, 물질적인 토대가 다른 까닭에, 김기림이 아무리 진지하게
'모더니즘의 정신'을 진술하더라도, 식민지 조선에서 이를 구체적으로

---

15) 起林, 「나비와바다」, 『女性』, 1939.4, 18면.
16) 林和, 「技巧派와 朝鮮詩壇」, 『文學의 論理』, 學藝社, 1940, 645면.
17) 오형엽, 『한국 근대시와 시론의 구조적 연구』, 태학사, 1999, 81면.

밀고 나가기는 난망할 수밖에 없다. 김기림은 1930년대 전반기의 시정
신을 대표하는 젊은 시인으로 김광균을 꼽은 바 있는데,[18] 김광균은 그
런 저간의 사정을 다음과 같이 환기시키고 있다.

> 이 무렵(1935년 즈음—인용자)의 서구 문학의 중요한 수확은 문학의 세계를
> 개인의 굴레에서 集團으로 옮긴 것일 것이다. 현실에의 적극적 관심이란 旗
> 標 아래 그들의 '휴머니티'는 政治에의 관심으로 나타났다.
> '이것이 今日의 문학을 明日의 문학으로 昻揚시키는 유일의 길'이라는 것
> 이 그들의 결론이었다. 이처럼 急激한 서구 문화의 동향이 조선의 하늘에도
> 遠雷처럼 들려왔다.
> 주지주의 운동으로써 모처럼 우리 詩가 捕捉했던 '문명'의 이러한 변화가
> 시운동에 그대로 直射된 것은 물론이다. '모더니즘' 시운동의 危機는 이렇게
> 시작되었다.
> 이를 전후하여 형식면에서는 모더니즘이 모처럼 主唱한 언어의 새로운 驅
> 使가 方法論으로써 원숙해지기 전에 잡다한 亞流의 橫行으로 抹消化했다.
> 이것은 모더니즘 발생의 깊은 원인이 잠재한 서구 문명을 우리가 그대로 받
> 아들이기엔 朝鮮이란 후진 사회의 文明基底가 심히 미숙하고, 우리 나라의
> 문화 풍토가 거칠었기 때문에 그것이 한 정신의 바탕을 거치지 않고 형식 운
> 동에 그친 까닭이 아닐까 한다. 말하자면 문명을 감수하는데 그쳤을 뿐 이것
> 의 비판에 채 통달하지 못했고, 인간 생활의 구체적 조건을 探索하고 이것을
> 극복하는 노력에 매우 무력하였던 것이 모더니즘의 敗色을 가져온 주요한 원
> 인이 된 것이다.[19]

김광균의 진단을 모두 수용할 필요는 없다. '모더니즘의 패색(敗色)'
원인을 진단하는 대목에서 특히 그러하다. 당시 서구 작가들의 움직임
에 영향을 받아 김기림에게 상당한 변화가 일어난 것은 사실이지만, 모
더니즘을 이해하는 관점에 따라 김기림의 변화를 '모더니즘의 심화'로

---

18) 김기림의 「詩壇의 動態」(『人文評論』, 1939.12) 참조.
19) 김광균, 앞의 책, 108~109면.

도 파악할 수 있기 때문이다. 즉 미적 근대성에 내장된 이중성을 깊이 있게 수용하는 계기로 기교주의 논쟁 전후의 김기림을 이해할 수 있다는 것이다. 그런 점에서 다음과 같은 김기림의 문장은 기억해 둘 만하다. 문학관의 변화를 상징적으로 집약하여 보여 주고 있는 대목이다. "그(오늘의 작가-인용자)는 時代의潮流의 복판에서일을하지안으면 아니된다. 그런데 時代의潮流는 半洋館의書齋의附近을 흐르는게아니라 實로 띠끌에싸인 街頭를 흐른다."20) 이전의 김기림은 "單純(Simplification)과 暗示(Suggestion)는 原始性의 두個의S다"라면서 "原始性의缺乏! 그것은現代藝術의偉大한 不滿이다"21)라고 주장하지 않았던가. "原始的인 粗野한 野蠻한 부르지즘이어대로서든지 울려와서 그倦怠로한雰圍氣를 깨트려주지안코 우리가엇더케견댈수잇으야?"22)라면서 김기림 자신도 고갱 모양으로 '타이티(원시세계)'로 도망갈 궁리를 하고 있지 않았던가.

이는 비단 김기림만의 문제는 아니었다. 시간이 지나면서 '고완(古翫)의 세계'를 만유(漫遊)하던 이태준 또한 점차 '티끌에 싸인 가두(街頭)'로 눈을 돌리게 되었다.23) 그러니 『문장』의 창간사가, 총독부의 검열을 의식하여 쓴 부분이 오해의 여지를 남기고는 있지만, 「수첩(手帖)속에서」라는 김기림의 글과 비슷한 면을 내보이는 것은 당연하다고 하겠다. "좁게 書齋에만 스사로 가쳐 身邊事類에나 過敏한 것이 文筆家라면 이는 文筆, 그 自體를 위해서보다 먼저 그 人間으로서, 國民으로서, 時代人으로서 忘却했음이 크다 않을 수 없을 것이다"24) 뿐만 아니라 "'파리'에서 문화 옹호를 위한 作家大會가 있었을 때 내가 만난 작가나 시

---

20) 金起林, 「作家와 評論家의 意見 遞傳-時代的 苦悶의 深刻한 縮圖」, 『朝鮮日報』, 1935.8.29.

21) 片石村, 「手帖속에서(上)-現代藝術의 原始에對한慾求」, 『朝鮮日報』, 1933.8.9.

22) 片石村, 「手帖속에서(下)-現代詩의性格-原始的明朗」, 『朝鮮日報』, 1933.8.10.

23) 이에 대한 자세한 논의는 홍기돈, 「식민지 말기 이태준의 소설과 백산 안희제-「영월영감」과 「농군」을 중심으로」(『2005년 하계 학술발표회 자료집-한국현대문학과 과학』, 한국현대문학회, 2005) 참조.

24) 「卷頭에-時局과 文筆人」, 『文章』 創刊號, 1939.1, 1면.

인 가운데서 가장 흥분한 것도 箱이었다"[25]라는 증언도 같은 맥락에서 이해할 필요가 있다. 김기림, 이태준의 변화와 한데 묶어서 구인회의 존립과 연관하여 생각해 볼 수 있기 때문이다. "1936년에 모 여사와 동거하다가 동경으로 탈출하였는데, (…중략…) 활동가이던 李箱이 동경에 간 뒤 九人會는 흐지부지 소멸되어 버렸다."[26]

그렇다면, 좌익 계열의 작가들은 당시 어떤 모습을 보여 주고 있었던가. 여기에 대해서는 백철이 기록을 남기고 있다.

> 그러나, 一九三五년대의 한국 지식인을 억누르고 있는 현실은 人民戰線이 우세한 프랑스와 스페인의 천지와는 비할 수도 없는 것이었다. 이 三五년도에 경향파의 문학자들이 대부분 全州 형무소에 수감되어 있었다는 것은 유럽과는 아주 대조적인 현상이었다. 그렇다고 해서 당시의 한국 지식인들은 자기네의 불안과 문화의 위기를 지성적으로 극복하고 새로운 행동을 창설해 갈 만한 지성과 용기를 갖지 못하였다. 남의 나라에선 급진적인 知識人聯盟이 결성된 이 해에 한국에서는 文人 사이의 親睦機關으로 '文筆家協會'를 만들자는 의견이 전개되고 있었다. 그것은 결국 起草委員 중의 李源朝, 金南天 등의 반대로 실현은 되지 않았으나 여하튼 다른 나라의 급진적인 文化團體와 비하여 이 文筆家協會는 좋은 대조가 아닐 수 없다. 결국 한국에서의 행동주의는 三五년도에 잠깐 논의된 데 그치고 실질상으로는 별다른 성과를 남기지 못한 채 그대로 휴우머니즘으로 전환된 것이다.[27]

이렇게 당시의 상황을 따진다면, "右로부터 기우러지는 全體主義의 線을 그"리고자 했던 김기림의 기획이 그리 쉽지 않았음을 알 수 있다. 또한, '프로'시에 대해 가졌던 "全體主義의 線을 쪼차서 (…중략…) 左로부터의 線"이란 기대가 이루어질 수 없었던 상황을 감지할 수 있다.

---

25) 金起林, 「故 李箱의 추억」, 『金起林 全集』 5, 심설당, 1988, 416면.
26) 趙容萬, 『30년대의 문화예술인들—격동기의 文化界 秘話』, 범양사 출판부, 1988, 139면.
27) 白鐵, 앞의 책, 465면.

식민지 조선의 현실은 서구의 역사적 조건보다 훨씬 열악했던 것이다. "시인으로서 현실에 적극 관심"을 가지겠다고 입장을 밝혔음에도 불구하고 현실 가운데로 진입할 수 없었던 까닭은 여기서 발생하였다. 의지와 현실의 좁힐 수 없는 괴리 사이에서 절망은 싹튼다. 1939년 1월 김기림은 자신의 절망을 이렇게 표현한 바 있다. "모―든信念을 차례차례로 다잃어버린 生活처럼 地獄은 없을것이다. 무엇이고 信念을 갖이고 살고싶다. 지극히 히미한일, 지극히 작은 일이라도 좋으니 거기信念을갖이고 꾸준이 걸어가고싶다."28)

김기림의 절망을 염두에 둔다면 "김기림의 근대주의는 자기인식이 결여되어 있다. 그는 선험적인 자기부정을 통하여 끊임없이 타자를 지향한다"29)라는 비판은 설득력이 떨어진다. 절망은 자기인식 위에서 솟아나기 때문이다. 수심(水深)도 모르면서 겁 없이 현해탄을 건너고자 했다가 지쳐서 돌아오는 나비라고 스스로를 성찰하는 시 「나비와 바다」가 이를 증명한다. 식민지 지식인인 그는 동해를 건너 근대의 세계로 편안하게 안착할 수 없었고, 김기림은 이를 충분히 깨닫고 있었던 것이다.

또한 "김기림은 민족, 민족주의보다 세계인, 세계주의를 추구한다"30)라는 지적에도 선뜻 동의하기 어렵다. 민족·민족주의와 세계·세계주의를 선명하게 나누어 대립적으로 설정하는 것도 문제거니와, 민족이 처한 현실에 대한 관심／무관심 여부도 사실과 부합하지 않는다. 이는 김기림이 1930년대 말기의 분위기를 일러 "『獻詞』에 이르는길은 一種의 不可逆의 經路가아닐까"31)라고 묻고 있는 장면에서 확인할 수 있다. 김기림은 오장환의 『헌사(獻詞)』를 다음과 같이 파악하였다.

『獻詞』의 '로맨티시즘'의 鄕愁는 차라리 끊어져가는 未來로 向한것이며 거

---

28) 김기림, 「信念있는 生活」, 『朝光』 5권 1호, 1939.1, 245면.
29) 구모룡, 「식민성 근대주의의 한 양상」, 『문학수첩』 통권 10호, 2005년 봄, 250면.
30) 위의 글, 239면.
31) 金起林, 「詩壇의 動態」, 『人文評論』, 1939.12, 43면.

기對한 咏嘆이다. 昨日의 榮光에 대한 回想이 아니다. '카렌다—'의 마지막 장을 떼버리고 다시더 제껴야할 장이없어서 거기無明과 虛無의 深淵에 直面하는 時間의 心情이다. 그리해서 지금 그가 막 餞送해보낸 最終列車다음에 그가 타고갈다음 列車는 아모'다이야'에도 없다. The Last Train의 아름다운噓泣이 여기까닭이 있는 것이다.[32]

여기에는 "한時代의 詩속에 그 時代의 精神을 追求해 보거나 한詩人의 詩人的發展속에, 時代를 사라나간 한精神의 歷史를 더듬어 본다던지 하는일은 얼마돌보지들않는 쫩慣이 우리속에도있다"[33]라는 '동양의 오래된 습관' 비판이 전제되어 있다. 그러니 오장환이 토로하는『헌화(獻花)』의 암담한 세계에서 당대의 정신적 풍향을 읽어 내는 작업을 생략해서는 곤란하다. 그리고『헌사』의 세계를 불가역의 경로로 파악하는 김기림의 관점 또한 이해할 수 있어야 한다. 김기림 역시 "無明과 虛無의 深淵에 直面하는 時間의 心情"에서 헤어 나오지 못하고 있는 상태인 것이다.

김기림의 절망을 증명하기 위해 이 논문에서 인용하는 글들은 모두 1939년 발표되었다는 공통점을 가지고 있다. 「신념(信念)있는 생활」은 『조광(朝光)』 1939년 1월호에 실렸고, 「나비와 바다」는 『여성(女性)』 1939년 4월호에 발표되었으며, 「시단(詩壇)의 동태(動態)」는 『인문평론(人文評論)』 1939년 12월호에 게재되었다. 왜 하필 1939년인가. 김기림이 1939년에 이르러 반복하여 절망감을 토로했던 까닭은 무엇인가.

---

32) 위의 글, 42면.
33) 위의 글, 36면.

3. 미키 기요시(三木淸)의 영향과 김기림의 민족의식

연보34)에 따르면, 김기림은 1936년 4월 동북제대(東北帝大) 영문학과(英文學科)에 입학하여 1939년 졸업하였다. 그에게는 1927년 일본대학(日本大學) 문학예술과(文學藝術科)에 입학하여 1930년 졸업한 이력이 있으니 이때의 유학은 제2차 유학이 되겠다. 좀 더 엄밀히 말한다면, 1922년 도일(渡日)하여 입교중학교(立敎中學校)로 전학하고 1927년 같은 학교를 졸업하였으니 김기림이 근대를 이해하는 데 일본이란 창이 중요한 역할을 하였으리라는 사실은 의심의 여지가 없어 보인다. 그렇지만 다음과 같은 구모룡의 비판이 적합한가는 곰곰이 따져볼 필요가 있다. "그는 의도적으로 일본이라는 필터의 존재를 그의 담론에서 빠트린다. 이러한 점에서 유럽주의는 하나의 변장에 불과하다. 유럽주의가 역사적으로 와해됨으로써 오히려 그의 언어는 정직해진다. 그는 처음부터 식민성 근대주의자였고 마침내 일본적 근대 혹은 아시아주의를 드러낸다."35)

김기림이 제2차 일본 유학을 끝내고 돌아온 1939년 식민지 조선에서는 친일의 분위기가 급속하게 팽창되고 있었다. 예컨대 발 빠르게 친일의 길로 뛰어나간 백철은 1938년 12월 2일부터 7일까지『조선일보』에「시대적 우연의 수리」를 발표하였다. 일본과 중국의 대결을 근대와 봉건의 대결로 파악하여 일본의 편에 섰던 것이다. 그러한 선택의 계기로 작용한 사건은 일본의 무한 삼진 함락이다. 김재용은 무한 삼진의 함락이 식민지 조선에 끼친 충격을 다음과 같이 설명하고 있다.

조선의 문학인들이 집중적으로 친일 파시즘의 길로 들어서게 되는 계기 중의 하나가 무한 삼진의 함락이다. 1938년 10월 '동방의 마드리드'라고 불리던

---

34) 金澈東,「金起林의 年譜」,『金起林 全集』6, 심설당, 1988, 335~340면.
35) 구모룡, 앞의 글, 250면.

무한 삼진이 일본군에 의해 함락당하자 조선의 문학인들 중 일부는 이 새로운 사태를 받아들여야 한다고 주장하면서 친일 파시즘의 길로 걸어갔다. 중일전쟁이 일어났을 무렵만 해도 사태의 전개에 따라서는 조선이 일본으로부터 독립할 수 있는 길이 열릴지 모른다는 일말의 기대감을 가지고 있었다. (…중략…) 국민당은 중경으로 공산당은 연안으로 쫓겨나는 것을 보면서 이제 동북아에서 일본의 승리라는 것은 기정사실인 것으로 간주하였다. 무한 삼진이라는 마지막 방어선이 무너지면서 사태는 더욱 분명하게 보였다. 그렇기 때문에 더 이상 머뭇거릴 필요가 없었다. 물론 당시의 모든 조선의 문학인들이 그렇게 본 것은 아니다. 하지만 친일파시즘에 협력한 문학인들 중 상당수가 이 시기에 친일 협력의 길에 들어섰다.36)

1939년 누차 반복하여 표현되는 김기림의 절망을 이해하기 위해서는 먼저 이러한 사실을 전제하여야 한다. 일본의 무한 삼진 함락을 칭송하는 친일의 길을 선택했던 것이 아니라, 이러한 현실과 맞대면하여 절망했던 것이다. 1939년 『인문평론(人文評論)』 창간호에 「모더니즘의 역사적위치(歷史的位置)」를 발표하면서 '전체로서의 시' 모색이 무위로 그쳐버린 데 대하여 안타까움을 드러내는 것도 이런 절망과 함께 이해할 수 있겠다. "詩壇의 새 進路는 '모더니즘'과 社會性의 綜合이라는 뚜렷한 方向을 찾았다. 그것은 나아가야할 오직 하나인 바른길이었다. 그러나 詩人들은 그 길을 버렸다. 스스로버렸고 또 버릴밖에 없다. (…중략…) 이제 最近의 兩三年은 어느詩人에게 있어서도 混迷였다. 새로운 進路는 發見되여야겠다."37)

물론 다른 시인들과 마찬가지로 혼미(混迷)에서 헤어 나올 수 없었던 김기림이 새로운 진로(進路)를 제시할 수는 없었다. 그렇지만 나름대로 새로운 방향을 모색한 노력은 드러난다. 그것은 『인문평론』 1940년 10월호에 발표한 「조선문학(朝鮮文學)에의반성(反省)─현대조선문학(現代朝鮮

---

36) 김재용, 「친일문학과 근대성」, 『협력과 저항』, 소명출판, 2004, 80~81면.
37) 金起林, 「모더니즘의歷史的位置」, 『人文評論』, 1939.10, 85면.

文學)의한과제(課題)」에서 알 수 있다. 이 글에서 그는 "우리가 開化當初부터 그렇게 熱心으로 追求해오던 '近代'라는것이 그自體가 한 막다른 골목에 부대첫다"[38]고 진단을 내린다. 모더니즘을 통해 근대의 천박성을 줄곧 비판해왔지만, 「조선문학(朝鮮文學)에의반성(反省)」을 통해 근대의 몰락을 전면적으로 선언한 데는 그 나름의 근거가 존재한다. "巴里의落城으로써 가장 象徵的으로 表現된困惑"[39]이 그것이다. '파리(巴里)의 낙성(落城)'이 식민지 조선에서 일으킨 충격을 김재용은 다음과 같이 설명하고 있다.

> 구 서양의 몰락은 파리의 함락이다. 1940년 6월 독일에 의해 파리가 함락되자 그 동안 인민전선 등의 형태로 그나마 유지되어 오던 불안한 구석이 현실로 드러났다. 서구 문학의 전통 속에서 파시즘과 맞서 싸울 수 있는 원천이 있다고 믿었던 많은 문학인들에게 파리의 함락이란 바로 구 서양의 몰락으로 비추어졌던 것이다. 최재서가 이를 계기로 하여 친일 파시즘에의 협력을 하게 된 것도 그런 점에서 우연이 아니다. 최재서처럼 서양의 교양에 젖줄을 대고 있던 이들에게 파리의 함락이란 것은 더욱 크게 다가올 수밖에 없었던 것이다. 독일과 이태리는 일본과 더불어 그 해 9월에 삼국동맹을 맺으면서 새로운 체제를 구상하기에 이른다.[40]

근대가 파산에 이른 마당이라면 이에 대한 평가를 내릴 만하다. 김기림은 "朝鮮에있어서의 지금까지의 新文化의'코―쓰'를한마디로써 要約한다면 그것은 '近代'의 模倣이였다"[41]라고 파악하고 있는데, 그러한 노력에도 불구하고 아직껏 조선은 근대에 미달하였다고 평가하였다. "말하자면 '近代'라고 하는것은 實은우리에게 있어서는 消費都市와 밑 消費生活面에 '쇼―윈도―'처럼 斷片的으로 陳列되였을 뿐이다."[42] 이

---

38) 金起林, 「朝鮮文學에의反省―現代朝鮮文學의한課題」, 『人文評論』, 1940.10, 43면.
39) 위의 글, 같은 면.
40) 김재용, 앞의 글, 88~89면.
41) 金起林, 앞의 글, 38면.

러한 상태에서 식민지 조선은 다시 세계사의 전환을 맞이하게 되었다. 세계사의 전환을 맞이하기 위해 조선은 어떤 가치를 부여잡아야 할 것인가. 김기림은 "近代精神 그것 속에는 勿論 버릴것도 많겠으나 한편 추려서 새時代에 遺産으로 넘길部分은 무엇무엇일까?"[43]라고 자문하고 난 후 세 가지 요소를 꼽아 나갔다. "事實의正確한計算과 法則에 대한 熱烈한 傾倒로써 表現할수있는 科學精神", "近代商業主義의 모 ─든成功과 失策의推進力이 되였던 冒險의精神", 그리고 民族이다.[44]

김기림이 민족을 강조하는 대목은 눈 여겨 볼 필요가 있다. 제 민족을 버리고 일제와 타협하면서 민족의 중요성을 강조하는 것은 논리적으로 성립하지 않기 때문이다. 다시 말해서 김기림이 식민성에 찌들지 않았다는 사실을 여기서 확인할 수 있다는 것이다.

새로운 原理의發見이거나 歷史的決算이거나 그것은 어떤한 個人의머리에서 번득이는 天才的 幻想만으로서는 아무것도아니다. 비록 個人의創意가 아모리 뛰여났다할지라도 한民族의體驗으로서 結晶되고 組織된연후에 비로서 時代의推進力이될수있게된것이 '오늘'이라는 歷史的 一瞬의特異한 性格인 것같다. 웨그러냐하면 오늘의 이 創造와決算의 이상스러운 饗宴에는 實로 各民族이 民族의 資格으로써 參與하고있으며 그것이唯一한方式이되여있는 때문이다. 西洋에서도 東洋에서도 突進하고 蜂起하고 對立하는것은 오직民族뿐이다. 民族은民族을 부른다. 그것은 個人主義의 諸國에서조차 낮잠자던 民族을 불러이르켰다. 諸民族의展覽會라 일컷는 米國조차 그勃焉은 어떤單─한 民族的保證을 얻으려하고있다. 그래서 이번 歷史의 轉換은 한哲人이나 文人의創意라느니보다도 各民族卽 그成員의 集團的인體驗과 意慾의 投資를 要求한다.[45]

---

42) 위의 글, 43면.
43) 위의 글, 44~45면.
44) 위의 글, 45면.
45) 위의 글, 같은 면.

　　민족을 강조하였다고 해서 김기림이 편협한 민족주의자로 나선 것은
아니다. 민족(국가)을 강조하면서 동시에 민족(국가)과 민족(국가) 간의 공
존을 강변하였기 때문이다. "한民族을 건질수있는것인 동시에 그것은
世界的인原理여야한다. 그것은 한民族의創造的意慾을 諸民族의支持
우에實現할수있는 普遍的 原理여야할것이다"46)라는 주장은 이를 보여
준다. 그러니 일제의 (민족)국가관을 내면화하였다는 따위의 혐의로부
터 김기림은 자유로울 수 있다. 김기림이 구상하였던 세계의 질서는 다
음과 같은 대목에서 선명하게 드러난다.

> 　　民族을內包하면서도 民族을超越해야할 新秩序에있어서 民族相互間의精
> 神的理解와融合을 可能하게할 有力한手段은 무엇일까? 數百의條文이나 規
> 約이 達할수있는 形式의限界를너머서 그것의저편에 다시 깊이맺어질수있는
> 것은 서로서로의 文化의接觸과 包容과 尊敬이라는 努力이다. 民族과民族의
> 精神은 오직 文化라는運河를 通해서 往來할수있다는일은 매양잊어버리기쉽
> 다. 그렇다고해서 거기는 꾸며보이는 '포―즈'나 '제스츄어'가섞여서는아니된
> 다. 그것은 차라리 誤解와 反撥의作因을 지을따름일것이다. 한民族의文化는
> 늘 그自身의尊嚴과獨創性과 意慾을 가지는것이고 따라서 거기로通하는길은
> 오직 愛와尊敬을 거처서만 뚤려진다. 한民族이 世界에 向해서 實로 그自身
> 이 理解되기를 원한다면 그것은 自身의文化를 버림으로써 얻어질理는 萬無
> 하다. 보다도 그傳統 밑生理와 普遍性과의 衝擊과 調和와 衝擊의끈임없는
> 運動을따라 그自身의文化를 더擴充하고 深化하고 進展시킴으로써 이루워질
> 수 있을뿐이다.47)

　　이러한 김기림에 대하여 구모룡은 두 가지 혐의를 제기하며 '식민성
근대주의자'의 딱지를 붙여 나간다. 첫째, 세계사의 관점에서 당대를 인
식하였다는 비판. "'세계사의 철학'은 세계질서의 재편을 요구한 일본
의 자기주장에 세계사에 대한 재인식을 통해 더욱 명확한 철학적 표현

---

46) 위의 글, 46면.
47) 위의 글, 같은 면.

을 부여한 것이다. 이는 니시다 기타로를 중심으로 한 교토학파의 젊은 철학자나 역사가들에 의해 진행된 세계사에 대한 재인식과 세계질서 재구성에 관한 철학적 담론 작업이다.”48) ‘세계사에 대한 재인식과 세계질서의 재구성’을 이야기한다고 해서 모두 ‘식민성 근대주의자’라고 볼 수는 없다. 근대정신을 상징하던 파리(巴里)가 낙성(落城)된 마당에 세계사를 재인식하게 되는 것은 어쩌면 당연하달 수 있기 때문이다. 그리고 세계사를 재인식하고 있다면 세계질서의 재구성 모색으로 나아가는 것 또한 당연한 현상이다. 그러니 ‘식민성’이란 딱지를 붙이려면 그 내용을 꼼꼼하게 살펴야만 한다. 세계사에 대한 재인식은 어떤 내용으로 채워져 있는가. 세계질서의 재구성은 어떤 방향으로 나아가고 있는가. 구모룡은 이를 제대로 해명하지 못하고 있다.

둘째, 김기림이 구상하는 세계질서의 재구성에서 미키 기요시(三木淸)의 영향이 감지된다는 비판. “김기림이 ‘민족을 내포하면서도 민족을 초월해야 할 신질서’를 내세우고 이러한 질서를 가능케 하는 원리로 ‘서로서로의 문화의 접촉과 포용과 존경이라는 노력’을 드는 데 이르러 미키의 영향은 더욱 확실해진다. 미키의 동아 협동체는 동아시아에서의 문화와 재창조하여 게마인샤프트적인 것과 게젤샤프트적인 것의 종합으로서의 문화공동체를 지향한다.”49) 미키의 영향력이 확실하다는 사실이 그 자체로 ‘식민성’을 보증하지는 않는다. 심각한 현안을 해결하는 데 타당한 내용이라면 국적을 불문하고 도움을 얻는 게 오히려 현명한 일이다. 따라서 여기서 먼저 따져야 할 사실은 미키 기요시가 어떤 인물인가 하는 점이다. 일제의 침략정책에 대한 미키의 사상을 명쾌하게 단정하기는 어렵지만, 그의 이력을 살펴본다면 무턱대고 침략주의자라고 비난해서는 곤란하다는 사실을 알게 된다.

미키 기요시의 스승은 일본 군국주의에 철학적 지반을 제공한 니시

---

48) 구모룡, 앞의 글, 244면.
49) 같은 글, 249면.

다 기타로(西田幾多郎)와 독일 나치즘을 긍정한 하이데거이다. 하지만, 그는 파시즘을 반대하였는데, 하이데거가 나치스에 가담한 사실을 비판하며 「하이데거와 철학의 운명」을 저술했다는 사실이 이를 증명한다. 일본의 천황주의자들에 대한 비판을 강하게 쏟아낸 데서도 그의 성향은 드러난다. "무엇보다도 일본이 구미 제국을 대신하여 스스로 제국주의적 침략을 행하는 것이어서는 안 된다. 반대로 일본 자신도 이번 전쟁(중일전쟁-인용자)을 계기로 자본주의 경제의 영리주의를 초월한 새로운 제도로 나아갈 것이 요구되고 있다"50)라며 일본의 변화를 촉구했던 것도 위의 비판의식 위에서 이해하여야 한다. 일본의 군사력 증강을 시종 반대했던 그는 1942년 육군에 징집되어 필리핀에서 복무하기도 하였다. 1930년 치안유지법 위반으로 투옥된 바 있고, 1945년 종전(終戰)전 경시청에서 탈출한 '다카쿠라 데루'를 도왔다가 발각되어 도요타마(豊多摩) 감옥으로 잡혀 들어가 1945년 9월 26일 옥사하였다. 반전주의자 미키 기요시의 이력을 염두에 둔다면, 김기림이 그의 영향을 받았다고 해서 그리 크게 문제될 바는 없다. 오히려 국적(國籍)만을 따져 사상의 적합성을 애써 무시하는 태도가 편협하다면 편협한 태도일 것이다.

　얼핏 보기에, 구모룡의 지적처럼, 김기림에게서 미키 기요시의 영향이 감지된다. 예컨대 「조선문학(朝鮮文學)에의반성(反省)」에서 김기림은 "'로－젠베르크'의神話說은 分明히 한民族의體驗에 뿌리를박은것일터이나 그것은 그대로 他民族에게 無理없이 通用될수있을까?"라며 의문을 제기한다. 그리고 나서 "'나치쓰'의앞에 提出된것은 벌써한낱 獨逸만의問題가아니고 歐羅巴全體의 問題인 오늘에와서는 '로－젠베르크'는 獨逸民族만의神話대신에 歐羅巴全體의神話를 考案해야하게되였다"라고 비판하였다.51) 이는 "오늘날 일부의 일본주의자가 일본 문화의

---

50) 미키 기요시, 「신일본의 사상 원리」, 『동아시아인의 '동양' 인식』, 문학과지성사, 2001, 54면.
51) 金起林, 앞의 글, 46면.

독자성을 주장하면서 다른 한편 독일 모방의 경향을 현저하게 띠고 있는 것은 매우 유감스러운 일이라 하지 않을 수 없다"[52]라는 미키 기요시의 일본 비판과 동궤에 놓인다. 그렇지만 이런 주장이 당시 유행하던 '동아협동체론'의 초보적인 합의 수준이고, 멀리 1903년 영국에서 출간된 오카쿠라 텐신(岡倉天心)의 『*The Ideals of the East*』에서부터 발원하는 내용이고 보면, 이런 단정은 세심하게 검토할 필요가 있다. 이를 둘러싼 논란은 차치하고서라도 문제는 여전히 남는다. 과연 일제의 파시즘을 비판하는 데 기대어 나치의 파시즘을 비판한다고 해서 '식민성'으로 비난해도 마땅한 일일까. 도대체 식민성이 함의하는 바는 무엇인가.

4. 침묵 해명의 열쇠—「산(山)」과 「'동양(東洋)'에 대한 단장(斷章)」의 대응 관계

일제강점기 말기 김기림의 행적은 어떠했던가. 식민성의 여부를 가늠하는 데 이러한 물음은 결정적인 단서를 제공할 것이다. 김재용에 따르면, 김기림은 『문장』 폐간호(1941.4)에 「'동양(東洋)'에 관(關)한 단장(斷章)」을 발표하고 나서 침묵에 들어갔다. "1941년 쓴 위의 글 이후에 그는 어떤 형태의 글도 쓰지 않고 고향에서 침묵을 지키면서 광복까지 살았다. (…중략…) 분명한 것은 그가 일본의 식민주의에 대한 강한 저항으로서 이러한 침묵을 선택하였다는 점이다."[53] 여기에 태도에 대해 구모룡은 의혹을 제기하고 있다. "하지만 김기림의 침묵 여부는 아직 확증된 바 없다. 지금껏 알려진 것은 그가 고향 함북 성진에서 해방을 맞기까지 교사 생활을 하였다는 것이다."[54] 명확한 자료를 첨부하지 못한

---

52) 미키 기요시, 앞의 글, 67면.
53) 김재용, 「김기림—동시성의 비동시성과 침묵의 저항」, 앞의 책, 220~221면.

까닭에 구모룡의 의혹은 아직 의혹 수준에만 머물러 있는 꼴이다.

김기림의 침묵을 이해하기 위해서는 1939년 2월 16일자『조선일보』
에 발표된 산문「산(山)」에 주목하여야 한다. 반복하여 절망감을 토로하
던 1939년 그가 침묵을 고려했던 흔적이「산(山)」에 드러나기 때문이다.
그리고 면밀하게 읽어 보면「'동양(東洋)'에 관(關)한 단장(斷章)」에 이르
기까지 글쓰기를 지속해야 했던 이유도 드러난다. 그런 점에서「산(山)」
과「'동양(東洋)'에 관(關)한 단장(斷章)」은 대응 관계를 형성한다고 볼 수
있다.

1939년 발표된 김기림의 글답게「산(山)」에는 우선 절망감이 가득 배
어난다. "人生은 언제고 그濁流속에 끄러너흘려고 꾀운다. 눈을부릅뜨
고 위협한다. 무척貪이나서 끄러안으려는순간에 現實은 假面을 벗고
검은이마를 들추어내놋는다. 靑春이 조타고하는것은 그는꿈과幻想으
로써 人生의遺憾을 물리치는까닭이다. 그러나 早晩間그도'유토피아'라
는 武器를 꺽거버리고 人生의 軍門아페 필경업디고만다."55) 그렇지만
그러한 절망감에서 벗어나고자 하는 버둥거림 또한 감지할 수 있는데,
"움직이면 흘어진다"라는 문장이 그러한 여지를 보여 준다. "環境의힘
이 도저히 人力으로는 制御할수업시 壓倒的으로 커보일때에 사람들은
그것을 運命이라고 부르며 소름친다. 虛無. 絶望. 斷念. 그것들은모두
움직일수업는狀態에 잇슬때의 雰圍氣인것갓기도하다. 움직이면 흐터
진다."56)

현실의 분위기를 흩어놓으려는 김기림 나름의 버둥거림은 다름 아
닌 동양의 가능성 모색이었다.「산(山)」과「'동양(東洋)'에 관(關)한 단장
(斷章)」의 대응 관계는 바로 이 지점에서 명확해진다. 1941년 4월호를
끝으로『문장』과『인문평론』이 일제에 의하여 강제로 폐간될 상황에

---

54) 구모룡, 앞의 글, 239면.
55) 起林,「山 : 仙臺피나―레」,『朝鮮日報』, 1939.2.16.
56) 위의 글, 같은 면.

이르면 김기림으로서는 현실에 대한 어떠한 버둥거림도 포기하게 되었다. 이에 따라 마지막으로 자신이 모색하던 세계를 정리할 필요가 있었던바, 「'동양(東洋)'에 관(關)한 단장(斷章)」이 결과였던 것이다. 동양의 가능성을 모색하기 시작한 이유는 「산(山)」에 다음과 같이 나타나 있다.

> 갑자기'東洋'이라는 말이 사람들의 입끄테 오른다. 진실로"東洋의얼굴"은 한幅牧谿속에 숨어잇는지도 모르겟다. 만약에 오늘 西洋이 걸어가는길이 단순히 人間의 機械化의길이라고만하면 三四世紀를두고꾸민 찬란한衣裳을둘른 歐羅巴보다는 차라리 한幅牧谿를 가릴 것이다. 참말로 오늘의 混亂을 구원할 銳利한 敎訓을 東洋은 가지고 잇느냐? 눈을 감고 숨을 죽이고그윽이 지나오고지나가는바람속에서"東洋의소리"를 드르려고귀를 기우려본다.57)

「동양(東洋)의미덕(美德)」(『文章』, 1939.9)을 거쳐 「'동양(東洋)'에 관(關)한 단장(斷章)」로 나아간 김기림의 모색은 실로 절실한 바 있다. 가령 "西洋文化의 末裔들이 드디어 原始文化에서 조차 自文化의 解毒素를 求하려한것은 心理的으로는 理解할수있으나, 果然 批判的 態度였으며 理性에 비취어 어긋나는 일이 아니였을가?"58)라는 물음에는 1930년대 초반 자신의 문학관에 대한 반성이 깃들어 있다. 그리고 그러한 비판(반성) 위에서 동양의 가능성 모색이 의미 있는 작업이라고 밝혀 놓기도 한다. "原始人으로 돌아가서 原始人과 같이 專혀 自然에 依存하며 屈服하여 살아간다고하는것은 西洋文化에 대한 個人的인 復讎나 揶揄는 될지언정 西洋文化를 超克할 새로운 文化理念으로서는 차라리 荒唐無稽에 가까운일이다. 그러한 時期에 西洋이 마땅히 우러러보아야 할것은 東洋이었다."59)

---

57) 위의 글, 같은 면.
58) 金起林, 「'東洋'에關한斷章」, 『文章』, 1941.4, 213면.
59) 위의 글, 같은 면.

김기림이 파악하기에 원시성을 좇아 나아간 세계는 감상주의의 산물에 지나지 않았다. 그렇기 때문에 동양의 가능성을 모색하여야 했다. 그렇지만 일본이 침략논리로 내세운 대동아공영(大東亞共榮)의 논리(論理)는 그다지 설득력이 없었다. 동양의 가능성을 모색하되, 당대에 유행하던 동양 담론으로부터 거리를 두면서 '또 하나의 다른 감상주의'라고 비판했던 까닭은 여기서 발생하였다.

> 또 하나의 다른 感傷主義가 있다. 오늘와서는 西洋은 돌아볼 餘地조차 없는것이라 速斷하고 그 反動으로 實로 손쉽게 東洋文化에 歸依하고 侵入하려는 態度가 그것이다. 그것은 觀念的으로는 매우 하기쉬운일이고 또 輕率한 思索속에 卽興的으로 떠오르기쉬운 아름다운 泡沫이기는하다. 이러함으로써 東洋文化는 그 眞價있는 部面이 오히려 稀迷하게 보혀지고 우리가 그 中에서 淸算하여야할 價値없는 部分마저를 아름다운 感傷의 煙幕으로 휩싸 버릴 念慮가 있는 때문이다. 西洋文化가 一定한 距離에까지 물러선것처럼 東洋文化도 한번은 어느 距離밖에 물러가서 우리들의 새로운 觀察과 評價에 견디어야 할 것이다. (…중략…) 있은그대로의 東洋文化가 곧 歷史에 登場하는것은 아니다. 歷史的自覺과 時代意識의 燃燒를 거쳐 그것은 그 虛華한 外衣와 挾雜物을 淸算하고 그 精粹에 있어서 그 根源的인것에서 새로히 把握되어 來日의 文化創造의 풀무속에 던져져야 할것이다.
> 그러나 아직까지는 于先은 發見의 時期다. 精鍊의 時期다. 歷史에 남을 文化는 粗製濫造여서는 아니된다. 그런 急造品으로는 오늘 東洋의 文化人들의 커다란 空虛感을 채울수는 없다. 그런것으로는 끝없는 幻滅을 낳을 뿐일것이다.[60]

이러한 경고를 남기고 일제강점기의 김기림은 침묵으로 들어갔다. 앞서 언급했다시피 1939년에 이미 김기림은 침묵을 선택할까 생각하기도 했었다. 「산(山)」이라는 산문을 쓰면서 난데없이 '산의 침묵'을 끌어들이고 있는 대목에서 이를 추측할 수 있다. "山을 처다본다. 말이업다.

---

60) 위의 글, 214~215면.

일직이 이山이 火山일적에 불꽃을 뿜는것을 본일이업는사람들은 山을 가르켜 벙어리라고도부른다. 흐린날에는 山은 보이지안는다. 구름은 흘러가고 안개는날러가도 날이개면 山은 山대로 잇섰다."[61] 과연 김기림이 벙어리라고도 불리는 산처럼 살아나갈 수 있다고 생각했던가. 산처럼 스스로 의연해지기에는 그에게 뿌리 내릴 곳이 없었다. 산처럼 침묵을 지키면서도 스스로 부끄러움을 감출 수 없었던 까닭이다. "山이아니다. 구름인가보다. 바람인가보다. 緯度의 어느點에도 뿌리를 박지못하는 갈대인가보다. 티끌인가보다. 그림자인가보다. 부끄러워 山을 나려온다."[62]

식민지 말기에는 부끄러운 짓을 하면서도 부끄러움을 몰랐던 자들이 상당 수 존재한다. 그렇지만 부끄러운 일을 하지 않으면서도 민족이 처한 운명 앞에서 더없이 부끄러워했던 김기림도 존재한다. 이를 일러 김기림의 민족의식이라 부르면 어떨까. 그런 부름 앞에서 '식민지 근대주의자'라는 딱지는 공소하기 이를 데 없어진다. 한 인물의 고단한 삶에 불충분한 근거를 들이대어 흠집만 만들어 놓는 꼴이기 때문이다. 누군가의 치열한 삶 앞에서, 지나간 역사 앞에서 먼저 겸손할 수 있어야 하는 이유는 여기서 비롯된다.

---

61) 起林, 「山:仙臺피나—래」, 앞의 책, 같은 면.
62) 위의 글, 같은 면.

김동리 문학을 이해하기 위한 세 가지 코드

「무녀도」를 중심으로

1. "파우스트의 세기에서 모화의 세기로!"

김동리는 자신의 작품 「무녀도(巫女圖)」에 대하여 확신을 가지고 있었다. 예컨대 다음과 같은 진술이 그 사실을 보여 준다. "모화가 파우스트와 대체될 새로운 세기의 인간상이란 것은 아무도 모를 것이다. 내기 그렇게 말한다면 남들은 비웃을 것이다. 그러나 백 년만 두고 봐라! 모든 것이 증명될 것이다! 역사가 증명해 줄 것이다!"[1] 김동리가 평생에 걸쳐 「무녀도」를 다듬었다는 사실은 이러한 자신감 위에서 이해하여야 한다. 그는 『중앙』 1936년 5월호에 발표했던 「무녀도」를 크게 고쳐서 『무녀도』(을유문화사, 1947)에 묶었다가, 이를 조금 더 수정하여 『등

---

1) 金東里, 「創作의 過程과 方法－「巫女圖」 偏」, 『新文藝』, 1958.11, 10면.

신불』(정음사, 1964)에 다시 싣고, 이 작품을 그대로『김동리 대표작선집 1─단편선집』(삼성출판사, 1967)에 포함시킨 다음, 1978년에는『을화』라는 중편으로 개작·개제하여『문학사상』4월호에 발표하였다. '모화의 세기'를 맞이하기 위하여 그만큼 공을 들였던 셈이다.

도대체「무녀도」에 대한 김동리의 자신감은 무엇을 근거로 하는 것일까. 이러한 물음은 결국 '「무녀도」를 어떻게 읽을 것인가'하는 문제로 이어진다. 그렇지만 이러한 문제를 해명하는 일은 그리 쉽지가 않다.「무녀도」를 둘러싸고 있는 몇 개의 코드를 먼저 파악해야 하기 때문이다. 실상 여기서 말하는 몇 개의 코드는 김동리의 삶과 문학 전반을 이해하는 데에도 충분히 고려해야만 할 사항이다. 이는 크게 세 가지 차원에서 이야기할 수 있다. 첫째,「무녀도」에는 민족적인 정서가 강하게 배어 있는바, 이 맥락을 이해하기 위해서는 실증적인 근거를 확보하여야 한다. 둘째, 김동리의 사상적 근거를 제공했던 이는 범보(凡父)였다. 사상에서뿐만이 아니라, 조울증적인 징후를 강하게 드러냈던 김동리로서는 세계와 자신을 매개하는 인물이 필요하였는데, 그 역할을 수행했던 이가 범보이기도 했다. 따라서 범보에 대한 이해 없이는 김동리와 그의 문학을 온전히 이해하기가 어렵다. 셋째, 사상적인 차원에서 보자면「무녀도」는 근대 초극의 논리를 끌어안고 있다. 이 논리가 어떻게 민족적인 색채를 덧입고 있는가를 이해하여야「무녀도」의 의미는 명확히 드러난다.

이 글에서는 그 세 가지 사실에 대해서 이야기할 것이다. 기실 '일제 강점기의 문학관이 어떻게 순수문학(본격문학)의 설정으로 변질되고 말았는가', '근대의 초극을 향한 노력이 결국 자본주의 질서의 수락으로 무릎 꿇게 된 까닭은 무엇인가' 등의 예민한 문제들은 이 세 가지 사실에 잇닿아 있다.「무녀도」를 둘러싸고 있던 의식이 변모하는 과정에서 나타나는 현상이기 때문이다. 그 문제에 대해서 나는『김동리 연구』(중앙대 박사논문, 2003)에서 이미 논의를 진행시킨 바 있다. 그러니 현실과의 길항 가운데 나타났던 의식의 변모에 대해서는『김동리 연구』를 참조했으면 한다. 이 글에서는, 다만, 김동리 문학(사상)의 원점을 이루는 몇 개의 코드를 밝히는 데 목적을 둔다. 이는 김동리의 자신감이 어떤 근거에서 배태되는가를 이해하는 과정과 일치할 것이다. 이를 통해「무녀도」의 현재적 의미를 가늠해 보도록 하겠다.

2. 「무녀도」를 이해하기 위한 세 가지 코드

1) '다솔사'라는 공간과 민족의식

범보가 해인사의 말사인 다솔사로 내려간 것은 1934년이었다. 민족주의 세력이 불교계 헤게모니를 친일 성향의 인물들에게 빼앗긴 데 따른 불가피한 결과였다. 일제강점기 불교계의 민족주의 세력은 해인사·통도사·범어사의 '경남 3본산'을 중심으로 하였다. 경남 3본산은 당시 불교계 전체 예산의 4분의 1 정도를 충당하고 있었다. 그러니 이들이 중앙교단에서 나름의 영향력을 행사한 것은 당연한 현상이라고 하겠다. 그런데 1933년을 경과하며 친일세력의 집요한 공세에 의해 상황은 역전되었고, 중앙에서 활동하던 불교계 민족주의 계열의 인물들은 주변으로 밀려나게 되었다.[2] 중앙에서 밀려난 불교계 항일 세력은 다솔사로 결집하였는데, 범보 또한 이러한 흐름에 함께 한 것이었다. 참고삼아 덧붙이자면, 이런 계획을 세우고 실행시킨 인물이 만해 한용운이었다. 다솔사 주지였던 효당 최범술은 당시의 심정을 다음과 같이

---

2) 姜昔珠·朴敬勛의 『佛敎近世百年』(中央日報·東洋放送, 1980) 참조.

기록하고 있다.

> 중앙(中央)에서 실직(失職)한 김법린(金法麟) 전가족, 허영호(許永鎬) 한보순
> (韓普淳)과 함께 불교계(佛敎界)와는 딴판인 김범보(金凡父) 선생과 그 전 가
> 족(凡父선생 동생 金東里씨도) 등의 생활을 다솔사로 데려와 내가 맡았고 만
> 해(卍海) 선생의 생활상의 책임도 져야 했다. 어쨌든 다솔사(多率寺)는 이 같은
> 관계로 배일항일(排日抗日)의 근거기자 되었다. (…중략…) 나는 패잔병 같은
> 처지의 이 식솔들을 집결시켜 투쟁을 하여야만 하는 난경(難境)에 서게 된 셈
> 이었다. 내가 굴복하고 말면 우리 진영은 완전히 무너지고 말 것 같았다.[3]

최범술이 어떤 인물인가를 파악한다면, '다솔사'의 의미는 보다 선명
하게 이해할 수 있으리라. 1904년 경남 사천에서 태어난 최범술은 1916
년 다솔사에 입사하여 중이 되었다. 1919년 3·1운동이 일어났을 때, 만
해가 중앙학림을 이끌었던 데 호응하여, 지방학림의 움직임을 주도하였
다가 투옥된 바 있으며, 1922년에는 일본으로 건너가서 '최영환'이라는
이름으로 박렬(朴烈)과 함께 의열단의 핵심 분자로 활동하기도 했다. 이
때 천왕 암살을 기도하다가 발각되어 다시 3년간 투옥되기도 한다. 그
가 다솔사 주지로 선임된 것은 일본에 머무르던 1928년이었다. 1933년
다이쇼(大正)대학을 졸업하고 귀국하자마자 조선불교청년회 총동맹중앙
집행위원장을 맡는 한편, 비밀결사체 만당(卍黨)의 위원장으로 피선되어
민족주의 운동을 적극적으로 주도하기도 하였다. 당시 만당은 한용운의
지시에 따라 움직이고 있었고, 훗날 남한의 제3대 교육부장관을 역임한
(1952.10.30~1954.4.20) 김법린 또한 이 모임에서 중요한 역할을 담당하고
있었다.

다솔사에 불교계 항일 세력이 내려온 뒤에도 최범술의 활동은 여전
했던 것으로 파악된다. 『국제신보』에 50회에 걸쳐 연재했던 자전기록

---

3) 최범술, 「청춘은 아름다워라—최범술 43」, 『국제신보』, 1975.1.26~4.6.

「청춘은 아름다워―최범술」을 보면, 다솔사는 경남 지역에서 항일을
모의하는 장소로 이용되었으며, 최범술 자신이 1938년 만당사건으로
투옥되기도 했고 1942년에는 신채호의 원고를 감추어 보관하다가(일명
해인사사건) 또다시 일경에 잡혀 들어가기도 했다. 일당 김태신은 이 시
기의 최범술이 경남 지역에서 모은 독립운동자금을 운반하였다고 밝
혀 놓고 있다.4) 부언하자면, 1910년대 중반부터 1920년대까지 경상도
지역에서 독립운동자금을 모아 임시정부와 만주 일대로 운반하던 일
은 백산상회에서 담당하였다. 1934년 다솔사로 내려온 김법린과 범보
등이 백산상회 장학생으로 각각 프랑스와 일본에서 유학한 바 있으니
백산상회와 다솔사의 관계가 범상치 않으리라 짐작할 수 있다.

　김동리가 범보를 찾아 다솔사로 찾아온 때는 1935년 2월이었다. 그는
1936년 자신의 소설 「산화」가 『동아일보』 신춘문예에 당선으로 뽑히자
서울로 떠났지만, 결국 서울 생활에 적응하지 못하고 같은 해 가을 다
솔사로 되돌아왔다. 김동리가 서울 생활에 적응하지 못한 까닭은 범보
가 곁에 없었기 때문이라고 이해해도 무방하다. 가령 자전소설 「술」에
서 "나는 또 눈언저리와 입아귀와 어깨죽지에 경련이 이러났다"5)라고
기술할 수밖에 없었던 이유는 세계와 자신을 매개해 줄 범보가 없었기
때문이다. 이는 범보가 일경에 체포되어 갔을 때 나타난 김동리의 증세
와 묶어서 생각해 볼 수 있다. 범보는 1941년 6월 잡혀갔다가 9월 석방
되었고, 1942년 2월 다시 일경에 연행되었다. 이런 상황에 맞닥뜨린 김
동리의 신체 반응은 다음과 같았다. "나의 병세는 형님의 구속과 석방
에 따라 묘한 반응을 보여주었다. 형님이 경기도 경찰국에 구속되어 있
는 동안 갈비뼈 밑이 찌릿하게 아프고, 목구멍에서 무엇이 넘어오던 증
세는 그해 가을 형님의 석방과 함께 씻은 듯이 나았다가 이듬해 봄에
형님이 경남 경찰국으로 잡혀가는 것과 동시에 이번에는 다시 기침이

---

4) 김태신, 『화승(畵僧), 어머니를 그리다』 1(이른아침, 2004)의 「다솔사」 부분 참조.
5) 김동리, 「술」, 『朝光』, 1936.8, 388면.

나기 시작했다."[6] 이는 세상과 자신을 잇는 매개자가 증발하였을 때 나타나는 조울증 경향의 대표적인 징후이다.

김동리는 다솔사에 머무르면서 최범술의 요청으로 광명학원 교사로 활동하였다. 다솔사 일대의 농민 자제들을 모아 초등교육과정을 가르쳤던 것이다. 1938년 김동리는 김월계와 결혼하였는데, 결혼식은 두 번 올렸다. 첫 번째는 김월계의 뜻에 따라 천주교 방식으로 올렸고, 두 번째는 한용운의 주례로 진행되었다는 사실이 흥미롭다. 그리고 그해 어느 날 밤 만해와 범보의 대화를 옆에서 듣다가 훗날 「등신불」 창작의 모티프가 되는 인신공양 설화를 알게 되었다는 점도 부기할 만하다. 만해·범보·김법린·최범술 등의 영향 아래 있었던 만큼 김동리의 민족의식은 그리 만만하지 않았다. 친일단체인 문인보국회(文人報國會)에서 가입원서가 날아오자 생각할 겨를도 없이 아궁이에 넣어버렸고, 다시 국민문학연맹(國民文學聯盟)의 가입통지서를 등기로 받았을 때 단호하게 불살라버린 것은 하나의 상징적인 장면으로 읽을 수 있다. 『문장』의 폐간과 함께 절필로 들어간 것도 마찬가지 맥락에서 이해된다.[7] 단편소설 「소녀」와 「하현(下弦)」이 일제의 검열에 걸려 전면삭제 당한 까닭도 마찬가지다.

설화를 차용하는 대목에서도 김동리의 민족의식은 드러난다. 가령 당나라 장수에 의해 지맥이 잘렸다는 「황토기」의 '절맥설(絶脈說)'은 일제강점기의 상황과 그대로 겹쳐진다. '상룡설(傷龍說)'이나 '아기장수 설

---

6) 김동리, 「망나니들과 어울리다」, 『김동리 전집 8 ─ 나를 찾아서』, 민음사, 1997, 201면.
7) 『문장』을 주도했던 이태준도 백산상회와 관련이 있다. 유리걸식하다가 2년여 동안 사환으로 일했던 곳이 백산상회 원산 지점이었으며, 일본으로 유학을 떠날 때도 백산상회의 도움을 받았던 것이다. 1929년 이태준이 『중외일보』(『조선중앙일보』의 전신)로 들어가는 데에도 『중외일보』의 사장인 백산 안희제의 도움이 컸다. 범보가 백산상회의 장학생이었던 만큼 이 대목에서 '이태준─백산─범보'의 관계를 짐작해 볼 수 있다. 1934년 범보는 문학을 포기하겠다는 김동리를 『조선중앙일보』로 보내 이태준을 만나도록 했다. 이때부터 이태준은 김동리에게 소설 창작에 대해 세심하게 조언하기 시작하였다. 김동리의 등단작 「화랑의 후예」가 이태준이 쓴 「불우 선생」의 아류에 머무는 까닭은 그 때문이다. 또한 이태준은 일제강점기 동안 김동리에게 문학적 배려를 아끼지 않았다. 『문장』과 동리의 관계는 이러한 사실을 배경으로 이해할 수 있다.

화’를 차용한 억쇠의 운명도 같은 맥락에서 이해할 수 있다. 「두꺼비」의 배경으로 나타나는 설화도 마찬가지다. 벌건 능구렁이에게 잡아먹힌 두꺼비가 능구렁이의 마디마디에서 불개미 떼처럼 까맣게 되살아오는 ‘두꺼비 설화’는 일제로부터의 조국 해방을 상징한다. 「신세대의 정신」에서 김동리는 이러한 가능성을 은근히 암시해 두었다. “나의 작품 세계(作品世界)에 가끔 민속을 도입함에 대해서는 또 이밖에 나대로 다른 이유가 있으나 그것은 생략한다.”[8] 일제강점기 말기의 억압적 상황을 전제한다면, 김동리가 나름의 이유를 생략할 수밖에 없었던 까닭은 충분히 이해할 수 있다. 그는 우선 민족주의자였던 것이다.

2) 범보의 영향과 ‘선(仙)의 이념’

김동리에게는 자신보다 열여섯 살이 많은 맏형 범보(凡父, 金鼎卨, 金基鳳)가 있었다. 김동리를 파악하기 위해서는 범보의 존재를 염두에 두어야 한다. 여러 차례 김동리를 취재한 바 있는 김정숙은 “동리는 작가가 되어서도 형을 만나야만 글이 잘 써지는 듯했고 항상 큰형 가까이 있고 싶어 했다”[9]고 정리한 바 있다. 그녀는 김동리 주변 인물들의 증언을 채록하여 다음과 같이 적어두기도 했다. “해방 후 대부분의 지식인들이 좌익 쪽으로 기울 무렵 동리는 외로이 우익의 입장을 견지하였다. 이때 동리는 우익 쪽이 홍보를 혼자 맡다시피 하고 있었는데 원고를 항상 범보에게 읽어 드려 시정을 받았다고 한다.”[10] 김동리 자신 또한 범보에 대한 존경과 그에게서 영향 받은 바를 누차 밝혀 놓고 있다. 예컨대 범보를 ‘반신적(半神的) 인간’이라며 공자·예수와 같은 수준에 놓는 장면

---

8) 金東里, 「新世代의 精神—문단 ‘新生面’의 性格, 使命, 其他」, 『文章』, 1940.5, 92면.
9) 김정숙, 『김동리 삶과 문학』, 집문당, 1996, 51면.
10) 위의 글, 같은 면.

은 하나의 상징으로 읽을 만하다. "나는 백씨가 지상에 있었던 두드러진 천재의 한 사람이라고 믿고 있다. 그에게 만약 그의 천재를 뒷받침할 만한 건강과 의지와 그리고 기회가 주어졌던들 공자나 기독에 준하는 일이라도 할 수 있지 않았을까 생각한다."11)

어쩌면 젊은 시절의 김동리에게 범보는 '반신적 인간'이 아니라 '신적인 인간'이었는지도 모른다. 다음의 인용에 나타나는 "계시 같은 충격", "하늘의 계시"라는 표현을 보자. 마치 종교에 귀의한 이가 절대자의 뜻을 따르듯이, 김동리는 범보의 한 마디에 따라 젊은 시절을 살아나갔다. 훗날 자신이 부여했던 범보의 신성으로부터 벗어나기 위해 「마리아의 회태(懷胎)」(『靑春 別冊』, 1955.2), 「목공(木工) 요셉」(『思想界』, 1957.7), 「부활(復活)」(『思想界』, 1962.11), 『사반의 십자가』(『현대문학』, 1955.11~1957.4)를 써 내려갈 수밖에 없었던 사정은 여기서 말미암는다.

일곱 살 나던 해 여름, 할아버지의 제삿날 밤이었다. 뜰에 멍석을 깔고 형들은 과일을 다듬고 있었다. 그 곁에 누워 별을 쳐다보고 있던 나는, 할아버진 죽어서 어디로 갔을까 하고 물었다. 밤을 깎고 있던 중형(仲兄)이, 별이 되셨겠지라고 대답했다. 그러면 밤마다 별이 더 많아지는 거냐고 다시 물었다.

그때 그 곁에 앉아 무엇을 생각하고 있던 백형이, 너도 철학하겠구나 했다. 순간 어둠 속에서도 내 눈은 몹시 빛났으리라고 생각한다. 그것은 나에게 일종의 계시 같은 충격을 주었기 때문이다.

그때까지 나는 밤낮 죽음만 생각하고 있었고, 몹시 우울하게 멍청한 아이로 통해 있었다. 그러다 선이처럼 죽어버리게나 될 거라고 스스로 믿고 있었다. 그러던 터에 백형의 그 한마디는 얼마나 놀랍고 감격적인 말인지 몰랐다. 백형은 일찍이 열두 살에 사서삼경(四書三經)을 떼었다는, 온 고을이 칭송하는 신동이었고, 이웃과 집안에서는 이인(異人)이라고 떠받들고 있었으므로 백형의 한마디가 그대로 나에게는 하늘의 계시같이 느껴졌다. 내가 중학 시절부터 철학 서적 따위를 뒤적이게 된 것도 이에 기인한다.

<hr>

11) 김동리, 「백씨 범부 선생 이야기」, 『나를 찾아서』, 민음사, 1997, 421면.

내 나이 열일곱 살 때부터 나는 철학에서 문학 쪽으로 독서 중심을 바꾸었으나, 계속 철학 서적을 끼고 있었던 것도 또한 이에 기인한다.[12]

"열일곱 살 때부터 나는 철학 쪽에서 문학 쪽으로 독서 중심을 바꾸었"다고 밝히고 있지만, 이러한 변화 역시 범보의 한 마디가 "하늘의 계시같이" 작용한 결과였다. 자신이 쓴 시를 보고 범보가 "철학보다 문학 쪽이대이"라고 평가한 순간부터 김동리의 독서 취향이 변화했기 때문이다.[13] 범보의 한 마디를 따라 김동리는 문학으로 나아갔다. 김동리에게 범보는 그러한 존재였다.

김동리가 범보에게 받은 영향 중 가장 큰 것은 아무래도 '선(仙)의 이념'이라고 할 수 있다. 그런 점에서 김동리가 "내 백씨(佰氏) 범부선생(凡父先生)은 나에게 있어 동기지정(同氣之情)과 사제지의(師弟之義)가 함께 얽혀진 세상에 둘도 없는 의지(依支)요 지도(指導)였었다"면서 "특히 내가 인생(人生)에 대해서 득력(得力)하게 된 것은 내 백씨(佰氏)의 화랑담(花郎譚)에서이다"라고 밝히는 장면은 주목을 요한다.[14] 김동리의 문학세계 전반은 결국 화랑의 정신을 향해 나아가고 있기 때문이다. 그러니 화랑에 대한 범보의 사상을 이해한다면, 김동리 문학의 윤곽을 대략 가늠할 수 있게 된다. 특히 김동리가 평생에 걸쳐 공을 들이며 다듬었던 작품들은 더욱 선명하게 파악된다. 화랑에 대한 범보의 관점이 비교적 간략하게 드러난 대목은 다음 부분이다.

신선의 선도(仙道)는 한국에서 발생하였다. 숭국 상대(上代)의 문헌에는 신선설이 없다. 십삼경(十三經) 중의 『노자(老子)』에도 없으며 춘추시대까지도 없다. 『장자(莊子)』에 비로소 선인, 신인설(神人說)이 비치고 『초사(楚辭)』에 나왔는데, 이는 전국시대에 해당된다.

---

12) 김동리, 「내 문학의 자화상」, 『꽃과 소녀와 달과』, 제삼기획, 1994, 13~14면.
13) 김동리, 「문학에 대한 왕성한 식욕」, 『나를 찾아서』, 민음사, 1997 참조.
14) 김동리, 「跋文」, 『花郎外史』, 以文社, 1981, 180면.

선(仙)은 인변(人邊)에 산(山)자 또는 선(僊)자로 쓰는데, 산에 사는 사람 또는 인간 세상에서 천거(遷去)한 사람이라는 뜻의 회의문자이다. 곧 산인(山人)이다. 선(仙)의 음(音)이 '센'이니, '새이'는 무당을 말하고 경상도에선 '산이'가 무당이다. 그러므로 '산이씨자 무당의 씨자'라고 하는 속담이 있고, 땅재주하는 사람이 '아우구 산이로구나' 하는데 이것은 강신(降神)하는 데에 쓰는 소리이다. 이 '산이'니 '센'이니 하는 어원은 근본 '샤만'에서 온 것이다. 몽고계에서 전한 샤만은 곧 무당이라는 뜻이다. 이것은 몽고계의 고대문화와 공통성을 가진 神道思想에서 온 것인데, 무당 중에서 강신이 잘 되는 이를 '샤안'이라고 하며 신 집히는 사람도 '샤안'이라고 한다. 센, 새이, 산이, 이 모두 샤만에서 파생된 것이다.

그러므로 화랑(花郎)을 국선(國仙)이라고 하고, 화랑사(花郎史)를 선사(仙史)라고 하며, 화랑도(花郎道)는 풍류도(風流道)라고 하였다.

화랑은 신관(神官)으로서 그 지위는 사회적으로 최고위였으며, 풍류도(風流道)는 국교였다. 화랑도는 그 당시 하나의 종교로서 그 영도자가 '도령'이며 그 단체를 '낭도'라고 하였고 평시에 종교적 수련과 음악, 무당, 무술 등을 수련하였는데 음악, 무용은 신과 교제하는 의식으로 사용된 것이다.[15]

범보에 따르면, "선(仙)은 …… 산에 사는 사람 또는 인간 세상에서 천거(遷去)한 사람"이다. 이 말은 곧 신선이란 '산'으로 상징되는 자연의 세계와 완전히 일치된 존재라는 말이 된다. 그리고 국선(國仙)이라고도 불리는 화랑은 '선(仙)의 이념'에 맞닿아 있는 존재이다. 범보의 『화랑외사』(以文社, 1981)에 나타난 주인공들 대부분이 마지막 장면에서 산 속으로 홀연히 사라지는 까닭도 여기에 있을 것이다. 김동리 또한 이러한 사상을 소설로 형상화하였다. 1936년 『중앙』 9월호에 발표한 「산제」가 바로 그것이다. 이 작품 또한 「무녀도」처럼 꾸준히 개제·개작되었는데, 「산 이야기」(『民主警察』, 제3권 4호(총15), 1947)와 「먼산바라기」(『等身佛』, 正音社, 1964)가 여기에 해당한다. 참고적으로 덧붙인다면, 김윤식은 「무녀도」와

---

15) 김범보, 『풍류정신』, 정음사, 1987, 145~146면.

「산제」를 하나의 쌍으로 파악하여 "「무녀도」가 용신(龍神) 사상이라면 「산제」란 제목 그대로 산신각(山神閣)에 해당되기 때문이다"16)라고 주장하고 있다. 과연 용신과 산신이라는 구분이 가능한가에 대해서는 회의적이지만, 사상적 지반이 동일하기에 두 작품군을 함께 파악할 필요는 있을 것이다. 김동리 또한 이런 해석의 단초를 남겨 두었다. "인간의 개성과 생명의 구경(究竟)을 추구하여 얻은 한 개의 도달점이 이 '모화(毛火)'란 새 인간형의 창조였고, 이 '모화'와 동일한 사상적 계열에 서는 인물로선 「산제」의 '태평(太平)이'가 그것이다."17)

기실 '산'으로 상징되는 자연과 인간사회 사이의 거리는 김동리 문학에서 중요한 문제이다. 평론가로서의 역량을 유감없이 펼쳐 보인 「청산과의 거리—김소월론」(『文學과 人間』, 1948)과 「자연주의의 구경—김동인설」(『신천지』, 1948.6)이 이를 증명하며, 「솔거」(『朝光』, 1937.8)・「잉여설」(『조선일보』, 1938.12.8~24)・「완미설」(『문장』, 1939.11) 3부작 등에서도 여기에 대한 고민은 여실하게 드러난다. "「솔거」 무렵에 와서 나에게는 새로운 고통이 시작되었다. 소설을 쓴다는 것(惑은 文學을 한다는 것)만으로 나의 인생적 구경(究竟)은 구원(救濟란 語彙가 더 정확할는지 모르겠다)에 통할 수 있는가 하는 문제였다."18) 심리적으로 아득한 그 거리를 넘어선 작품이 바로 「무녀도」이다. 「산제」에는 대결의 상대를 설정하지 못했던 탓에 내용이 다소 단순하게 흘렀으니 김동리로서는 「무녀도」를 가장 앞자리에 내놓게 되었던 것이다. 김동리의 이러한 사상 뒤에는 범보가 거대한 산처럼 떡 하니 버티고 서 있다. 이것이 김동리를 연구할 때 범보에 주목해야 하는 이유이다.

---

16) 김윤식, 「「무녀도」와 「산제」계의 대비」, 『미당의 어법과 김동리의 문법』, 서울대 출판부, 2002, 151면.
17) 金東里, 「新世代의 精神—문단 '新生面'의 性格, 使命, 其他」, 『文章』, 1940.5, 92면.
18) 金東里, 「後記」, 『黃土記』, 首善社, 1949, 216면.

3) 근대의 초극과 무당 모화

「무녀도」의 주인공 모화는 무당이다. 뿐만 아니라 김동리의 소설에는 무당이 자주 등장한다. 왜 하필 무당인가. 앞에서 살폈듯이, 화랑은 '선(仙)의 이념'을 드러내는 샤먼의 계승자였는데, 화랑이 다시 무당으로 이어졌기 때문이다. 범보는 "화랑정신 가운데 세 가지 요소를 먼저 우리가 규정을 하고 그 규정 밑에서 이 화랑정신을 살펴야 화랑의 전모를 관찰할 수 있습니다"라며 화랑과 무당의 관계를 다음과 같이 설명하고 있다. "첫째는 종교적 요소입니다. 둘째는 예술적 요소입니다. 셋째는 군사적 요소입니다. (…중략…) 최고대(最古代)에 있어서 화랑의 일면이라는 것은 역시 무속과 직접 관련이 있습니다. 무당이 하는 일 대부분이 고대의 화랑이 하는 일입니다."[19] 그러니까, 김동리의 입장에서라면, 이 시대에 '선(仙)의 이념'을 승계하여 구현하는 존재는 무당일 수밖에 없다. 그리고 무속인인 모화의 맞상대로 서구의 대표적인 종교 '예수교'를 끌어온 것도 당연한 설정이라고 하겠다. 종교적인 영감을 통한 대결을 꾀한 셈이다.

"모화가 파우스트와 대체될 새로운 세기의 인간상"이라는 주장은 이러한 대결의식 위에서 비로소 이해가 가능해진다. 주지하다시피 「무녀도」의 마지막 장면은 모화가 '시나위가락(神出曲)'에 맞춰 무사(巫詞)를 읊으면서 율동을 선보이다가 물속으로 잠겨 버린다는 내용이다. 김동리는 이를 두고 "仙이념의 율동적 표현"이라며, 시나위가락의 "율동화란 곧 자연의 율동으로 귀화합일(歸化合一)한다는 뜻이다"라고 설명하고 있다. "이리하여 동양정신의 한 상징으로 취한 '모화'의 성격은 표면으로는 서양정신의 한 대표로 취한 예수교에 패배함이 되나 다시 그 본질세계에 있어 유구한 승리를 갖게 된다는 것이다."[20] 「무녀도」의 모화는

---

19) 김범보, 「國民倫理 特講」, 『花郎外史』, 以文社, 1981, 218~222면.
20) 김동리, 「신세대의 문학정신」, 문장, 1940.5, 91~92면.

자연으로 돌아가 하나가 될 수 있었다. 여기에 예수교가 가 닿지 못하는 깊이가 있다. 그 깊이가 '본질세계에 있어 유구한 승리'를 보장한다. 모화가 파우스트를 대체할 새로운 세기의 인간상일 수 있는 까닭은 바로 여기에 있다. 그러니 「무녀도」는 '선(仙)의 이념'을 적극적으로 구현한 작품이 아니겠는가.

> 仙의 이념이란 무엇인가? 불로불사 무병무고의 상주(常住)의 세계다(자세한 말은 후일로). 그것이 어떻게 성취되느냐? 한 있는 인간이 한없는 자연에 융화됨으로써다. 어떻게 융화되느냐? 인간적 기구(機構)를 해체시키지 않고 자연에 귀화함이다. 그러므로 무녀 '모화'에게 있어서는 이러한 仙의 영감으로 말미암아 인간과 자연 사이에 상식적으로 가로놓인 장벽이 무너진 경우다."21)

「무녀도」에 등장하는 '예수교'는 근대의 상징이다. 그래서 김동리는 「무녀도」의 세계를 설명하기 전에 서양에서 발원한 근대문학의 의의와 한계를 먼저 분석하고 나섰다. 「신세대의 정신」에 나타난 근대문학의 의의는 다음과 같다. "대개, 근대문학정신을 일러 '인간성 탐구'라 하고, 이 인간성 탐구의 정신이란 두말 할 것도 없이 르네상스 정신의 발전이며, 르네상스 정신의 진수란, 세칭, '인간성 옹호'란 것이니, 이 말은 즉, '신'이라는 전제적 우상에의 예속에서 인간이 각기 제 개성과 생명에 복귀하여 그것을 옹호하고 발휘·지양시킨다는 뜻이었다. 그러므로 근대문학정신을 인간성 탐구라 할 제 그것은 인간의 개성과 생명의 구경적 의의(究竟的 意義)를 탐구한다는 뜻이다."22)

그런데 근래에 이르러 '르네상스 정신'은 완전히 훼손되었고, 이 땅의 신문학인들은 그 '훼손된 르네상스 정신'을 그대로 수용하여 추종하기에 바빴다. 이 대목에서 「신세대의 정신」이 발표되던 시기에 임화와 김기림이 조선의 신문학사를 반성하고 있다는 사실을 떠올릴 필요가

---

21) 위의 글, 91면.
22) 위의 글, 83면.

있다. '선(仙)의 이념'으로 무장한 김동리가 그들과 어깨를 견줄 만큼 거시적인 틀을 확보하고 있었다는 사실이 새삼 확인되기 때문이다. 그 자리에서 신세대작가 김동리의 구세대 비판은 가능해진다. "허나 이러한 개성과 생명의 구경 추구를 기본으로 한 인간성 탐구의 정신은, 십구세기말, 이십세기 초두에 걸쳐 왼 세계를 풍미한 물질주의정신에 석권되고 말았으니, 그것이 이 땅에서와 같이 미래의 전통이 박약한 데다 문화적으로 르네상스 정신의 세례를 충분히 겪지 못한 문단에 있어서는, '물질'이란 한 개 새 '이념적 우상'으로 화하여 중세 때의 '신'이 차지했던 기능의 일면을 발휘함으로써 문학세계에 있어 인간의 개성과 생명의 구경적 의의를 봉쇄해 버렸든 것이다."23)

르네상스에서 발원한 서구의 근대가 이미 한계에 봉착하였다면, 이제 다시 새로운 르네상스가 요청되게 마련이다. 근대 초기의 서구인들은 자신들의 고대로 눈을 돌려 '그리스 정신'에서 돌파구를 찾은 바 있다. 범보와 김동리는 자신들의 정신사적 뿌리를 탐사하면서 '仙의 이념'을 마련하였다. 그리고 이를 통해 새로운 르네상스를 열어 나가고자 시도하였다. 김동리가 주장했던 '제3휴머니즘(제3세계관)'이란 새로운 르네상스에서 파생한 개념이고, 그는 이러한 세계의 개진이 가능하다고 믿었다. 그리고 그 자신감은 "모화가 파우스트와 대체될 새로운 세기의 인간상"이라는 주장으로 집약되어 나타났다.

'새로운 르네상스'라는 관점에서 보자면 자본주의와 사회주의의 차이란 '오십 보 백 보'에 불과하다. 근대를 한 측면씩 부여잡고 서로 더 나은 체제라고 우기는 꼴이기 때문이다. 김동리가 바라본 것은 그 다음 도래할 세계였다. 김동리가 "모화가 파우스트와 대체될 새로운 세기의 인간상이란 것은 아무도 모를 것이다. 내가 그렇게 말한다면 남들은 비웃을 것이다. 그러나 백 년만 두고 봐라! 모든 것이 증명될 것이다! 역

---

23) 위의 글, 83~84면.

사가 증명해 줄 것이다!"라고 주장했던 때가 1958년이었으니 대략 50여 년이 지났다. 그동안 현실 사회주의는 몰락하였고, 자본주의는 마르크스가 마지막 단계로 예언했던 금융자본의 시대로 돌입하였다. 인간의 편의를 위한 물질 중심적인 사고가 비판받으며 점차 생태적인 관점이 주목받고 있기도 하다. 이제 50여 년 남았다. 김동리의 장담은 과연 실현될 것인가.

3. 「무녀도」의 현재적 의미

민족국가를 둘러싼 최근의 논의를 보면 상당히 우려스럽다. "국가주의적 역사 이해를 해체해야 한다고 비판하면서 제국주의적 국가관에 입각한 역사 이해에 대해서는 외면하고 있"[24]는 경향이 팽배해 있기 때문이다. 이러한 문제는 제국주의와 식민지를 동렬에서 파악하는 데서 빚어진다. 즉 '주변부의 저항 민족주의는 제국주의의 거울 반사에 불과하며 궁극적으로 양자는 적대적 공범 관계를 형성하고 있다'는 기본적 설정에 문제가 있다는 것이다. 사학계에서 횡행하는 이러한 시도는 이제 문학계로까지 유입되어 유행처럼 확장되고 있다. 여기서 굳이 사학게에까지 넘나들며 논의를 진행시킬 필요는 없겠고, 「무녀도」에 한정하여 나의 입장을 드러내도록 하겠다.

일제강점기의 조선에서 근대 초극의 논리가 본격적으로 위세를 떨치기 시작했던 때는 1940년이었다. 여기에는 두 가지 사건이 결정적으로 영향을 끼쳤다. 첫째, 1940년 3월 쑨원(孫文)의 핵심참모로 활동하며 장

---

24) 이영호, 「한국에서 '국사' 형성의 과정과 그 대안」, 『국사의 신화를 넘어서』, 휴머니스트, 2004, 455면.

제스(張介石)와 양 날개를 이루었던 왕징웨이(汪精衛)가 친일적인 '신남경 정부'를 수립하였다. 둘째, 1940년 6월 근대(近代)를 상징하는 도시 파리가 독일군에게 함락되었다. 두 번째 사건은 전 세계 지식인들에게 커다란 충격으로 다가섰다. '근대라는 구체제'가 몰락하고 '근대 이후의 신체제'가 도래하는 상징으로 이해되었기 때문이다. 조선에서는 두 번째 사건이 첫 번째 사건과 결합하며 더 큰 파장을 일으켰다. 동양의 질서가 신체제로 구축되어 가는 과정에 '왕정위 정부'가 탄생한 듯한 효과를 불러일으켰던 것이다. 이런 효과 속에서 일제에 의해 유포된 '신체제론', 다시 말해 근대의 초극 논리가 힘을 얻어가기 시작했다.

표면적으로만 판단하자면, 「무녀도」에 깔린 '선(仙)의 이념'은 일제의 신체제론과 같은 방향으로 나아가고 있는 것처럼 보인다. 근대 이후를 지향하고 있기 때문이다. 그러나 이념의 중심에 천황을 설정하는 것과 仙(화랑·무당)을 설정하는 것은 다를 수밖에 없다. 친일인가, 반일인가를 가르는 아주 중요한 차이가 바로 여기에서 발생하는 까닭이다. 그러니 근대 초극이라는 이유 하나만을 들이대며 김동리의 친일 욕망을 읽어내는 최근의 여러 시도들은 설득력이 없다고 하겠다. '천황을 중심으로 하는 일제의 근대 초극 논리'와 '선(仙)의 이념을 중심으로 하는 근대 초극 논리'를 거울 반사의 관계로 이해하려는 시도도 있을 수 있다. 그렇지만 이 역시 설득력을 얻기가 어렵다. 제국주의적 팽창을 범보(와 김동리)가 철저히 배격했던 탓이다. 각각의 민족국가들이 각기 다른 개성을 존중하면서 조화롭게 국제사회를 이끌어 가야 한다는 범보·김동리의 역사 인식은 다음 부분에서 드러난다.

지금까지는 전부 지역적 문화로 살아 왔습니다. 구주(歐洲) 계통, 인도(印度) 계통, 한족(漢族) 계통 등 지역적 문화로서 살아 왔는데 이로부터 세계사회의 문화는 발전해 나갑니다. 문제는 분명히 세계사회는 전개되었는데 이 세계사회는 '코스머폴리턴'이나 공산당이 망상하는 그런 세계사회가 되지는 않습니다. 제국주의국가 성격으로서는 몰락하고 모든 국가가 전부 제 개성을 가지고 제 자주독립을 유지하면서 완전한 국제사회라는 것이 이로부터 오는 세계사회의 형태입니다. 어떤 개성이 어떤 개성을 정복하고 전 세계를 통일할 수 있느냐 하면 절대로 안돼요. 민족국가의 개성은 개성대로 남고, 개성과 개성 간의 조화에서 세계평화는 올 것이고 세계사회는 전개될 것입니다.[25]

엄연히 존재하는 민족국가를 무턱대고 부정하고 나서는 행태는 그리 현명해 보이지 않는다. 그러기에는 제국주의 국가의 위협이 현실적으로 너무나 무겁게 다가오기 때문이다. 그나저나, 민족국가의 울타리를 경계하는 까닭은 무엇인가. 제국주의의 야만을 우리 역시 저지를 가능성이 있기 때문이 아니던가. 그렇다면 민족국가와 민족국가가 어떻게 공존할 수 있는가를 모색하는 일이 타당한 게 아닐까. 이러한 관점에서 읽어 나간다면 「무녀도」는 여전히 흥미롭다. 「무녀도」에는 지금 우리가 하고 있는 고민이 스며들어 있다.

---

25) 김범보, 「國民倫理 特講」, 앞의 책, 201면.

육사의 문학관과 연출된 요양여행

산문세계를 중심으로

1. 충돌하는 진술, 증폭되는 의혹

그동안 '이육사 전집'은 두 가지 판(版)이 주로 이용되었다. 하나는 김학동의 『이육사(李陸史) 전집(全集)』(새문社)이고, 다른 하나는 심원섭의 『원본 이육사(李陸史) 전집』(집문당)이다. 두 권 모두 1986년 초판이 발행되었으므로 시간적인 차이는 거의 없다고 할 수 있다. 전자가 4월, 후자가 6월에 발간되었으니 시간적인 차이라고 해 봐야 기껏해야 두 달에 불과할 따름이다. 그럼에도 불구하고 완성도 면에서 보자면 『원본 이육사 전집』이 훨씬 앞서고 있다. 예컨대 작품 목록으로만 따지더라도, 『이육사 전집』에는 누락된, 고정(古丁) 원작의 소설을 번역한 「골목안(小巷)」(『朝光』, 1941.6), 수필 「고란(皐蘭)」(『每日新報寫眞旬報』, 1942.12.1), 앙케이트 답변 「농촌문화문제특집(農村文化問題特輯) 설문(設問)에 대(對)한

답(答)」(『朝光』, 1941.3), 평문 「자연과학(自然科學)과 유물변증법(唯物辨證法)」(『大衆』, 1934.4) 등이 포함되어 있다. 따라서 심원섭의 『원본 이육사 전집』을 텍스트로 삼아 논의를 전개한다면 커다란 문제는 없을 것처럼 보인다. 사실 그간의 연구들은 그렇게 진행되기도 하였다. 최근에는 「대구(大邱)의 자랑 약령시(藥令市)의 유래(由來)」(『朝鮮日報』, 1932.1.13·16·20·26) 등을 발굴하여 포함시킨 『이육사 전집』(김용직·손병희 편저, 깊은샘, 2004)이 새롭게 발간되었다.

새롭게 발간된 『이육사 전집』을 통해 바로 잡혀 있어서 다행이지만, 이육사의 산문세계를 살피기에 『이육사 전집』, 『원본 이육사 전집』에는 커다란 오류가 있었다. 먼저, 일견 단순해 보이기도 하지만, 「현상소설 예선당선자 근황(懸賞小說 豫選當選者 近況)」(『朝鮮日報』, 1933.9.20)에 대한 혼란을 살펴보자. 『원본 이육사 전집』이나 『이육사 전집』에는 「현상소설 예선당선자 근황」이 이육사의 글로 포함되어 있다. 그렇지만 이는 동명이인(同名異人)을 혼동한 데 따른 착오의 결과이다. 그러니 이 사실만 분명히 한다면 이육사의 이력에 대해 제기하는 강창민의 의심은 쉽게 해결할 수 있을 것이다.

陸史가 조선일보 현상소설에 응모한 것이 1933년인데 예선마감이 6월 30일이다. 그러므로 陸史는 예선 마감 전까지 200자 100장 정도의 10회분과 줄거리를 썼고, 예선 통과 후 9월 20일 이전에 80분 700장 이상을 썼으며, 10월 30일까지 또 600장 이상의 원고를 썼어야 했다. 그러니까 조선군관학교를 졸업한 4월 22일 이후 상해 또는 남경에서부터 줄곧 작품을 썼고, 귀국한 뒤에도 만사를 밀쳐두고 10월 30일까지 모두 1,500장쯤이나 되는 소설을 쓴 셈이다. 그것이 결코 불가능한 일이 아닐지도 모르나 6개월에 걸친 혁명투사 양성기관의 철저한 훈련을 받은, 조국의 광복을 위해 身命을 바쳐 일신의 명예와 私利를 희생해야 할 비밀결사 요원의 행동치고는 석연치 않은 점이 있다. …… 현재로서는 조선군관학교 수료 자체를 수긍하기 힘들다. 오히려 조선군관학교에 다니지 않았다고 해야 陸史의 행적이 오히려 긍정적인 평가를 받을 수 있을 것이다.[1]

이런 오해를 바로잡은 이는 국사학을 전공한 김희곤이다. 그는 『새로 쓰는 이육사 평전』에서 이 부분에 대해 분명하게 밝혀놓고 있다. "그의 행적에 대한 설명에서 커다란 오류가 하나 보인다. 육사를 다룬 글이나 전집에는 한결같이 그가 장편소설 현상공모에 응하여 예선을 통과하였다는 사실을 적고 있다. 육사가 쓴 글을 모은 자료에는 「현상소설 예선 당선자 근황」이란 글이 실려 있다. 이활(李活)이란 이름으로 『조선일보』 1933년 9월 20일자에 실린 이 글을 두고, 육사가 장편소설도 썼다고 추정해왔던 것이다. '일천원'이란, 당시로서는 엄청난 거금을 걸고 조선일보사가 벌인 행사였다. 여기에서 예선을 통과한 7명 가운데 한 사람으로 '이활'이란 이름이 등장한다. 그렇지만 이 '이활'은 육사와 이름만 같은, 즉 동명이인이었다. 여기에 등장하는 이활은 황해도 개성 출신으로서, '무화과(無花果)'라는 제목으로 예선을 통과하였으나 본선에서 떨어졌고, 이후 문단에 그 이름이 다시 나타나지 않은 것 같다."[2]

강창민은 실증적인 사실을 제대로 파악하지 못했기 때문에 커다란 오류를 범했다. 전기적 압박으로부터 자유로운 자리에서 이육사의 문학 세계를 분석하고자 했던 자세가 이런 결과를 낳았다고 볼 수 있다. 반면 평전을 써 내려갔던 김희곤은 강창민과 기본적인 입장부터 달랐다. 그에게는 군사간부학교를 졸업한 이육사가 1933년 5월 초·중순경 난징을 떠나 상하이로 이동한 후 7월에 귀국했음을 증명하는 것이 중요했던 것이다. 그런데 1933년 『조선일보』 9월 20일자에 실린 「현상소설 예선당선자 근황」은 이러한 이해를 가로막아 버린다. 이러한 두 가지 사실의 충돌을 극복하기 위해 김희곤에게 요청되었던 것이 바로 전기적 사실의 복원이었던 셈이다. 문학계에서 반복되어 오던 오해를 국사학자 김희곤이 바로 잡을 수 있던 가능성은 여기서 배태되었다.

어떤 작가를 다루더라도 전기적 사실의 복원은 중요할 수밖에 없다.

---

1) 강창민, 『李陸史 詩의 硏究』, 국학자료원, 2002, 47~49면.
2) 김희곤, 『새로 쓰는 이육사 평전』, 지영사, 2000, 160면.

기본적으로 실증적 작업이 요청되는 것은 당연하다. 그렇지만 이육사의 경우 이러한 작업의 의미는 각별하게 강조되어야 한다. 산문들 속에서 서로 충돌하는 진술들이 발견되기 때문이다. 『풍림(風林)』 1937년 5월호에 발표한 「질투(嫉妬)의 반군성(叛軍城)」에서 이육사는 "지나간 七月입니다. 나는 매우 衰弱해진 몸을 나의 시골에서 그다지 멀지 않은 東海松濤園으로 療養의 길을 떠났읍니다"[3)]라고 기술한 바 있다. 이는 분명히 「횡액(橫厄)」에 쓴 "내라는 사람은 實로 賤待 받을만큼 健康한 몸이라, 三百六十五日에 한번도 누워본 記錄이 없으니"[4)]라는 내용에 위배된다. "웬체내란 사람이 황소같이 튼튼하든 못해도 二十年來에 물에 씨슨듯 감기 곱불 한번시다이 못해보고 病없이 지나온터이라 病에對한 두려워하는 마음이없고, 때로 或으스스하면 좋은 良方이(加味淸酒鷄卵湯이란것이 있어 酒黨들은 國籍을 무를것도 없이 大槪짐작들한다) 있어 요번도 그것이면 無慮할줄 알았다"[5)]라는 「계절(季節)의 표정(表情)」과 비교하여도 마찬가지이다. 「횡액」과 「계절의 표정」은 「질투(嫉妬)의 반군성(叛軍城)」보다 이후에, 그러니까 1939년, 1942년에 각각 발표되었다. 그렇다면 「질투의 반군성」의 '쇠약해진 몸'이란 신빙성이 떨어질 수밖에 없게 된다. 이를 대체 어떻게 파악해야 할 것인가.

건강을 둘러싸고 산문에 나타나는 이육사의 모순된 진술은 다른 여러 산문들과 관련을 맺게 된다. '쇠약해진 몸'은 '요양 또는 정양을 위한 여행'으로 이어지기 때문이다. "그의 글에는 여행에 관하여 언급한 부분이 많다. 중국에시의 이곳저곳을 디닌 여행, 1933년의 정양여행,

---

3) 李陸史, 「嫉妬의 叛軍城」, 『風林』, 1937.5, 42면.
　　「嫉妬의 叛軍城」이 『風林』 1937년 3월호에 게재되었던 것으로 알려져 있으나, 필자가 확인해 본 결과 『風林』 1937년 5월호(제6집)에 실려 있었다. '隨筆'은 따로 분류가 되어있으며, 「嫉妬의 叛軍城」은 '生活報告' 부분으로 묶여 있는 점이 흥미롭게 다가온다.

4) 李陸史, 「橫厄」, 『文章』, 1939.10, 237면.

5) 李陸史, 「季節의 表情」, 『朝光』, 1942.1, 125면.

1936년의 동해로 간 요양여행, 1937년의 동경행, 1938년의 남방여행과 여름의 三佛 요양여행, 가을의 부여 여행, 1940년의 해금강 여행, 1941년 봄의 동해여행, 가을의 경주 요양여행, 그리고 1943년의 북경행 등이다. 이 밖에도 다른 증언에 따르면 1936년에 만주를, 1942년에 요양차 경주를 다녀왔다고 한다. …… 그런데 요양 또는 정양을 위한 여행이 많다는 점이 주목된다."6) '중국에서 이곳저곳을 다닌 여행'이란 1932년부터 1933년까지 이육사의 행적이 될 터인데, 그전부터도 그의 여행벽(旅行癖)은 만만치 않았다. 1924년의 일본 유학도 여기 포함시킬 수 있을 터이며, 1925년 귀국 후 다시 중국으로 건너가서 1927년 여름에 귀국한 사실 또한 이러한 흐름으로 꿸 수 있는 것이다.

과연 '요양 혹은 정양을 위한 여행'을 많이 다녀야 할 만큼 이육사는 몸이 약했던 것일까. 그러한 이육사가 국경을 넘나들며 여행을 자주 다녔던 것은 어떻게 이해해야 할까. 『원본 이육사 전집』과 두 권의 『이육사 전집』에 실린 기록들만 가지고서는 이러한 물음에 답할 수 없다. 오히려 궁금증만 증폭시킬 따름이다. 그렇기 때문에 이육사를 이해하기 위해서는 실증적인 태도의 견지와 대상 작가의 전기적 사실 복원을 표나게 강조할 필요가 있다. 아마 이렇게만 이야기한다면, 누구에게나 해당될 당연한 사실을 새삼스럽게 강조한다는 핀잔을 받기에 딱 알맞을 것이다. 그게 아니라면, 이육사의 행적이 제대로 알려지지 못한 데서 나타나는 현상이라고 이해되기가 쉬울 것이다. 하지만, 문제는 그리 단순하지가 않다. 이육사의 문학관이 이러한 사실들과 복잡하게 얽혀 있기 때문이다.

---

6) 강창민, 앞의 책, 58면. 강창민이 근거로 삼는 이육사의 산문은 「嫉妬의 叛軍城」, 「季節의 五行」, 「舞姫의 봄을 찾아서」, 「申石艸에게 보낸 편지」, 「皐蘭」, 「年輪」, 「中國現代詩의 一斷面」, 「季節의 表情」 등이고, 증언이란 이동영의 「이육사의 독립운동과 생애」(『나라사랑』 제16집, 외솔회, 1974)를 가리킨다.

2. 민족공산주의자 이육사의 문학 / 문화에 대한 견해

1934년 『형상(形象)』 2월호에는 「일천구백삼십사년(一九三四年)에임(臨)하야문단(文壇)에대(對)한희망(希望)」이라는 주제의 앙케이트가 실려 있다. 여기서 이육사는 이렇게 말하고 있다. "外國의文化遺産의檢討도 遺産이업는우리文壇에 必要한일이겟지만 過去의우리나라의 文學에도 遺産은적지아니합니다. 좀차자보십시요－거저업다고만 慨歎치말고."[7] 우리나라의 문학 유산을 강조하는 이러한 태도는 다른 글에서도 발견된다. "朝鮮文化의傳統속에는 知性을가저보지못햇다고하는데 좀생각해볼問題입니다. 가령歐羅巴의 敎養이 우리네敎養과 다르다는그理由를 루넷상스에서指摘한다면 우리네의敎養은 루넷상스와가튼 크다란産業文化의大過渡期를經過하지 못햇다는것일겝니다. 그러나 우리도엇던形式이엿든지 文化를가지고왓고 또그것을사랑하고 앞으로도 이마음은變할 理가 업슬것이리라."[8] 우리 민족의 전통에 대한 자부심은 「조선문화(朝鮮文化)는 세계문화(世界文化)의 일륜(一輪)」이라는 이 글의 제목에서부터 느낄 수 있다.

「일천구백삼십사년에임하야문단에대한희망」과 「조선문화는 세계문화의 일륜」은 짤막한 앙케이트와 평문에 불과하지만, 이육사의 문학관을 이해하는 데 중요한 단초를 제공한다. 특히 『비판(批判)』에서 마련한 설문 '지성옹호(知性擁護)의 변(辯)'에 대한 대답인 「조선문화는 세계문화의 일륜」은 주목할 필요가 있다. "知性의傳統을 가저보지못한 朝鮮에서 果然 知性의擁護가 問題될수잇으며 또可能할가?"라는 기획의도에 대해 정면으로 맞서고 있으며, 지성의 옹호와 해결 논란에 불을 지핀 최재서(崔載瑞)·김오성(金午星)·서인식(徐寅植) 등에 대한 비판을 정면에

---

7) 李活, 「一九三四年에臨하야文壇에對한希望」, 『形象』, 1934.2, 56면.

8) 李陸史, 「朝鮮文化는 世界文化의一輪」, 『批判』, 1938.11, 44면.

서 내보이고 있기 때문이다. 이러한 갈등은 이육사가 '조선 문화의 전통'과 잇닿아 있는 지성을 옹호하고자 했던 데서 빚어진다. 즉, 서구라파의 지성·교양을 강조하는 시대의 조류에서 벗어나기 때문에 이런 양상이 벌어진다는 것이다.

이육사의 이런 시각은 문학/문화에 관한 산문에서도 엿볼 수 있다. 먼저 그가 번역한 세 편의 글을 보면 모두 중국 작가의 작품·연구임이 드러난다. ①「고향(故鄉)」(魯迅 원작,『朝光』, 1936.12), ②「중국문학오십년사(中國文學五十年史)」(胡適 원작,『文章』, 1941.1·4), ③「골목안(小巷)」(古丁 원작,『朝光』, 1941.6). 평문에서도 마찬가지이다. 조선 현대 지식 여성의 허영을 비판하는 ①「모멸(侮蔑)의서(書)」(『批判』, 1938.10)와 조선 문화의 지성·교양을 두둔하는 ②「조선문화는세계문화의일류」이 하나의 부류를 이루고, 영화의 영향력에 대한 관심과 인식이 드러나는 ③「영화(映畵)에대(對)한문화적촉망(文化的囑望)」(『批判』, 1939.2)과 ④「예술형식(藝術形式)의변천(變遷)과영화(映畵)의집단성(集團性)」(『青色紙』, 1939.5)이 다른 한 축을 형성한다면, '중국'이란 창으로써 문학/문화를 이해하고자 했던 흔적인 ⑤「노신추도문(魯迅追悼文)」(『朝鮮日報』, 1936.10.23~29)과 ⑥「중국현대시(中國現代詩)의일단면(一斷面)」(『春秋』, 1941.6)은 세 번째 군을 이루고 있다. 여기에서도 중국에 이육사의 관심이 드러나는 셈이다. 문학/문화에 관한 그 외의 글로는 윤곤강의 시집에 대한 서평 ①「자기심화(自己深化)의길-곤강(崑崗)의『만가(輓歌)』를 읽고」(『朝鮮日報』, 1938.8.23), ②「윤곤강시집(尹崑崗詩集)『빙화(氷華)』·기타(其他)」(『人文評論』, 1940.11)와 창작소설 ①「황엽전(黃葉箋)」(『朝鮮日報』, 1937.10.31, 11.2·3·5)이 있다.

중국이란 창으로 변화하는 문학/문화의 상을 이해하고자 하는 이육사의 입장이 어떻게 우리 전통의 옹호와 관련되는가. 이를 이해하기 위해서는 우선 이광수의「문학이란 하(何)오」를 염두에 둘 필요가 있다. 1916년 1월 10일부터 23일까지『매일신보(每日申報)』에 연재된 이 글은, 황종연의 주장처럼, "일차적으로 문학에 대한 전통적인 관념을 청산하려는 취지"9)에서 쓰였다. "그(이광수-인용자)는 문학을 근본적으로 새로운 것으로 상정하고 있었다. 그가 사용한 문학이라는 단어 자체가, 비록 당시의 식자층에게는 아주 친숙한 한자어였음에도 불구하고, 실은 국가, 철학, 미술 등과 마찬가지로 개화의 물결을 타고 유포된 새로운 문물의 명칭이었다."10) 황종연의 인용에 따르면, 이육사가 호의적인 감정을 품고 있던 중국의 노신 역시 이런 정황을 제대로 파악하고 있었던 듯하다. "그토록 어려운 문자로 씌어진 고어의 기록을 우리는 예전에는 '문'이라 불렀으나 지금 조금쯤 새것을 좇는 사람들은 '문학'이라 부르고 있다. 그러나 그것은 '문학은 자유(子游), 자하(子夏)에서 잘라온 것이 아니라 일본에서 수입된, 영어 Literature에 대한 그들의 역어이다."11) 「문학이란 하(何)오」에서 이광수가 주장하는 바는 'literature'의 역어로서 성립한 일본의 '분가꾸(文學)'을 모범으로 해서 성립하는 것이다. "근대 이후 '리터러처'와 '분가꾸'의 이식과정을 살피면 한국 근대문학사는 바로 중국 기원의 '문학'과 서구 및 일본 기원의 '문학' 사이에서 벌어진 투쟁의 역사라는 점을 깨닫게 된다"12)라는 최원식의 지적은 이광수의 주장이 우리 근현대문학사에 야기한 결과를 집약하여 보여 준다.

본디 문학에 대한 우리의 전통적인 관념은 중국에 기원을 두고 있는데, 이는 공자가 말한 '문학에는 자유, 자하니라'에서 비롯되었다. 이때 문학 개념의 바탕에는 사회과학이 깔려 있다. "공자는 제자들을 선진파(선배그룹)와 후진파(후배그룹)로 나누었다. 망명 이전부터 공자를 따른 선진파가 스승과의 전인격적 접촉을 통해 인간 각 개인의 주관 속에 존재하는 인(仁) 그 자체를 내성(內省)하는 것을 중시한 인문학파라면, 공자를

---

9) 황종연, 「문학이라는 譯語-「문학이란 何오」 혹은 한국 근대 문학론의 성립에 관한 고찰」, 『東岳語文論集』 제32집, 1997.12, 467면.

10) 위의 글, 458면.

11) 魯迅, 「且介亭雜文」, 『魯迅 全集』 6권, 北京 : 人民文學出版社, 1981, 99면(위의 글, 459면에서 재인용).

12) 최원식, 「문학의 귀환」, 『문학의 귀환』, 창작과비평사, 2001, 41면.

학자로서만 존중한 후진파는 고전에 대한 풍부한 학습을 바탕으로 인
보다는 그 드러남으로서의 객관적인 사회질서인 예(禮)를 탐구하는 사
회과학파라 할 수 있다. 그런데 앞의 세 과목(德行·言語·政事－인용자)에
능한 안연·자공·계로(즉 子路)가 선진파라면 문학에 뛰어난 자유와 자
하는 후진파다. 또한 후진파를 대표하는 자하의 법통이 법가(法家)로 접
속되는 점을 염두에 둘 때, '문학'의 중국적 기원에서 압도적 정치성을
다시금 확인하게 된다."13)

반면, 이광수는 인간의 마음[心]을 지(知)·정(情)·의(意)로 나눈 후 '정'
의 측면에 맞닿아 있는 것으로 '문학'을 규정하고 했다. 「문학이란 하
(何)오」의 '문학(文學)과 감정(感情)'은 이를 위해 할애된 항목이며, 이를
둘러싼 맥락에 대해서 최원식은 이렇게 밝혀 두었다. "일본에서 '지(智)'
의 표현으로부터 '정(情)'의 표현을 분리한, 오늘날 통용되는 순(純)문학
개념으로서 '분가꾸'가 정착한 시기는 메이지(明治) 20년 전후(1880년대)인
데, '제국대학령(令)'(1886)에 의해 문학부가 개조되면서 영·독·불문과
가 신설되는 것과 깊은 연관을 가진다는 점이 흥미롭다. 자유민권운동
이 타협 속에 좌절하면서 위로부터의 혁명으로 출범한 근대일본국가가
제도로서 안착한 메이지 20년대는 한편 일본근대문학이 성립한 시기이
기도 하다. …… 계몽주의의 정치성으로부터 탈각하여 근대문학의 이념
이 정립된 이 시기에 '분가꾸'가 함께 정착했다는 점은 양자가 하나의
연쇄를 이루고 있다는 점을 잘 보여준다고 하겠다."14)

리얼리즘에 뿌리를 내리든, 모더니즘에 천착하든 식민지 조선의 문
학사는 이광수가 설정한 '문학'의 개념 위에서 전개된 경향이 강하다.
예컨대 임화는 1939년 9월 「개설(槪說) 신문학사(新文學史)」 연재를 시작
하며 '신문학(新文學)의 어의(語義)와 내용(內容)'에 대하여 분명하게 못을
박았다. "거듭 말하거니와 신문학사는 근대 서구적인 의미의 문학의 역

---

13) 위의 글, 40면.
14) 위의 글, 37면.

사다.”15) 그러한 신문학의 역사가 나아갈 바를 잃었을 때 임화는 혼란에 빠질 수밖에 없었다. 김기림의 고민도 이와 비슷하였다. “조선에 있어서의 신문화의 ‘코스’를 한 마디로 요약한다면 그것은 ‘근대(近代)’의 추구였다”라고 정리하기 때문이다. 김기림의 모더니즘에는 근대를 추구하는 나름의 절박성이 배어 있었다. 서양의 근대를 “극히 짧은 동안에 모방 혹은 수입의 형식을 거쳐 속성해야 하는 동양적 후진성”을 토로하는 데서 이를 확인하게 된다. 그렇지만 “우리가 개화 당초부터 그렇게 열심히 추구해오던 ‘근대’라는 것이 그 자체가 한 막다른 골목에 부딪쳤다는 것”을 깨닫는 순간 김기림은 시대에 대하여 침묵할 수밖에 없었다.16) 이를테면 1930년대 후반은 임화·김기림으로 상징되는 조선 신문학이 흐름을 멈췄던 자리인 셈이다.

하지만, 이육사로서는 임화·김기림과 같은 길을 걸을 필요가 없었다. 중국이란 창을 통해 변화하는 문학 / 문화에 다가서고자 했던 이육사의 태도는 그래서 주목을 요한다. 그는 마르크스주의가 주도적 지위를 상실하고 우리 문단이 전형기(轉形期)로 접어들었던 1936년, “오늘날 우리의 조선 문단에는 누구나 할 것 없이 예술과 정치의 혼동이니 분립이니 하여 문제가 어찌 보면 결말도 난 듯하고 어찌 보면 미해결 그대로 있는 듯도 한 현상”이라며 “藝術은政治의 奴隷가 아닐뿐아니라 적어도藝術이 政治의 先驅者인 同時에混同도 分立도 아닌” 것이라고 단정한 바 있다.17) 애초부터 문학과 정치성의 결합이란 수준에서 출발한 바 없기에 전형기의 혼란으로부터 그는 자유로웠던 것이다. 중일전쟁이 벌어지며 우리 문단이 사상적 혼돈에 빠졌을 때 의연하게 우리 민족의 전통에 대한 자부심을 내세우고 있다는 사실 또한 마찬가지이다. 임화·김기림이 가리키는 ‘근대가 직면한 막다른 벽’이란 근대적인 ‘문학’

---

15) 임화, 「개설 신문학사」, 『林和 新文學史』, 한길사, 1993, 17면.
16) 김기림의 「우리 新文學과 근대의식」(『金起林 全集 2－詩論』, 심설당, 1988) 참조
17) 李陸史, 「路迅追悼文」, 『朝鮮日報』, 1936.10.27.

위에 서 있는 자들에게만 해당하는 것이기 때문이다.

일제 당국의 '민족공산주의자'라는 다소 모호한 분류도 이육사의 이런 성격에서 기인한 것으로 파악된다. "배일사상, 민족자결, 항상 조선의 독립을 몽상하고 암암리에 주의의 선전을 할 염려가 있었음. 또 그 무렵(조선혁명정치군사학교 시절 : 1932.10~1933.4—인용자)은 민족공산주의로 전환하고 있는 것으로 본인의 성질로 보아서 개전의 정을 인정하기 어려움."18) 1934년 『대중(大衆)』 4월호에 발표한 「자연과학(自然科學)과 유물변증법(唯物辨證法)」을 보자면 이육사의 공산주의가 마르크스주의에 가까이 다가서 있다는 사실은 충분히 짐작할 수 있다. 그런데 이런 계급적 관점에는 민족주의(nationalism)가 함께 하고 있는 양상이다. 사회주의가 계급의식을 바탕으로 민족국가의 허구성을 적극적으로 폭로한다는 사실을 전제한다면 '민족공산주의자'라는 분류가 다소 모호하게 다가설 수도 있다. 다시 말해서 근대적 사상의 틀 내에서 충돌하는 '민족주의'와 '공산주의'를 이육사는 자신의 사상적 뿌리 속에서 평화롭게 공존시켰다. 이것은 문학／문화에 대한 이육사의 이해 방식을 규정하게 된다.

이러한 사실을 전제하여 산문에 나타난 이육사의 문학／문화관을 정리하면 '문학혁명론' 정도가 되겠다. 이육사가 중국의 문학／문화 변화에서 주목했던 점은 '문학혁명'과 연관되어 있다. 문학／문화에 관한 그의 글에 '문학혁명'이란 단어가 누차 출몰하는 이유는 이 때문이다. 예컨대 「중국현대시의 일단면」에서 그는 '문학혁명'에서 '혁명문학'으로 전환되는 중국 현대문학의 의미를 밝혀 두고 있다. 호적이 쓴 「중국문학오십년사(中國文學五十年史)」를 번역했던 이유나 노신의 죽음을 애도하여 「노신 추도문(魯迅 追悼文)」 작성으로 나아간 까닭도 여기서 비롯되었다. 호적은 1917년 『신청년(新靑年)』 신년호에 「문학개량추의(文學改良芻議)」를 발표함으로써 '문학혁명론'의 논리적 지반을 제공한 인물이며,

---

18) 「李源祿 소행조서」, 『韓民族獨立運動史資料集 30—義烈鬪爭 Ⅲ』, 國史編纂委員會, 1997, 178면.

노신은『신청년』1918년 4월호에 소설 「광인일기(狂人日記)」를 발표하면
서부터 문학혁명 운동의 물꼬를 열어 제친 문사였던 것이다.19) 이들의
주장이 주장했던 바는 「중국문학오십년사」의 한 대목을 통해 어느 정
도 이해할 수 있으리라 판단된다.

> 一千年來에 白話文學이 一線相傳하야 한번도 斷絶되여본일이 없으면서
> 도 그中어떠한, 그야 無論 唐詩거나 宋詞거나 元曲이거나 또는 明青의 소설
> 이거나 한가지도 意義있는 鼓吹를 하여본 일일이 없었다. 한번도 明白하게
> 古文을 攻擊한 적도없었고 한번도 明白하게 白話文學을 主張한일도 없었다.
> 그러나 近五年의 文學革新이란 그와는 다른것이니 그들은解明하게도古文은
> 벌서 '죽은문학'이란것을 宣言했엇고 또그들은'죽은文字'은 '산文學'을生産
> 치 못한다고 宣言한다음現在와 將來의文學은 白話가아니면안된다고 頑强히
> 主張하였다. 이러한 意義있는 主張이 그야 말로文學革新의 特點이며 그야
> 말로 五十年來에이러한 運動이能히 成功할수있는 最大의 原因이었다.20)

이육사가 '고문(古文)의 세계'와 결별하는 지점은 '군자(君子)되기의 거
부'라는 상징으로 표현된다. "아무리 거슬리는 꼴을 보아도 얼굴에 들
어내지 안든지 안는다는것이 君子의 度量이라고해서 사랑하는것은 아
니오 그君子란 말속에 얼마나한 無責任과 無關心이 반죽이 되여잇는
것을 알고는 잇는것이오"21)라든가 "옛날 聖賢이 말하기를 敏於行而訥
於言하라고 하였지만은 지금 나와같아서는 敏於行도 못하고 訥於言만
한댓자 君子가될상 싶지도 않고 또 君子를 願치도 안는만큼"22)과 같은
대목은 이를 보여 준다. 이육사 나름의 '산文學'은 여기에서부터 시작
되고 있다.

그리고 '고문의 세계'를 '죽은 문자(文字)'라고 배격하면서 '산 문학'

---

19) 「魯迅追悼文」 참조.
20) 李陸史, 「中國文學五十年史」, 『文章』, 1941.1, 137면.
21) 李陸史, 「季節의五行」, 『朝鮮日報』, 1938.12.28.
22) 李陸史, 「年輪」, 『朝光』, 1941.6, 171면.

을 강조할 때 그 기준은 봉건사회(의 잔재)를 탈피하고 나름의 국민성
(집단성)을 마련할 수 있는가에 달려 있다. 이육사가 노신의 소설집 『납
함(吶喊)』의 서문을 인용하는 것은 이 때문이다. 이육사는 노신을 전범
삼아 자신의 문학적 길을 닦아 나가고자 하였다. "緊要한것은 그들(愚
弱한 國民—인용자)을 精神的으로 잘改造할것은 무엇일가나는그때當然
文藝라고생각햇다 그리고 文藝運動을 提唱하기로햇다."23) 영화에 대
한 그의 관심 역시 집단성의 고취와 밀접한 관련을 맺는다. "두말할것
없이 映畵에있어서는 個人의運命보다는 集團의運命이 主要한'테—
마'인것이다"24)라거나 "集團全體가힘을合하야 建設的인 目的을向해
서 鬪爭하는 敍事詩的'테—마'가 映畵에서發展하였다는것은 當然한
일인 同時에 이렇한 映畵의 記錄的 性質이나 敍事詩的인 表現技術
은 最近各國의 映畵에서 顯著하게볼수가있게되였다"25)라는 발언은
이를 보여 준다.

　다시 말하지만, 여기서 나타나는 국민성(민족성)이라든가 집단성을 다
른 집단이라든가 민족에 배타적인 '민족주의(nationalism)' 일반으로 이해
해서는 곤란하다. 여기에는 공산주의적인 경향 또한 함께 하고 있기 때
문이다. 따라서 이육사의 '집단' 개념이 개인주의와 맞서는 수준에서 사
용되는 한편, 현실 적용에서 국가가 처한 환경까지 고려하고 있다는 사
실에 주목하여야겠다. "個人主義가 崩壞하고 集團利害가 對立激化해
오면이映畵的特徵은 흔히는 宣傳媒介體로서 有力하게쓰여지는 때가
있음으로 敎養있는사람의 一部에서는 映畵의藝術性까지를 否定하는
傾向도있으나 그것은 아즉外國의 애기이고, 人間과 自然 사이에鬪爭
을描出하는限 진실로 偉大한 藝術映畵良心的인 映畵를製作하려는데

---

23) 李陸史, 「魯迅追悼文」, 『朝鮮日報』, 1936.10.25.
24) 李陸史, 「"씨나리오"文學의特徵—藝術形式의變遷과映畵의集團性」, 『青色紙』 제5
　　호, 1939.5, 66면.
25) 위의 글, 70면.

는 이런것은 杞憂에지나지안는것이며 自然의暴力앞에서 全人類의 生存本能은 强力한 意志로 轉化하야 '히로이슴'은 곳'휴맨이슴'으로 昇華하고마는 것이다."26)

그렇다면, 이육사는 민족(국가)과 민족(국가) 혹은 집단과 집단이 어떤 방식으로 존립한다고 판단했을까. 여기에 대해서 그는 뚜렷한 입장을 제시해 놓지 않았다. 다만, 그가 전통적인 관점에 입각하여 문학 / 문화를 이해하였다는 데 착안한다면, 동양에서 인문학의 가치로 추구하였던 '화이부동(和而不同)'(『論語』의 「子路」篇)이란 개념 아래서 생각해 볼 수 있겠다. 일본을 통해 서구의 다양한 사조들이 밀물처럼 쏟아져 들어올 때 이미 '화합하되 휩쓸리지 않는다'는 '화이불류(和而不流)'(『중용』)의 정신을 체득하여 펼치고 있었던 그였기에 '화이부동'의 관점 또한 당연히 내재하고 있지 않았을까. 물론 이것을 이육사 혼자만의 특징이라고 할 수는 없다. '성리학적인 세계관' 위에서 '사회주의'와 '민족'을 끌어안았던 양반 계급 출신의 독립 운동가들이 이러한 면모를 공통적으로 드러내고 있기 때문이다.27) 따라서 이육사의 이러한 세계관은 일본 대신 중국 방향에서 나름의 길을 모색했던 인물들의 상징성을 띤다고 할 수 있겠다.

---

26) 위의 글, 72~73면.
27) '사회주의적 현실의 구체적 통찰'과 '의열단의 민족운동의 현장'이 '주자학의 담론 구성체' 안으로 흡수되는 양상에 주목한 논문으로는 이강언·조두섭의 「초인의 시학 ─이육사」(『대구·경북 근대문인연구』, 태학사, 1999)를 꼽을 수 있다.

3. "한 개의 별을 노래하자"

산문에 나타나는 문학 / 문화에 대한 이육사의 견해는 시 「한 개의 별을 노래하자」를 통해 파악할 수 있다. 즉 「한 개의 별을 노래하자」는 민족공산주의자로서의 세계관을 시의 양식으로 형상화한 것이다. 이 시에는 '혁명문학'에 값하는 결연한 투쟁의지가 드러나지는 않는다. 하지만, 이를 중요하게 따질 필요는 없다. 수시로 '요양 또는 정양을 위한 여행'을 떠나야 했던 모종의 사정이라든가 "지금 나와 같아서는 敏於行도 못하고"라고 얘기할 수밖에 없는 여건을 감안해야 하기 때문이다. 오히려 그렇기 때문에 더욱 주목해야 할 사실은 이 시에 나타나는 상황이다. 여기서 시인은 찬연(餐宴)에서 예의(禮儀)에 구속되지 않고 반취(半醉)의 노래를 부르고 있다. 벌써 자신이 바라는 해방된 세계에 나아갔기 때문에 이는 가능해졌다.

기실 이육사의 시에서 주의 깊게 들여다보아야 할 것은 주어진 상황의 절대적 영향력이라고 봐야 한다. 이육사의 시에서 주어진 하나의 상황은 이에 그대로 따르는 시인의 심정을 불러오고 있다. 예컨대 아래 인용한 「계절의 오행」의 한 대목에서 그는 자신의 의지를 결연하게 밝히고 있다. 이에 따라 상황은 세 가지로 나뉘는데, 첫째는 '행동이란 것이 있기 위해서는 나에게 무한한 너른 공간이 필요'하다는 요구이며, 둘째는 '숫버룩이 끓어앉을 만한 땅도 가지지 못한 나'라는 현실의 객관적 상황이며, 셋째는 '방안에서 혼자 곰처럼 뒹굴어 보는 것'이라는 현재 자신의 심리 상태이다. 이는 각각 「광야(廣野)」·「절정(絕頂)」·「편복(蝙蝠)」과 같은 시세계로 그대로 이어지고 있는데, 이때 산문적 진술에서 발견할 수 있는 결연한 의지는 시로 형상화되면서 표면 아래로 침강하는 양상이다. 다시 말해서 제시된 공간에 따라 시인의 의지가 결정된다는 것이다. "한 토막 꿈조차 못 꾸고 다시 洞窟로 돌아가거니 / 가 없은 박쥐여!"라는 「편복」의 한 구절은 객관적 상황에 형편없이 짓눌린 시인 자신을 노래하는 것이 아닌가. "어데다 무릎을 꾸러야하나? / 한발 재겨디딜 곳조차 없다"라는 「절정」 또한 마찬가지다. 「광야」에 나타나는 활달함은 현실 환경과의 길항이 생략되었기에 가능해진 것이다. 그런 점에서 보자면, 저항시인 또는 민족시인이라는 명칭이 시작품에 붙여진 것이 아니라 시 이외의 활동 또는 업적에 붙여진 것이라는 강창민의 지적[28]은 일견 타당하기도 하다.

> 내가 들개에게 길을 비켜줄수 잇는 謙讓을 보는사람이 없다고해도 正面으로 달려드는 표범을 겁내서는 한발자욱이라도 물러서지안흐려는 내길을 사랑할뿐이오, 그럿소이다 내길을 사랑하는마음 그것은 내自身에 犧牲을 要求하는 勞力이오 이래서 나는 내 氣魄을 키우고 길러서金剛心에서 나오는 내詩를 쓸지언정 遺言은 쓰지안켓소, 그래서 쓰지못하면 죽어光石이되어 내가뭇친瘠土를 香氣롭게 못한다곤들 누가말하리오 무릇 遺言이라는것을 쓴다는것은 八十을살고도 가을을 경험하지못한俗輩들이하는일이오. 그래서 나는이가을에도 아예 遺言을 쓸려고는하지안소 다만나에게는 行動의連續만이 잇슬따름이오 行動은말이아니고 나에게는詩를 생각한다는것도 行動이되는까닭이오 그런데 이行動이란것이 잇기爲해서는 나에게 無限히 너른空間이必要로되어야하련만은 쏫벼룩이 꿀안즐만한땅도 가지지못한 내라 그런 華麗한 팔자를가지지못한덕에 나는 房안에서혼자 곰처럼 딩굴어보는 것이오.[29]

그렇지만, 다시 말하건대, 이육사를 둘러싸고 있는 모종의 장막은 충분하게 고려해야만 한다. 인용한 산문에시조차도, 걸언힌 의지를 드러내되, 직설적이거나 선동적인 방식은 피하고 있지 않은가. 뿐만 아니라 '이육사가 파악하는 문학'이란 '이광수 류의 문학'과는 멀찍이 떨어져 있기 때문에 시와 시 이외의 활동을 명확하게 구분 짓고 접근하는 일이

---

28) 강창민, 앞의 책, 12면.
29) 李陸史, 「季節의五行」, 『朝鮮日報』, 1938.12.28.

그리 생산적이지 않을 것이다. 그렇기 때문에 표현된 것과 표현되지 않은 것 사이에 놓인 침묵의 의미를 분명하게 확인하고 넘어가는 일이 나을 성싶다. 이육사의 침묵은 생래적인 것이 아니라 후천적인 것이며, 그것도 어른이 되면서 의식적인 노력에 의해 체득하게 된 그런 성격을 띠고 있다. 그는 "내自身이 例外없이 當해보는것이 아니겠나? 그무서운 또 맵고 짜고 쓰고 卒倒라도 할수있는 光景들을! 그래서 나는 내아우나 족하들에게라도 될수있으면 내가 지나온 이얘기는 하지않기로 하였드란다. 그랬드니만 그것이 버릇이 되여선지 집안에 들면 말성이 적어지고 그렇게되니 어머니께서도 '왜 어릴때는 자미성있고 그러튼 애가 저다지 말이 없느냐'고 걱정을 하시는것이며, 나自身도 多少는 말이 좀 鈍해진 편"이라고 밝힌 후, 이러한 침묵을 생각과 등치하면서 "公利的이 아닐수없다"라고 자평하고 있다.30)

　이육사가 말하는 '공리(公利)'가 어떤 것인지 쉽게 단정할 수는 없다. 그러니 「한개의별을 노래하자」에서 분석할 내용은, 앞 절에서 잠깐 제기해 두었던, 화이부동(和而不同)의 가능성이다. "罌粟처럼 찬란한 열매를 거두는 餐宴엔 / 禮儀에 끄림없는 半醉의 노래라도 불너보자"라는 희망찬 자리에 그가 그리는 세계, 그러니까 집단과 집단 혹은 민족과 민족의 존립 방식 또한 가뭇하게 모양을 드러내고 있다.

> 한개의 별을 노래하자. 꼭한개의 별을
> 十二星座 그숫한 별을 었지나 노래하겠늬
>
> 꼭 한개의별! 아츰날때보고 저녁들때도보는별
> 우리들과 아—주 親하고그중빗나는별을노래하자
> 아름다운 未來를 꾸며볼 東方의 큰별을가지자

---

30) 李陸史, 「年輪」, 『朝光』, 1941.6, 171면.

한개의 별을 가지는건 한개의 地球를 갓는것
아롱진 서름밖에 잃을것도 없는 낡은이따에서
한 개의새로운 地球를차지할 오는날의깃븐노래를
목안에 피ㅅ대를 올녀가며 마음껏 불너보자

처녀의 눈동자를 늣기며 도라가는 軍需夜業의 젊은동무들
푸른 샘을 그리는 고달픈 沙漠의 行商隊도마음을 축여라
火田에 돌을 줍는百姓들도沃野千里를 차지하자

다같이 제멋에 알맛는豊穰한 地球의 主宰者로
임자없는 한개의 별을 가질 노래를 부르자

한개의별 한개의 地球 단단히다저진 그따위에
모든 生産의 씨를 우리의손으로 휘뿌려보자
罌粟처럼 찬란한 열매를 거두는 餐宴엔
禮儀에 끄림없는 半醉의 노래라도 불너보자

렴리한 사람들을 다스리는神이란항상거룩합시니
새별을 차저가는 移民들의그틈엔 안끼여갈테니
새로운地球에단罪없는노래를 眞珠처름 홋치자

한개의별을 노래하자 다만한개의 별일망정
한개 또한개 十二星座모든 별을 노래하자

—「한개의별을노래하자」 전문31)

    "아롱진 서름밖에 잃을것도 없는 낡은이따에서" 추구하는 '한개의
별'이 독립된 민족국가임은 쉽게 짐작할 수 있다. "매운 季節의 챗죽에
갈겨 / 마츰내 北方으로 휩쓸려" 나간 「절정」과 비교한다면 "아름다운
未來를 꾸며볼 東方의 큰별"이란 우리가 살고 있는 이 땅의 미래임이

---

31) 陸史, 「한개의별을노래하자」, 『風林』, 1936.12, 38면.

분명하다. 그러니 이 별이 친숙한 것은 당연하다고 하겠다. "아츰날때 보고 저녁들때도보는별 / 우리들과 아―주 親하고그중빗나는별을노래 하자". 이육사는 이 별에서 함께 살아나갈 이들로 "軍需夜業의 젊은 동무들", "고달픈 沙漠의 行商隊", "火田에 돌을 줍는百姓들"을 꼽고 있기도 하다.

그런데 '한개의 별'이 다른 별들, 그러니까 "十二星座 그숫한 별"과 함께 어울리는 양상은 특별한 주목을 요한다. 첫 번째 연에서 "한개의 별을 노래하자. 꼭한개의 별을 / 十二星座 그숫한 별을 었지나 노래하겟 늬"라고 이야기하던 시인은 마지막 연에서 "한개의별을 노래하자 다만 한개의 별일망정 / 한개 또한개 十二星座모든 별을 노래하자"라고 이야 기하고 있다. "한개의 별"이 "十二星座모든 별"로 나아가기 위해서는 "렴리한 사람들"이 지구의 질서를 만들어 나갈 수 있어야 한다는 전제 가 따라붙는다. 7연에서 말하는 "새로운地球"라거나 "罪없는노래"는 이 를 가리킨다. 다른 별을 찾아가는 이민(移民)의 대열에 끼지는 않을 테지 만, 그렇다고 다른 별의 존재 가치를 폄하하거나 무시하지는 않는 것이 다. 이렇게 파악한다면, 5연의 "다같이 제멋에 알맞는豊穰한 地球의 主 宰者"란 다층적으로 파악할 수 있게 된다. 한 개의 별에 함께 모여 살 다양한 부류의 사람들이 되는 동시에 진주처럼 지구를 수놓을 '十二星 座모든 별'의 다양성이 되기 때문이다.

"다같이 제멋에 알맞는", 이러한 표현은 화이부동(和而不同)을 지향했 던 이육사의 견해에서 빚어진 것이다. '민족공산주의'라는, 근대적인 틀로 이해하기에, 다소 어색한 분류가 이육사에게는 가능한 까닭도 이 로서 말미암는다. 최근 '민족 담론'을 둘러싼 논의가 분분하게 일고 있 다. 그중 학계에서 급속하게 퍼져 나가는 입장이 민족 담론의 해체이 다. 여기에는 '민족이란 근대로 진입하며 만들어진 상상적 공동체에 불 과하다'라는 근거와 '민족의 강조가 타민족에 대한 배타성과 공격성을 내장하고 있다'는 주장이 골자를 이루고 있다. 그렇지만 과연 정말 그

러 할까. 문학/문화에 대한 이육사의 견해는 그렇지 않다고 이야기하고
있다.

4. 이육사의 방랑벽에 대한 하나의 견해

다시 처음으로 돌아가서 이육사의 방랑벽에 대해 살펴보자. 그를 감
시하던 일경은 「이원록(李源祿) 소행조서」의 '소행 및 본인에 대한 세평'
부분에서 이렇게 적고 있다. "항상 각처를 배회하고 생업에 열중하지
않음. 다만 본인에 대한 세평은 본적지에서는 보통임."32) 그는 왜 항상
각처를 배회하고 다녔을까. 이를 해명하기 위해서는 그의 전기적 사실
을 검증하여야 한다. 공리적인 목적을 위해 입을 무겁게 닫아버린 이육
사이기에 그 작업은 그리 만만치가 않다. 그러니 여러 증언들과 자료들
을 통해 대략적인 윤곽을 잡는 선에서 만족해야 할 성싶다.
  이육사의 삶에서 제대로 밝혀지지 않은 첫 번째 부분은 1924년 20세
때 일본으로 유학을 간 시절이다. 여기에 대해서는 일단 일본에서 노동
운동가로 활동했던 김태엽의 증언을 참고할 만하다. "흑우회의 본거지는
죠시가야꾸(雜司谷區)에 있었다. 회원으로는 서상한·신영파·홍진유·
최규종·긴철·이육사(청포도의 시인, 北京에서 사망)·이기영·이홍근·김
묵·이경순(시인)·박홍곤·박열·장상중, 그 외에도 일본인으로 소우에
이이치로(增永一郎)·쿠리하라이치부(栗原一夫) 등이 있다."33) 그렇다면 이

---

32) 「李源祿 소행조서」, 앞의 책, 178면.
33) 金泰燁, 『抗日朝鮮人の 證言』, 東京 : 不二出版社, 1984, 90~91면(김희곤, 앞의 책,
  62~63면에서 재인용). 김희곤은 김태엽의 진술에 대해 "육사가 일본으로 간 시기가
  1924년 4월인데, 박열은 이미 1923년 9월 3일 체포되었고 해방되기까지 풀려난 일이
  없었다"라며 의문을 제기하고 있다. 하지만 필자의 생각은 다르다. 박열이 없더라도

육사는 어떻게 흑우회와 접선할 수 있었을까. 아마 대구에서 활동 거점을 확보하던 서동성이 중간에 개입했을 것이다. "무정부주의운동이 국내에서 표면에 나타난 것은 1923년 9월 '박열 사건'과 관련된 '불령사 사건'에 연좌하여 예심에서 면소(免訴)된 서동성(徐東星)이 향리 대구로 돌아와 조직한 '진우연맹(眞友聯盟)'으로부터 시작된다. 진우연맹은 그 후 '대구노동친목회'를 포섭하여 이 두 단체의 회원은 1,111명을 옹(擁)하였던 것이다."34)

1925년 1월 일본에서 귀국한 이육사는 같은 해 중국 베이징으로 넘어간다. 그런데 베이징으로 건너가기 전에 그가 대구 조양회관에서 문화 활동을 벌였다는 사실에 주목할 필요가 있다. 조양회관에 대해서는 김희곤이 적절하게 정리해 놓았다.

조양회관은 육사가 아직 영천에서 백학학원에 다니고 있던 1922년 4월에 동암 서상일(東庵 徐相日)의 발의로 착공되어 7개월만에 준공되었다. 대구의 부농 서봉기(徐鳳基)의 아들인 그가 대동청년단(大東靑年團)을 조직하고 활동하다가, 1920년대에 들면서 대구구락부를 만들었다. 이 단체가 바로 조양회관 건립의 모체가 되었다. 건축을 위한 자금을 모금하다가 제대로 되지 않자, 서상일은 자신의 부동산과 대구 제일의 미곡상회인 태궁상회(太弓商會)를 처분하여 건물을 완공하였다. 육사가 일본 유학생활을 그만두고 돌아온 무렵이 바로 조양회관이 완공된 직후였던 것으로 보인다.

육사의 발길을 끌어당긴 그 건물에는 그와 함께 호흡을 맞출 수 있는 인물들이 집결해 있었을 것이다. 이 회관에 1,000명을 수용할 수 있는 대강당이 있었으니, 새로운 개념의 문화집회가 가능했다. 그리고 이를 꾸려가는 도서실·오락실·사진관과 같은 시설과 조직이 갖추어져 있었다. 그러니 당시의 문화운동단체들이 몰려드는 것은 당연한 일이었으리라. 대구구락부·동아일보지국·청년회·대구운동협회·대구여자청년회·농촌사 등이 이곳에다 사무실을 마련하고 단단히 둥지를 튼 것이다. 당시에 육사와 더불어 함께 활동했던

언론인 김진화(金鎭和)는 "1925년부터 10년 동안 이 건물 2층에서 영화를 상영했다"고 전했다. 더구나 1927년에는 신간회 대구지회도 여기에 자리를 잡았으니, 이 건물은 당시 대구 문화운동의 거점 역할을 하고 있었던 셈이다.[35]

동암 서상일이라면 안희제(安熙濟)·김동삼(金東三)·윤병호(尹炳浩)·남형우(南亨祐) 등과 함께 1909년 항일무장투쟁 단체인 대동청년단을 조직한 인물이다. 대동청년단의 단규는 다음 네 가지였다. "① 단원은 반드시 피로 맹세할 것 ② 새 단원의 가입은 단원 2명 이상의 추천을 받을 것 ③ 단명이나 단에 관한 사항은 문자로 표시하지 말 것 ④ 경찰 기타 기관에 체포될 경우 그 사건은 본인에만 한하고 다른 단원에게 연루시키지 말 것."[36] 이러한 대동청년단은 만주와 중국에서 일어난 독립군운동과 상당히 깊은 관계를 맺고 있었다.[37] 따라서 서상일의 활동이 만주와 중국의 독립군운동으로 이어졌던 것은 당연하다. 기실 서상일은 한때 만주로 망명하기도 하였다. 일본에서 귀국한 이육사가 중국으로 건너가게 된 데에는 서상일의 인맥이 작용하였다.

이와 함께 고려해야 할 사항이 바로 백산상회(白山商會)이다. 백산 안희제는 1911년 만주와 시베리아를 유랑하며 많은 독립운동가를 만나고 난 후, 이들에게 경제적 지원이 필요하다는 판단을 내리게 된다. 이에 따라 그는 1914년 부산에 백산상회를 설립하였다. 겉으로는 곡물·면직물·해산물을 판매하였지만, 실질적으로는 국내외 독립운동 단체에 막강한 자금 지원을 하는 데 백산상회의 설립 목적이 있었다. 백산상회는 1919년 경주의 부자 최준을 비롯한 영남 굴지의 대지주 182명이 투자를 하면서 백산무역주식회사로 확장되었다. 백산상회는 대구·서울·원산

---

35) 김희곤, 앞의 책, 65~66면.

36) 부산일보 특별취재팀, 「만석꾼 집안의 텅 빈 곳간―남저(南樗) 이우식(李祐植)」, 『백산의 동지들』, 釜山日報社 기획출판국, 1998, 38~39면. 연루되었다고 혐의를 받았던 사건은 많았으나 이육사는 용케 잘 빠져 나왔다. 당시 취조 받았던 기록을 보면 대동청년단의 단규를 연상케 하는 바 있다.

37) 외솔회, 『나라사랑』 제19집(백산 안희제 선생 특집호), 1975 참조.

과 만주의 안둥(安東), 펑톈(奉天) 등지에 지점 또는 연락사무소를 두었는데, 서상일이 경영하였던 태궁상점은 백산상회의 대구지점이었다. 백산상회의 자금이 만주의 독립군에게 얼마나 넘어갔는가는 알 수 없으나, 상해 임시정부 전체 운영자금의 60% 이상을 지원했던 것은 자료가 남아 있다.38)

1925년 8월 베이징으로 건너갈 때 이육사의 옆에는 이정기(李定基)가 있었다. 이정기는 파리장서(Paris長書 : 1919년 영남 지역과 호서 지역 유림들이 파리강화회의에 보낸 독립청원서)의 최연소 서명자이다. 이육사와 이정기는 베이징에서 누구를 만났던가. "「대구조선은행폭탄사건예심결정서」에 의하면, 이정기는 베이징에 가서 남형우(南亨祐)와 배천택(裵天澤, 裵炳鉉) 및 김창숙을 만났다고 한다. 남형우와 김창숙은 같은 고향(경북 성주—인용자)의 어른들이고, 배천택도 대구 출신이니 당연한 만남이었을 것이다."39) 고향 어른들이기 때문에 그들을 만났다는 견해는 다소 순진하게 보인다. 남형우가 서상일·안희제 등과 함께 대동청년단을 조직한 인물이라는 사실을 염두에 둔다면, 베이징에서 자리를 함께 한 그들은 필시 모종의 의견을 교환했다고 이해해야 하지 않을까. 모종의 의견이란 자금 마련일 가능성이 크다. 남형우·배천택·김창숙 등은 1922년 5월 다물단(多勿團)을 조직하였고, 1924·1925년 국내에 서동일(徐東日)을 파견하여 경북 지방 일대에서 자금을 모집하라고 지시하기도 하였다. 이는 이육사가 베이징으로 들어간 시기와 일치하고 있다.40)

1927년 여름 귀국한 이육사는 10월 18일 터진 '장진홍 의거'(장진홍이 조선은행 대구지점에 폭탄을 배달시켜 폭발시킨 사건)로 인해 구속되었다가 1929년 5월 무혐의로 석방을 맞이하였다. 석방된 직후 일 년여 동안 『중

---

38) 이규태, 「백산의 비밀 첩보 활동—임시 첩보 활동의 국내 자금 조달책」, 『나라사랑』 제19집, 외솔회, 1975, 78면.
39) 김희곤, 『새로 쓰는 이육사 평전』, 지영사, 2000, 72면.
40) 위의 책, 72~73면 참조.

외일보』 기자로 활동하였는데, 참고삼아 덧붙이자면 당시 『중외일보』 사장은 백산 안희제였다. 그리고 1930년 1월 30일 이육사는 『조선일보』에 '이활(李活)'이라는 이름으로 시 「말」을 발표하며 문단에 모습을 드러내었고, 같은 10월 『별건곤(別乾坤)』에는 '대구 이육사(大邱 二六四)'라는 명의로 「대구사회단체개관(大邱社會團體槪觀)」을 게재하였다. 1931년 1월에는 '대구격문사건'(1930년 11월 일본을 배척하는 내용의 격문이 대구 거리에 뿌려졌던 사건)으로 구속되었다가 3월 출소하였으며, 이후 만주에 자주 드나들었다. 1931년 말에 귀국한 그는 1932년 4월 다시 중국으로 건너갔고, 10월에는 조선혁명군사정치간부학교 1기생으로 입교하였다.

이육사의 잦은 만주 나들이가 무슨 목적이었는가에 대해서는 정확한 자료가 남아 있지 않다. 추정해 보건대, 독립운동 자금 운반책의 역할을 담당한 것이 아닐까 싶다. 1928년 백산상회의 정체가 일제에 발각되어 문을 닫게 되었으니, 이후 다른 방식으로 독립운동 자금을 중국으로 옮겨야 했는데, 이육사가 이를 맡았다는 추측이다. "1931년 3월 23일 석방된 육사는 그 해 봄 혹은 6월쯤에 다시 중국으로 향했다. '1931년 봄에 외숙 일헌 허규(一軒 許珪)의 독립군자금 모금관계로 만주로 갔다가 군관학교 학생 모집을 위해 귀국했다'는 기록이나 '1931년 봄에 조재만(曺再萬)을 비롯한 네 사람(동생 원조도 포함)을 데리고 베이징으로 가다가 어떤 일이 발각되어 동행한 사람들은 3개월만에 돌아오고, 육사는 펑티엔(奉天 : 현재의 선양(瀋陽))까지 가서 김두봉에게 가 있었다'는 이야기는 그의 만주 나들이를 알려주는 자료이다"[41]라는 기록은 이를 뒷받침한다

1932년 이육사가 의열단에서 설립한 조선혁명군사정치간부학교 제1기생으로 들어갈 수 있었던 배경은 이로써 설명할 수 있다. 조선혁명군사정치간부학교에 제1기생으로 입교하기 위해서는 사전에 의열단과 내왕이 있었어야 가능했을 터인데, 그 가능성이 1931년의 만주 나들이로

---

41) 위의 책, 104면.

확보되는 것이다. 조선혁명군사정치간부학교를 졸업하며 이육사가 대장 김원봉에게 받은 임무는 다음과 같다. "다른 졸업생의 사명은 모르나, 나는 金元鳳에게 호출되어 금후 어떻게 하겠느냐고 물으므로, 조선독립을 위해서는 조선으로 돌아가서 노동자, 농민에게 독립사상을 고취하여야 한다고 주장했더니, 金元鳳은 그러면 조선으로 돌아가서 義烈團을 위하여 사력을 다하여 활동하라 하고, 또 다음 번 반원을 모집하여 밀파하라는 사명을 받고, 여비로서 一〇원을 주었다."42) 1933년 7월 서울로 잠입한 그는 1934년 3월 조선혁명군사정치간부학교 출신임이 드러나 구속되었다가 6월에 석방되었다.

이밖에 이육사가 해외로 나간 것은 세 번 더 있다. 1937년 가을 일본으로 건너가서 도쿄(東京) 경당정(經堂町, Friend House)에 머무른 것이 그 하나다. 그가 무슨 일로 일본에 방문했는가에 대해서는 전해지는 바가 전혀 없다. 두 번째는 1943년 4월의 베이징 행이다. 임시정부가 있던 충칭과 조선독립동맹이 자리한 옌안을 넘나들면서 통일전선을 만들려고 노력했던 한편, 국내로의 무기 반입을 시도하는 것이 베이징 행의 목적이었다. 같은 해 10월 어머니와 맏형의 소상에 참석하기 위해 귀국했던 그는 가을에 피검되어 베이징으로 압송되어 간다. 이것이 마지막으로 해외에 나간 일이며, 1944년 1월 베이징 주재 일본총영사관 감옥에서 죽음을 맞이하였다.

이육사의 해외 나들이를 이렇게 정리한다면, 그의 끊임없는 여행이 단순한 방랑벽에서 비롯된 것이 아님을 알게 된다. 그리고 국내에서의 여행 또한 비슷한 관점에서 이해할 수 있다. 예컨대 「질투의 반군성」의 내용에서 주목해야 할 사실은 요양 여행을 떠난 이육사가 이병각(李秉珏)에게 아무런 연락을 취하지 않았다는 점이다. 포항 영덕까지 온 이육사는 영양 석포에 살았던 이병각에게 아무런 연락도 취하지 않았다. 가

---

42) 「李活 신문조서」, 『韓民族獨立運動史資料集 30─義烈鬪爭 III』, 國史編纂委員會, 1997, 157면.

깝게 지내던 시인 이병각이 야속한 마음을 내비친 것은 바로 이 때문이었다.43) 무슨 말 못할 사연이 있었던 것은 아닐까. 1938년, 1943년 7월의 경주 여행에 대해서도 비슷한 물음을 던질 수 있다. 경주에는 일제강점기에 독립자금을 가장 많이 기부한 최준이 살고 있었다. 1927년 백산상회가 문을 닫은 이후 누군가는 중국의 독립군과 최준 사이를 이어야만 했다. 참고삼아 덧붙이자면, 최준은 대구 지역의 독립운동 세력과 친밀한 관계를 유지했던 듯하다. 그가 대구대의 대표적 설립자로 나섰던 것은 이를 보여 준다(이후 대구대는 일본군 장교 출신 박정희에게 빼앗기고 청구대와 통합되어 영남대로 발전한다).

빈번한 '요양 혹은 정양을 위한 여행'이 다분히 명분에 불과하다는 것은 이육사의 주량에서도 드러난다. 신석초는 「청포도(靑葡萄)」(『文章』, 1939.8)가 발표될 즈음의 이육사에 대해서 이렇게 기록해 두고 있다. "어느 날 꼭두새벽에 그 곳에서 해장을 하게 되었는데(아마도 어느 요정에서 밤을 새고 나온 때이리라) 그는 곱빼기로 연거푸 아홉 사발을 마시고도 끄덕하지 않는 것을 보고 나는 새삼 놀라지 않을 수 없었다. 그는 이렇듯 주량이 컸었다. 그러나 취하지 않는 주호였다. 밤이 새도록 마셔도 싫어하지 않았지만 떠들지도 않았다. 만취하면 조용히 잠자는 것이 고작이었다."44) 이러한 이육사가 과연 요양을 위해 그렇게 자주 여행을 다녔어야 했는가는 순순히 믿기가 힘들다.

그러니 여행에 관한 그의 견해를 자신에게 적용시킬 때 묘하게 변형되는 장면에 관심을 기울일 필요가 있겠다. '그러나'를 사이에 두고 견해와 실행이 다소 삐꺽거린다는 점에 주목하자는 것이다. "旅行이란 理由가 必要하다면 그것은 旅行이 아니고 事務인까닭이다. 그럼으로 내

---

43) 이육사는 일경에 잡힐 당시 결핵을 앓고 있었다. 이병각을 치료하다가 전염된 것이다. 자신의 삶을 아끼지 않을 만큼 이육사는 이병각과 절친하였다(洪永義, 「陸史一代記」, 『씨 뿌리는 사람들』, 思潮社, 1959 참조).

44) 申石艸, 「李陸史의 追憶」, 『나라사랑』 제16집, 외솔회, 1974, 104~105면.

가 旅行을 한다는것은 旅情을 느낄수있으면 그만이다. …… 計劃을 한다거나 決意를 한다면 벌써 旅情은 사라지고 마는것이니깐, 한번 척 느꼈울때는 出發이다. 누구에게 알여야 한다든지 또 旅裝을 채려야 한다면 그는 벌써 뜻대로 되지못하는것이다. 그러나 나의境遇에 出發時를 앞두고 그대에게 葉書한장을 쓴다거나 내아우에게 電話를 걸어서 ‘지금 어디 가는데 언제 서울에 온다’고하면 그것도 나에겐 一種의 旅情이지 決코 義務의 遂行은 아니다. 그럼으로 내가 속마음으로 어딜좀 가보았으면 하는 생각을 했을때는 나는 벌써 旅行中에 있는것이다.”45) 이러한 삐걱거림은 앞에서 살핀 「질투의 반군성」과 「횡액」, 「계절의 표정」 사이에 나타나는 진술의 충돌 위에 그대로 겹쳐진다. 그리고 이러한 충돌을 더욱 크게 만드는 것은 그의 고의적인 침묵이다. “그무서운 또 맵고 짜고 쓰고 卒倒라도 할수있는 光景들을! 그래서 나는 내아우나 족하들에게라도 될수있으면 내가 지나온 이애기는 하지않기로 하였드란다.”

이육사의 산문에 나타나는 진술의 충돌을 넘어서기 위하여, 혹은 산문의 감춰진 부분을 제대로 이해하기 위해서는 먼저 그의 침묵과 맞닥뜨려야 한다. 그의 고의적인 침묵은 혁명가로서의 삶으로 하여 빚어지는 것이기에 실증적 작업을 통한 전기적 사실의 복원과 함께 갈 수밖에 없다. 문학을 너무 삶에 밀착시켜서 환원주의의 시각으로 접근하게 될 우려는 이육사에게서 조금도 통용되지 않는다. 이광수가 주창한 ‘문학’의 세계가 아닌, 전통적인 관점에 입각한 ‘문학’의 세계 안에 그는 자신의 자리를 마련하고 있었기 때문이다.

---

45) 李陸史, 「山寺記」, 『朝光』, 1941.8, 60면.

제5장

식민지, 근대화 그리고 여성

강경애의 작품세계에 대하여

1. 식민지 근대화와 『인간문제』

강경애(姜敬愛)가 문단에 처음 모습을 드러냈을 때는 1930년 즈음이다. 작가 자신에 의하면 1931년(昭和 六年) 『제일선』 8월호에 연재를 시작한 처녀작 장편 『어머니와 딸』이 되겠고,[1] 시기를 조금 더 끌어올릴 경우 1931년 1월 27일부터 2월 3일까지 『조선일보』에 '독자 투고' 형식으로 발표된 단편 「파금(破琴)」이 될 터이다. 염상섭의 「명일의 길―다시 기계 정복에」에 대한 비판의 성격을 띤 평론 「염상섭 씨의 논설 「명일의 길」을 읽고」(『조선일보』, 1929.10.3~5)까지 고려한다면 1929년 후반으로 올라갈 수도 있다. 그전에 활자로 발표된 세 편의 시 「책 한 권」(『금

---

1) 강경애, 『作家 作品 年代表』, 『三千里』, 1937.1, 229면.

성』, 1924.5), 「가을」(『조선문단』, 1925.11), 「다림불」(『조선일보』, 1926.8.18)이 있기는 하나 완성도의 측면에서 보자면 너절한 감정의 표백에 불과한 수준이니 논의의 대상이 되기는 어렵다.

1930년 즈음이라면 식민지 조선에서 근대적인 의미의 공업화가 본격적으로 추진되기 시작한 시기이다. "1910년에서 1920년대 중반까지 일제의 식민지 산업정책은 농업을 중심으로 전개되었고, 공업화에 대해서는 억제 또는 소극적 정책으로 일관하였다. 1929년 세계대공황과 일본에서의 농업 호황으로 산미증식계획이 포기되었으며, 이후 조선에서는 농공병진정책이 추진되었다."[2] 그러니까 강경애가 등단했던 시기는 식민지 조선이 근대적인 공업화의 과정으로 들어서는 시점과 일치하는 셈이다. 이러한 사실은 눈여겨볼 만하다. 강경애의 창작 활동은 기실 일제가 추진한 근대화에 대한 대응이라는 관점에서 파악해도 무방하기 때문이다.

주지하다시피 근대화는 규율의 내면화를 통해 폭력적인 신체를 순종적인 신체로 변화시키는 과정을 동반한다. 가령 시간을 정해 두고 바로 그때에 반드시 무언가―예컨대 출·퇴근―를 반복해서 수행해야 한다는 시간의식의 주입 혹은 강제는 근대의 기본적인 조건이다. 그러니 근대화 과정에 기꺼이 순응하는 인간들을 보며 "눈에보이지안는 끈적끈적한줄에엉켜서 헤어나지들을 못한다"[3]라는 지적이 가능해진다. 식민지에서의 근대화는 상황이 조금 더 복잡해진다. 일반적으로 "식민지 권력은 식민지의 주민들을 통치대상으로 전락시키면서, 동시에 식민지적 질서 속에서 각 개인들을 스스로 유지, 재생산할 수 있는 주체로 만들려고 시도"[4]하기 때문이다. 제국주의 일본의 경우 "식민지 민중을 근

---

2) 강수이, 「공장체제와 노동규율」, 『근대주체와 식민지 규율권력』, 문화과학사, 2003, 122면.
3) 李箱, 「날개」, 『朝光』, 1936.9, 214면.
4) 김진균·정근식, 「식민지체제와 근대적 규율」, 『근대주체와 식민지 규율권력』, 문화과학사, 2003, 24면.

대적 규율을 내면화한 황국신민으로 만들어냄으로써 항상적 동원이 가능한 체제를 구축하고자 했던 것"5)이라는 견해는 이러한 맥락에서 충분히 수긍할 수 있다.

그렇다면, 강경애는 식민지 조선의 근대화에 대해 어떤 입장을 취하고 있는가. 여기에 대해서는 『인간문제』를 통해 살펴볼 수 있다. 『인간문제』는 1934년 8월 1일부터 12월 22일까지 『동아일보』에 연재된 장편소설이다. "떠나야지, 여기만 사람 사는 데냐……말 들으니, 서울이나 평양에는 공장이라는 것이 있어 가지고, 우리같이 없는 사람들이 그곳에 들어가 돈 받고 일하며 살기 좋다더라"6)라는 문장에서 파악되듯이, 이 소설에는 식민지 조선의 초기 노동자 형성과정이 드러나 있다. 즉 토지로부터 내쫓긴 농민들이 무산자로서 공장으로 흘러들어가는 초창기 자본주의의 양태가 나타난다는 것이다. 이는 자본주의 발전 경로의 일반적인 모습이므로 굳이 '식민지'라는 상황과 결부시킬 필요가 없다. 하지만 이러한 일반적인 과정 속에서 나타나는 다음과 같은 대목은 주의를 기울일 필요가 있다. 식민지 조선의 특수한 상황이 어렴풋이 내비치기 때문이다.

> 군수는 배를 힘껏 앞으로 내밀며, 위엄을 한 번 더 보이고 연설을 계속한다.
> "어…… 그리고 색의를 입어야 하오 조선 농민이 못사는 원인은 첫째로 게으른 것, 둘째로 흰 옷을 입는 탓이오 어서 바삐 색의를 입으오 흰 옷을 입게 되면 자꾸 빠는 데 옷이 헤지우. 어…… 그리고 고무신을 신지 말고 될 수 있으면 노는 시간을 이용하여 짚신을 삼아 신도록 하오 이외에 관혼상제도 절약하시우. 이렇게 하면 당신네들도 앞으로는 대부자가 될 것이오 그렇지 않우? 허허."
> 첫째는 농민이 게을러서 못산단 말에 화가 바짝 치밀어 중얼거렸다. 곁에 앉은 싱앗대가 꾹 찌르고 눈을 꿈벅한다.7)

---

5) 위의 글, 25면.
6) 강경애, 『인간문제(人間問題)』, 『강경애 전집』(이상경 편), 소명출판, 2002, 259면.

1920년대에 들어서면서 일제는 생활개선운동을 대대적으로 벌여나갔다. 제1차 세계대전 이후에 불어 닥친 공황을 견디기 위한 방침이었다. 그런데 일제가 펼쳐 나가는 논리의 배경에는 '우등한 일본：열등한 조선'이라는 관점이 전제되어 있다. 이러한 관점 위에서 조선적인 색채를 지워나갔던 것이다. 농민들을 모아놓고 행하는 군수의 연설 내용은 하나의 예시가 된다. "(조선총독부의 민속자료 조사의) 목표는 '생활개선'으로 표현하고 있지만, 궁극적으로는 조선적인 것을 비조선적인 것으로 만들기 위한 목적이었던 것이다"[8]라는 평가가 가능해지는 것도 바로 그러한 맥락에서이다.

물론 생활개선운동만을 두고 친일 혐의를 둘 수는 없다. 근대로 나아가자는 계몽의 입장에서도 이러한 운동을 펼칠 수 있기 때문이다. 이럴 때 논의 구도는 '전(前)근대(봉건)：근대'가 된다. 계명구락부의 활동이 그런 모습을 보여 준다. "이 단체는 1918년 1월에 조직된 조선인 엘리트들의 단체로 1921년 기관지 『계명』을 창간하여 본격적인 활동을 하였다. 이 해 1월 제6회 정기총회에서 성명경칭으로 남자나 여자 모두에게 성명 하에 '씨'를 붙이기로 결정하였다. 또 의복에 색의를 권장할 것을 결정하고, 4월에는 부녀의복 개량을 연구하였으며, 5월엔 2인칭 경칭으로 '당신'을 사용하기로 결정하였다."[9] 물론 민족적인 입장을 견지하여 생활개선운동의 계몽 자체를 거부할 수도 있다. 「패강냉」(『삼천리문학』, 1938.1)을 써 내려가는 이태준(李泰俊)의 태도가 여기에 해당한다. "문화가치를 모르는 자식들 (…중략…) 생활개선 그래 예펜네들 수건값이나 당기값이나 조려먹구? (…중략…) 고유한 문환 필요치 않구? 돼지 같은 자식들……너이가 진줄 알수 있니……허……."[10]

---

7) 위의 소설, 245면.

8) 張哲秀, 「朝鮮總督府 民俗 調査資料의 性格과 內容」, 『정신문화연구』 제21권 제3호(통권 72호), 정신문화연구원, 1998, 52면.

9) 정근식, 「근대적 시간체제의 식민화와 일상생활」, 『한국사회사학회 2005년도 특별 심포지엄－일본 제국주의의 지배와 일상생활의 변화』, 한국사회사학회, 2005.2, 3면.

생활개선운동에 대한 강경애의 시각에서 민족적인 관점은 읽어 낼 수가 없다. 그렇다고 계몽적인 모습이 나타나는 것도 아니다. 다만 계급적인 관점만이 드러날 따름이다. "농민이 게을러서 못산단 말에 화가 바짝 치밀어"라는 부분이 이를 보여 준다. 기실 『인간문제』의 전반부에는 지주의 야만적인 횡포가 강렬하게 부각되어 있기도 하다. 그러니까 강경애가 당시 전개되었던 생활계몽운동의 삽화를 『인간문제』에 끼워 넣은 이유는 '지주—면장—군수'가 한 패라는 사실을 환기시키기 위해서였다고 볼 수 있다. 물론 그들이 한 패를 이룰 수 있는 것은 계급적인 이해 때문이다. 따라서 생활개선운동에 대한 강경애의 태도에서는 민족적인 의식이 드러나지 않으며, 계급적인 관점만 두드러진다고 말할 수 있겠다.

생활개선운동이 주로 소비의 측면에 주목한 것이라면, 1930년대에 급속하게 확산된 합리화운동은 생산의 측면에 해당한다. 합리화운동의 경우 노동능률의 최대한 증진에 초점을 맞추고 있기 때문이다. 1920년대에 진행되기 시작한 생활개선운동은 1930년대로 들어서면서 합리화운동과 결합되는 양상을 보였다. 이에 따라 1920년대의 '우등한 일본 : 열등한 한국'이라는 틀은 1930년대에 '문명의 일본 : 야만의 조선'이란 뚜렷한 이분법으로 이어졌다.

예컨대 1930년대 일본인 학자들이 파악한 조선인 노동자상은 다음 네 가지 특징으로 정리할 수 있다. 첫째, 게으르고 무책임하여 시간관념이 없다. 그래서 지각과 결근이 빈번하다. 둘째, 무지·무식히다. 특히 일본어 능력이 떨어져서 의사소통과 노무관리에 어려움이 있다. 셋째, 부화뇌동하는 성향이 강하여 공장 이동률이 높다. 이는 노동조건의 문제라기보다 조선인 특유의 나쁜 성벽 때문이다. 넷째, 더러우며 위생관념이 없다.[11] 일본인 학자들은 이와 같은 조선인의 특징을 생산성 저하

---

10) 李泰俊, 「浿江冷」, 『三千里文學』, 三千里社, 1938.1, 26~27면.
11) 강수이, 앞의 글, 131면.

의 원인으로 꼽았다. 그러면서 조선인 노동자에 대한 엄격한 규율의 강제와 저임금, 장시간 노동의 불가피함을 역설하는 데로 나아갔다. 근대화와 식민화가 겹쳐서 진행된 식민지 근대화의 논리 구조는 이를 통해 파악할 수 있다.

일제가 조선인을 근대적인 노동자로 만드는 과정은 『인간문제』 속 대동방적공장에서의 모습에 잘 드러나 있다. 작품에 나타나는 12시간의 규칙적인 노동과 주야 2교대제, 기숙사의 운영, 3년의 고용계약 등은 당대의 방적공장 운영 방식과 그대로 일치한다. 또한 "벽돌로 까맣게 올려 쌓고 그 밑으로 몇 길이나 시멘트 콘크리트를 한 그 철벽같은 담에서는 바늘구멍만한 것도 하나 얻어 볼 수가 없었다"12)라는 묘사는 '공장—감옥'이라 평가할 만한 "공장 담은 높게 둘러쳐져 있었으며, 군데군데 망루가 있어 여공들의 도망을 감시하였다"13)라는 당시 방직공장의 실상과 조금도 다를 바 없다.

이 가운데 기숙사제도에 대해서는 특별히 주목할 필요가 있다. 규칙적인 시간의 강제를 위한 필수적인 장치였기 때문이다. 즉 아직 출퇴근 시간의 엄수에 익숙하지 않은 조선인 노동자들에게 공장 내부에서 시간의 규칙을 내면화시키는 데 기숙사가 필요했다는 것이다. 아직 근대적인 시간관념이 없었던 조선의 여성 노동자들에게 정확한 시간의 출퇴근을 이끌어 낼 수 없어서 일제를 등에 업은 자본가들이 기숙사를 만들었다는 사실은 이미 검토된 바 있다.14) 이렇게 사회와 격리된 공장 내에서 시간은 근대적으로 다시 분할되었다. "싸이렌 소리가 선풍같이 일어"나면 작업을 교대하며, 식당에서 종소리가 울리면 밥을 먹고, "기숙사 종이 뎅그렁뎅그렁 울"리면 야학에 참가해야 하며, 이후에 종이 울리면 소등해야 한다.15) 이러한 내용에서 규율의 내면화를 통해 폭력

---

12) 강경애, 앞의 소설, 359~360면.
13) 강수이, 앞의 글, 163면.
14) 위의 글, 146~147면.

적인 신체를 순종적인 신체로 변화시키는 식민지 조선의 근대화의 초
기 과정은 확실히 드러난다. 그렇다면 강경애는 이러한 상황을 어떻게
파악하고 있는가.

> "그런 것을 몰라서는 안 된다. 저 봐라, 지금 야근까지 시키면서도 우리들에
> 게 안남미 밥만 먹이고, 저금이니 저축이니 하는 그럴듯한 수작을 하여 우리
> 들을 일만 시키자는 것이란다. 여공의 장래를 잘 지도하기 위하여 외출을 불
> 허한다는 등, 일용품을 공장에서 염가로 배급한다는 등, 전혀 자기들의 이익
> 을 표준으로 하고 세운 규칙이란다. 구두를 신기고 원유회를 한다느니, 야학
> 을 한다느니, 또 몸을 튼튼케 하기 위하여 운동을 시킨다는 것도 그 이상 무
> 엇을 더 빼앗기 위하여 눈 가리고 아웅 하는 수작이란다……"16)

"전혀 자기들의 이익을 표준으로 하고 세운 규칙"이라는 대목에서
강경애의 인식은 단적으로 드러난다. "우리들"의 반대편에 "자기들"(저
들)이 있으며, 식민지 근대화를 둘러싼 변화는 결국 "자기들의 이익"의
방향으로 이어진다는 비판이 간명하게 드러나기 때문이다. 그런데 여기
서 과연 "자기들"(저들)이 누구인지는 분명하게 나타나지 않고 있다. 즉
노동자의 이익과 대립되는 자본가의 이익이라는 측면은 쉽게 파악할
수 있으나, 자본가의 이익과 중첩되는 민족적인 위치는 제대로 드러나
지 않는다는 것이다. 『인간문제』의 후반부가 부르주아 출신 지식인 신
철의 전향, 노동자의 계급적 자각으로 채워진다는 점에서 보면, 이는 당
연하다고 할 수 있다. 다시 말해서 『인간문제』를 써 내려가는 강경애의
작가의식은 처음부터 계급적 문제 위에 펼쳐져 있었다는 것이다. 이처
럼 민족문제에 대한 인식을 보이지 않으면서 계급문제에 깊숙하게 천
착해 들어간 강경애를 어떻게 이해할 수 있을까. 물음을 풀기 위해서는
그녀의 남편 장하일(張河一)에 주목할 필요가 있다.

---

15) 강경애, 앞의 소설, 355~359면.
16) 위의 소설, 361면.

2. 강경애의 인식 변모와 남편 장하일

강경애는 자신의 창작 행위에 관해서 퍽 재미있는 기록을 남겨 두었다. "나는 언제나 글을쓰게되면 맨—먼저 남편에게보입니다. 그는 한참이나 말없이 묵묵히 읽어본후에 나에게로 돌리며 다시한번 크게읽어보기를 청합니다."[17] 그런데 이때 강경애와 남편 장하일의 관계는 작가와 독자의 관계를 넘어선 것으로 파악된다. 강경애가 남편의 시선을 통하여 자신의 작품을 파악하는 과정이 드러나기 때문이다. 더군다나 글이 실린 『신가정』 1933년 6월호의 설문 내용이 "부부생활에서 즐거웠던 일 부부생활에서 서러웠던 일"이었던 점도 참고할 만하다. 부부생활의 즐거움과 서러움이 자신의 창작품에 대한 남편의 반응에 따라 엇갈리는 양상인 까닭이다.

나는 웬 일인지 그 순간만은 가슴이 떨떨 해지며 남편이 몹시도어려워집니다. 그래서 울울한 가슴으로 읽어 나려가다가는 남편이 어느구에 불만을 품게 되엇는지를 곧 발견하고 직석에서 다시 펜을 잡아 고치는 것입니다.

다—고친후에 나는 크게 읽으면서 그의 눈치를살펴면 그는 만족한웃음을 입가에띄우며

"이번에는 좀나진듯하오!"

이말을 듣는 나는 어찌나 깃븐지 그만 가슴이 뛰어 어쩔줄을 모르는것이 거이 늘당하는 일입니다.

그러나 남편이없어 혼자 쓰게된때에는 이우에 더갑갑하고 안타까운 때는 없읍니다. 그래서 두세번 읽어보거나 그렇지않으면 쓴채로 내버려두거나 하게 됩니다.[18]

---

17) 姜敬愛, 「夫婦生活에서, 즐거웟든 일 夫婦生活에서 설어웟든 일—原稿 첫 朗讀」, 『新家庭』, 1933.6, 37면.
18) 위의 글, 38면.

‘남편 없이 혼자 글을 쓰게 되었을 때보다 더 갑갑하고 안타까울 때가 없다’라는 진술은 강경애의 창작 활동에서 장하일의 비중을 생각하게 한다. 그런 점에서 만주 이민에 대한 강경애의 인식 변화는 관심을 끈다. 만주 이민에 대한 인식 변화에서 민족적인 관점이 계급적인 관점으로 바뀌어가는 과정이 드러나며, 여기에 남편 장하일의 존재가 중요하게 개입하는 것으로 파악되기 때문이다.

먼저 『어머니와 딸』에 나타나는 주장을 보자. 만주로 농사지으러 떠나는 동포들에게 작가의 입장을 대변하는 등장인물 옥은 다음과 같이 비판하고 있다. “땅이 흔하면 거저 준다나요! 내 땅을 떠나서 가면 무엇 해요. 이제 또 떠나겠다는 어리석은 사람이 있거들랑 선생님께서 제발 말려 주세요. 앞길을 막고 사정없이 때려 주세요. 아니 반쯤 죽여주세요! 굶어 죽어도 내 땅에서 죽고 빌어먹어도 내 고향에서 먹어야지요!”[19] “굶어 죽어도 내 땅에서 죽고 빌어먹어도 내 고향에서 먹어야지요!”라고 주장할 때의 내 땅과 내 고향 강조는 계급의식보다 앞서는 형국이다. 내 땅과 내 고향 안에서 계급적 모순은 흐릿해져 버리는 까닭이다. 『어머니와 딸』의 이러한 입장은 별다른 벽에 부딪치지 않은 채 그 상태로 끝나 버리고 만다.

반면 「그 여자」에서는 상황이 정반대로 이어져 나타난다. 「그 여자」의 등장인물 마리아는 간도의 농민들을 상대로 『어머니와 딸』의 옥과 똑같은 주장을 강변하고 있다. “그래도 내 땅 안에 있으면 이 쓰림, 이 모욕은 받지 않지요. 그래 남부여대하여 이곳 나와서 한 일이 무엇입니까. 네? 아무래도 내 동포밖에 없지요. 우리가 괴로울 때 즐거울 때 가난에 찌들 때 같이 울고 같이 걱정해줄 이가 누구여요. 우리 동포가 아니어요. 그러니까 이 목이 달아나고 이 몸뚱이가 분골쇄신이 되더라도 내 땅에서 살아야 한단 말이어요. 네?”[20] 마리아의 이런 주장을 들으며

<hr>

19) 姜敬愛, 『어머니와 딸』, 『第一線』, 1932.10, 131면.
20) 姜敬愛, 「그 녀자」, 『三千里』, 1932.9, 100면.

간도의 농민들은 자신들을 밭과 논으로부터 쫓아내던 지주를 떠올린다. 그들은 간도로 쫓겨나온 처지였던 것이다. "마리아의 말과 같이 슬픔과 괴로움을 같이 하던 그들이었던가! 그들의 사정을 털끝만치라도 보아주는 그들이었던가. 군중의 눈앞에는 그 지주의 눈! 그 얼굴이 새삼스럽게 커다랗게 나타나 보였다. 그리고 자기들이 쫓겨났던 그때 일이 다시금 나타나 보였다."21)

이 순간 치밀어 오르는 계급적 자각은 '동포'라는 민족적 틀을 허상으로 내몰아 버리고 있다. "민족이 뭐냐! 내 땅이 뭐냐!"22)라는 외침이 이를 확인시켜 주며, 곱게 먹고 입으면서 공부를 해온 마리아와 "마리아의 뒤에 둘러앉은 목사와 장로까지도 자기들의 살과 피를 빨아먹는 흡혈귀같이 보였다. 아니 흡혈귀였다"23)라는 단정 또한 여기에 해당한다. 「그 여자」는 간도 농민들의 격렬한 분노 표출로 끝을 맺는다. 종각이 쓰러지고 교회당이 짓이겨지는 가운데 마리아는 갈갈이 옷이 찢기는 장면으로 마감하는 것이다. 그러니 『어머니와 딸』에 나타난 강경애의 작가의식과 「그 여자」의 작가의식은 무척 다르다고 하겠다. 즉 「그 여자」에서 강경애는 강렬한 계급의식으로 무장하고 나선 셈이다.

기실 『어머니와 딸』과 「그 여자」는 거의 비슷한 시기에 발표되었다. 『어머니와 딸』은 『혜성』 1931년 8월호부터 1932년 10월호까지 실렸으며, 「그 여자」는 1932년 9월호 『삼천리』에 게재되었기 때문이다(『彗星』은 1932년 5월호부터 『第一線』으로 改題되었다). 그렇지만 『어머니와 딸』은 강경애가 아직 간도 체험을 하지 않았을 때 쓰인 반면, 「그 여자」는 간도에 살면서 써 내려간 것으로 파악된다. 『삼천리』 1932년 7월호에 발표된 김경재(金璟載)의 글이 그런 판단을 가능케 한다.

---

21) 위의 소설, 같은 면.
22) 위의 소설, 같은 면.
23) 위의 소설, 51면.

昨年여름에 나의冊床에 한장의封套가뇌엿으니 그內容에는『어머니와딸』
이라는 小說原稿을보내는바 그를보고評을해달라고했다. 小說家아넌나에게는
到底히 履行할수업는부탁이엿다. 그러나 나는 그未知의女性의力作이요 處
女作인 그것을 發表해주고십헛다. 그래서 엇든親舊(文藝家)에게부탁하야 그
의評을求하얏고 또發表해주드록付託햇다. 그리하고『어머니와 딸』이라는 그
長篇小說은 그親舊의손으로『彗星』에발표되엿다. 그후도 그未知의女性에게
여러차례의原稿가 왓고 또 내가自進하야 原稿을請하기도 여러차레이엿다.
그리하야 그와나는 편지로 아주 熟眠이되고마럿다. 그가 지금 내가 여기 말
하는姜敬愛氏이다.[24]

강경애는 1931년 6월 남편 장하일과 함께 간도로 들어갔다. 그 사실
은 「간도를 등지면서」를 통해 알 수 있다. "一九三二年六月三日 아츰"
으로 시작되는 이 글에는 "내머리에 얼핏 떠오르는 것은 내가 처음으로
발을 들여놓든 작년이때다"[25]라는 구절이 포함되어 있다. 그러니까 강
경애 부부가 간도로 들어간 시기는 1931년 6월로 추정할 수 있는 것이
다. 그런데 김경재 또한 1931년 여름 자신의 책상 위에 강경애의 원고
가 놓였다고 진술한다. 김경재가 『혜성』의 편집장 채만식(蔡萬植)에게
부탁하며『어머니와 딸』에 대한 평을 받고 게재하는 데 들었던 시간을
감안한다면 최소한 두 달여의 시간은 필요할 수밖에 없다. 이를 『어머
니와 딸』이 1931년 8월호부터 게재되기 시작했다는 사실과 맞추어 본
다면 결국『어머니와 딸』은 강경애 부부가 간도로 들어가기 전에 쓰였
다고 추론할 수 있게 된다.
　뿐만 아니라 강경애의 원고가 어떻게 김경재의 책상 위로 옮겨졌는
가, 하는 경로도 추측할 수 있다. 김경재는 같은 글에서 장하일과 강경
애의 관계를 숨기면서 이러한 진술을 펼쳐 놓았다(김경재는 〈그립든 同志
들〉 항목에 장하일 얘기를, 〈알고 못 보든 두 女性〉 항목에 강경애 얘기를 따로 기술

---

24) 金璟栽, 「動亂의 間島에서(續)－最近의 北滿情勢」, 『三千里』, 1932.7, 28면.
25) 姜敬愛, 「間島를등지면서」, 『東光』, 1932.8, 84면.

하였다). "昨年에張河一君이 北間島에가고저 나를차저와서 論議할때에 '龍井에가서 李炳立을 차저보고 東興中學校員으로잇게해달라고付託하게 서울서 金璟載를맛나보앗다고하고 나의紹介로왓다고하게.'"26) 그러니까 간도로 들어갈 논의를 하기 위하여 장하일은 김경재를 찾았고, 그때 장하일이 강경애의 『어머니와 딸』 원고를 넘겼다고 생각할 여지가 있다는 것이다. 강경애가 왜 하필 소설가도 아닌 김경재에게 원고를 보냈는가, 하는 의문도 이로써 해소된다. 만약 이런 가설이 타당하다면 장하일은 강경애의 남편이면서 동시에 한동안 발표 지면(김경재)을 잇는 역할까지 맡았던 셈이다.

문학에 대한 장하일의 입장은 「원고료 이백 원」에 선명하게 드러난다. 『동아일보』에 장편소설 『인간문제』를 연재하여 강경애는 원고료로 이백여 원을 받았다. 여태껏 궁핍하게만 살아왔던 강경애는 돈의 쓰임새에 대해 다음과 같이 계획하였다. "지금 생각하면 부그러운 말이지만 위선 겨울이니 털외투나 하고 목도리 구두 내앞니까 너무 새가 넓으니 가늘게 금나나하고 가늘게 금반지나하고 시게나……아니남편이 뭐랄지 모르지. 그래두 뭘내벌어서 내해 가지는데야 제가 입이 열이니무슨 말을 한담 이번 기회에못하면 나는 금시계하나도 못가지게— 눈딱감고 한다. 그러고 남편의 양복이나 한벌 해줘야지 양복이 그꼴이니"27) 그렇지만 남편의 생각은 완전히 딴판이다. "감옥에서 심장병을 얻어가지고 나와서 신음하는 웅호!"28)를 입원시키는 일이 제일 급하고, 다음으로는 남편을 감옥에 보내고 고생하는 홍식이네 모자를 돌보는 일이라고 돈의 사용처를 밝히는 것이다(웅호와 홍식은 "남편의 동지"이면서 "내(아내-인용자)동지"29)이다). 그래서 부부싸움이 벌어졌는데, 강경애의 뺨을 후려치고

---

26) 金璟載, 앞의 글, 28면.
27) 姜敬愛, 「原稿料二百圓」, 『新家庭』, 1935.2, 194면.
28) 위의 글, 198면.
29) 위의 글, 같은 면.

머리꼬덩이를 잡아 흔든 후 남편은 이렇게 소리 지른다.

"응 너따위는 백번 죽여싸다. 내 네맘을 모르는줄 아니. 흥 돈푼이나 생기니
까 남편을 남편같이 안 알구 에이 치사한년가라! 그돈다 가지고 내일 네집으
로가 너같은 치사한년과는 내못살아. 윈 여호같은년……너도 요새 소위 모던
껄이라는 두리홰눙년이 되고 싶은 게구나. 아 일류문인으로써 그리해야하는게
지 허허 난그런 일류문인의 사내될 자격은 못가젔다. 머리를 지지고복고, 상
판에 밀가루치을 하구 금시계에 금강석반지에 털외투를입구 입으로만 아! 무
산자여하고 부르짖는 그런문인이 되고싶단 말이지. 당장나가라!"30)

물론 이 부부싸움은 남편의 우위로 끝을 맺는다. 그들의 동지인 웅
호·홍식 가족이 처한 비참한 상황 앞에서 아내가 가진 욕망이란 사치
일 수밖에 없기 때문이다. 더군다나 "아! 무산자여"라고 부르짖는 강경
애의 작품세계에 견주었을 때 삶과의 일치 여부를 따진다면 더 이상 할
말이 없다. 동생 K에게 이러한 부부싸움을 이야기하면서 "지금 생각하
면 부끄러운 말이지만"이라는 단서를 달게 되는 까닭도 같은 이유이다.
따라서 분한 기분에 집밖으로 나왔던 강경애가 "여보 나잘못했소. 다시
는 응"31)이라며 반성의 목소리를 내는 것은 당연한 전개라고 하겠다.
반면, 장하일은 이런 상황을 수용해 주는 모양새다. "당신의 맘을 내전
연히 모르는배는 아니오. 단벌 치마에 단벌 저고리를 입고있으니 ……
그러나 벗지는 안았지. 입었지. 무슨 걱정이 있오 그러나 웅호 동무라
든가 홍식의 부인을 보구려. 그래 우리손에 돈이 있으면서 동지는 알아
죽거나 굶어 죽거나 내버려 둬야 옳단말이오 …… 그러기에 환경이 같
아야 하는게야환경이."32)
아내의 입장에 비해 남편은 퍽 교과서적이다. 동지애가 조금도 흔들

---

30) 위의 글, 196면.
31) 위의 글, 198면.
32) 위의 글, 같은 면.

림 없을 뿐만 아니라, "환경이 같아야 하는 거야, 환경이"라고 강조하면서 계급적 연대를 전면에 내세우고 있기 때문이다. '환경(생활 조건)이 의식을 결정한다'는 명제는 유물론의 가장 기본적인 사항인데, 현실 속에서도 빈틈없이 적용되는 양상이다. 이렇게 따진다면 「원고 첫 낭독」에 나타났던 장하일과 강경애의 관계를 어느 정도 이해할 수 있게 된다. 그들의 부부 관계는 동지적 관계이면서 동시에 장하일의 영향력이 관철되는 분위기를 동반하고 있는 것이다. 이를 배경으로 하여 「원고료 이백원」의 마지막 부분을 읽어 보면 동생 K에게 당부하는 강경애의 목소리는 자기 자신의 다짐이기도 한 셈이 된다. "K야 너는 책상우에서 배운 그지식은 그것만으로도 훌륭하다. 이제야말로 실천으로 말미아마 참된 지식을얻어야 할때이다."33)

그리고 주목해야 할 사항은 자신의 행위에 대한 반성과 동생 K에게 당부하는 내용 사이에 간도의 상황이 끼어 들어간다는 사실이다. 그러니까 모순 가득한 현실을 확인하는 장소이자 실천을 펼치는 장소로 간도가 전면에 부각되는 것이다. 「원고료 이백 원」에서 간도의 상황을 파악하는 시선은 「그 여자」의 경우와 동일하다. 즉 계급적인 관점이 전면적으로 드러난다는 것이다. 이 순간 간도에서 생활하는 강경애의 옆에 남편 장하일이 함께 하고 있었음은 충분히 고려해야 하겠다. 강경애의 계급의식은 장하일과 더불어 있으면서 견고해지는 양상이기 때문이다.

지금 삼남의 리재민은 어떠하야? 그리운 고향을등지고 쓸쓸한 이만주를 향하야 몇만의 군중이 달려오고 있지않느냐 만주에 와야 누가 그들에게 옷을주고 밥을 주더냐. 그러나 행여 고향 보다는 날까하고 와서는 처자는 요리간에 혹은 부호의 첩으로 빼앗기우고 울고불고하며 이넓은벌을 헤매이지않느냐. 하필삼남의 이재민 뿐이냐. 요전에 울릉도에서도 수많은 군중이 남부여대하야 원산에 상륙하지 않았더냐. 하여간 전조선의 빈한한 군중은 아니 전세계의 무

---

33) 위의 글, 199면.

산 대중은 방금 기아선상에서 헤매이고 있는것을 너는 아느냐 모르느냐.

　K야 이간도는 토벌단이 들어밀리어서 지금 한창총소리와 칼소리에 전대중이 공포에 떨고있는중이다. 그러니 농민들은 들에서 농사를 짓지못하였으며 또산에서 나무를 버이지못하고 혹시 목숨이나 구해볼까하야 비교적 안전 지대인 용정시와 국자가같은 도시로 몰려드나 장차그들은 무엇을 먹고 살겠느냐. 이곳에서는 개목숨보다도 사람의 목숨이 헐하구나.[34]

3. 화요파와 북간도의 사람들

　장하일과 강경애가 간도로 건너간 까닭은 무엇일까. 정확한 내막은 밝혀진 바 없다. 그런 까닭에 주변의 정황과 인맥을 통해 그 분위기를 추측해 볼 수 있을 따름이다. 간도의 상황은 강경애의 「원고료 이백 원」마지막 부분에 잘 나타나 있다. 또한 당시 간도에 살았던 모윤숙(毛允淑)은 이런 이야기를 남겼다고도 한다. "여기學生들은 엇더케大담한지모르갓서요 밤에 총소리가나도 놀래지도안어요 내가 學生時節에 京城에잇을때에는 ××(社會−인용자)主義라면 아주 神奇하게생각되더니 여기에 오니까 넘우도普遍化되여서 도리혀 그에對한 好奇心이주저젓서요 누구나 드려내놋코 하는소리가 그소리니까."[35] 장하일은 부인 강경애를 대동하고 이러한 상황의 간도로 찾아 들어갔다. 이때 상의를 하기 위해 찾아갔던 인물이 김경재였다.

　김경재는 어떤 인물인가. 1925년 2월 17일 화요파와 북풍파가 연계를 하여 '전조선민중운동자대회준비위'를 조직했을 때 화요파의 일원으로

---

34) 위의 글, 같은 면.
35) 金璟栽, 앞의 글, 28면.

준비위원이 되었던 점,36) 같은 해 7월 화요파와 북풍파가 조선공산당의 합동상무위원을 구성할 때에도 화요파의 멤버였다는 사실37)을 염두에 둔다면 그가 국내외 여러 사회주의 단체 가운데 어느 계열 소속이었는가를 가늠할 수 있다. 김경재는 장하일이 간도로 가고자 자신에게 상의하러 왔을 때 동흥중학교(東興中學校)의 교원 이병립(李炳立)을 추천하였다. 과연 김경재의 추천처럼 장하일은 이병립을 통해 동흥중학교의 교원이 될 수 있었다.

『한국사회주의운동 인명사전』(강만길·성대경, 창작과비평사)에 따르면, 이병립은 1926년 4월 조선공산당에 입당하였고 6·10만세운동 때 격문을 제작하고 배포하였다가 일경에 검거되어 징역을 살았다. 1927년 9월 출옥 당일 다시 조공 관련 혐의로 구속되어 1928년 경성지법에서 징역 2년을 선고받기도 했다. "조선공산당은 화요파만의 당이 되었다"38)라는 사실을 염두에 두었을 때 이병립 또한 김경재와 같은 화요파였을 것이다. 김경재와 이병립의 관계는 화요파라는 사실 위에서 파악할 수 있다. 김경재는 이병립에 대해 다음과 같이 기록해 두었다. "年前에 나와同一한事件으로 西大門刑務所에서 四年間이나 苦役을 갓치하얏고 한날에 出獄하야 나는 나의故鄕으로가고 그는 北間島로올때에 '歲月이조커든 다시맛나자……' 十年안에는 맛나기어렵다고하든 그가아니냐".39)

간도로 들어온 장하일은 동흥중학교의 교원으로 자리를 잡았다. 당시 동흥중학교에 관한 기록은 『연변문사자료』 제6집에 실린 「파란곡절을 겪어온 길―동흥중학교」를 통해 확인할 수 있다. "1934년에 동흥중학교 교장은 림계학(林啓學, 함경남도 사람, 보성전문학교 법과 졸업)이고 교원들로는 장하일(張河一), 정일광(鄭一光), 김국진(金國鎭), 박송학(朴松鶴), 황

---

36) 전명혁, 「조선공산당 제1차 당대회 연구」, 『한국현대사와 사회주의』, 역사비평사, 2004, 27~28면.
37) 위의 글, 45면.
38) 위의 글, 같은 면.
39) 金璟栽, 앞의 글, 28면.

동권(黃東權) 등 6명이고 학생은 도합 202명이였다."[40) 이 자료에 따르면 동흥중학교는 사회주의 투쟁가를 배출하는 경향이 강하게 흐르고 있다. 물론 교사들이 학생들에게 사회주의 의식을 고취시키는 양상이었다.

1934년 교장으로 취임한 임계학도 사회주의자였다. 그는 1926년 조선 공산당 만주총국 동만구역국을 설립하여 집행위원이 되었으며, 1927년 10월 '제1차 간도공산당 검거사건' 때 일본경찰에 체포된 뒤 4년의 징 역을 살았던 이력을 가지고 있다. 이병립과 마찬가지로 그 또한 출옥 후 용정으로 와서 동흥중학교의 교사가 되었다.[41) 교사 정일광도 사회 주의자였다. 조선공산당 만주총국 당원이었던 그는 "北間島에와서活躍 하다가 間島第一次黨에 關聯되야 西大門刑務所에서 오랫동안懲役生 活을하고 지금은 東興中學校에서敎務主任으로잇다."[42) 덧붙이자면 조 선공산당 만주총국이 화요파를 주축으로 하고 있었고, 간부들 거의 전 부가 화요파로 추정된다는 사실을 전제했을 때 임계학이나 정일광 역 시 화요파였을 가능성은 매우 크다고 하겠다(김경재는 정일광과 진작부터 안 면이 있었다고 밝혀놓기도 했다).[43)

강경애와 장하일이 간도로 이주하였던 1931년 6월경에는 만주 지역 의 당 조직적 체계가 완전히 깨어진 상태였다. "1930년 3월의 동만폭동 을 마지막으로 체계적 당조직을 유지하지 못하게 되었다. 곧 화요파의 당원은 아직 지하에 남아 있었으나 화요파의 조직과 기관은 벌써 없는

---

40) 리종홍, 「파란곡절을 겪어온 길―동흥중학교」, 『연변문사자료』 제6집, 연변정협문사 자료위원회, 1988, 17~18면.

41) 『한국사회주의운동 인명사전』에는 임계학이 "1927년 1월 조선민족당 건립계획에 참 여하고 8인 중앙위원 가운데 한 사람으로 선정되었다"라는 내용도 포함되어 있다. 조 선민족당의 결성 계획은 "비밀결사적인 성격의 민족유일당을 결성해야 한다는 화요회 그룹의 입장이 반영된 방침이었다."(신주백, 『만주지역 한인의 민족운동사(1920~45)』, 아세아문화사, 1999, 136면) 임계학이 화요파 계열의 인물이었다는 사실을 여기서도 확인할 수 있다.

42) 金璟栽, 앞의 글, 28면.

43) 金俊燁·金昌順의 『韓國共産主義運動史』 제4권(청계연구소, 1988) 가운데 「제17 장 滿洲에서의 韓人共産主義運動」(223~405면) 참조.

것과 같았다. 그러한 상태에서 1930년 5월 29일에 화요파의 동만도(동만
구역구—인용자) 당원들은 상부의 지시를 기다리지 않고 단독으로 해체선
언을 내게 되었고, 뒤를 이어 그해 6월 10일에 같은 파의 만주총국해체
가 있었다.”[44] 따라서 조직 중앙에서는 지하로 잠복해 있는 당원들을
규합하고자 노력을 쏟았을 것이다. 더군다나 1931년이라면 화요파가
‘꼼뮤니스트 그룹’으로 모습을 드러내던 때였다. “‘꼼뮤니스트 그룹’이
당 재건운동을 본격적으로 벌인 때는 기관지 『꼼뮤니스트』가 출판되는
1931년부터 1933년까지이다.”[45] 혹시 장하일의 간도 이주는 꼼뮤니스트
그룹의 당 재건운동과 관련이 있지 않을까. 그러니까 다음과 같은 꼼뮤
니스트의 목표와 관련하여 장하일의 간도 이주를 생각해 볼 수 있다는
것이다. “국내에서 조선 빨치산 부대와 결합하려는 지원자들을 재생산
하고 발전시켜야 한다. 그리고 만주의 지원자들과 협동할 수 있는 만주
국경지대에 빨치산운동을 만들어야 한다.”[46]

　북간도에서 장하일이 어떤 활동을 하였는가는 아직 제대로 밝혀진 바
없다. 따라서 이를 둘러싼 사실의 복원은 이후의 과제로 남겨 두어야 할
것이다. 그렇지만 장하일을 둘러싼 인맥과 인맥의 성향은 어느 정도 가
늠할 수 있다. 강경애는 그들과 접촉하면서 창작 생활을 이어나갔다. 그
렇기 때문에 큰 틀에서 강경애의 작품세계가 화요파(꼼뮤니스트 그룹)의
정책과 나름의 관계를 맺으면서 구축되고 있는 양상은 추적해 나갈 수
있겠다. 다시 말해서 강경애가 써 내려간 작품들의 내용을 꼼뮤니스트
그룹의 정책을 배경으로 해독할 수도 있다는 것이다. 가령 『인간문제』
에 대해서는 다음과 같은 방식으로 그 내용을 살펴볼 수 있다.

　우선 신철이 인천으로 내려가서 조직을 만들려고 하는 과정은 “당 중

---

44) 위의 책, 405면.

45) 최규진, 「‘꼼뮤니스트 그룹’의 당재건운동」, 『한국현대사와 사회주의』, 역사비평사,
　　2004, 111면.

46) 러시아현대사문서보관연구센터, 문서군 495, 목록 135, 문서철 183, “Letter to the
　　communist in Korea”, 1932, 7면(최규진, 위의 글, 129면에서 재인용).

앙을 선포하여 당을 재건하려 한 것은 아니였으며, 현장에 뿌리내린 '공산주의자 단위'를 기초로 당을 재건하려 했다"[47]라는 꼼뮤니스트 그룹의 정책 방향과 일치한다. 간난이가 인천의 대동방적공장으로 들어가는 것도 마찬가지다. 또한 "그후로는 여공들이 아침에 일어날 때마다 자리 밑에서나 방안 구석에서 이상한 종이 조각을 발견하곤 했다. 그 종이에는 전날 밤 야학에서 감독이 연설한 것을 한 조목 한 조목씩 띄어 쓰고는 그에 대한 해설이 알기 쉽게 써 있었다"[48]라는 투쟁 방식도 꼼뮤니스트 그룹이 내걸었던 공장 노동자의 원칙과 관련이 있다. 공장에 들어간 조직원은 독서반을 만들고 세력을 확대해야만 했는데, "'꼼뮤니스트 독서반'은 공장신문을 발행해야 한다. 공장신문을 공개적으로 발행하기 위해 투쟁하고 비밀출판을 통해서라도 발행해야 하며, 먼저 '산신문'(말로 하는 신문)의 형식을 띨 수도 있다"[49]라는 방식이 그 사실을 보여 준다. 신철·간난이·선비가 내려간 인천은 장하일과 강경애가 1931년 잠시 머무르며 육체노동을 하던 곳이면서 동시에 꼼뮤니스트 그룹의 세력이 강하게 작용하던 지역이었다. 그 시기에 꼼뮤니스트 그룹은 "적어도 인천에서는 당 재건을 위한 조직적 준비가 끝났다"라고 코민테른에 보고할 수 있을 정도였다.[50]

작품의 마지막 부분에서 지식인 출신의 신철이 전향한 것으로 처리한 것도 꼼뮤니스트 그룹의 노선과 관련이 있을 성싶다. 꼼뮤니스트 그룹의 활동은 코민테른에서 채택한 1928년의 12월 테제를 전제로 하여 진행되었다. 내용은 다음과 같다. "1928년 7월 17일부터 9월 1일까지 속개된 모스크바 코민테른 제6차 대회에서 '식민지·반식민지 테제'가 채택되었고, 이에 의거하여 그 해 12월 '조선 농민 및 노동자의 임무에

---

47) 최규진, 위의 글, 133면.
48) 강경애, 『인간문제』, 『강경애 전집』(이상경 편), 소명출판, 1999, 362면.
49) 최규진, 앞의 글, 136면.
50) 러시아현대사문서보관연구센터, 문서군 495, 목록 135, 문서철 185, "Instruction to our organisation in In-Chun", 1932, p.1(최규진, 위의 글, 142면에서 재인용).

관한 테제(12월 테제)'가 채택되었다. 이 테제의 핵심은 조선 공산주의운동에서 나타난 분파투쟁을 청산하고 지금까지 소부르주아, 인텔리나 학생에 중점을 두었던 당 조직 방침을 바꾸어 노동자, 농민에 기반을 두고 당을 재건하라는 것이었다."[51] 그러니까 당의 재건 중심에 노동자·농민을 배치하기 위해 인텔리인 신철을 전향하는 것으로 그렸다는 것이다.

뿐만 아니라 1929년 하반기, 즉 장하일과 만나기 전 강경애가 근우회에서 활동하였다는 사실을 염두에 둘 필요가 있다. 1929년 10월 3일부터 5일까지 『조선일보』에 연재한 「염상섭 씨의 논설 「명일의 길」을 읽고」의 필자는 "長淵 槿友支會內 姜敬愛"라고 적혀 있다. 이는 강경애가 근우회에서 활동하였다는 사실을 가리킨다. 주지하다시피 1927년 5월 발족한 근우회는 신간회의 자매단체이다. 그런데 "'꼼뮤니스트 그룹'은 신간회의 '좌익' 민족개량주의를 폭로하고 노동자·농민의 일상투쟁을 지도하면서 대중에게 민족개량주의가 번지는 것을 막아야 한다고 보았다."[52] 꼼뮤니스트 그룹과 신간회·근우회의 노선이 상당히 다르다는 것이다. 이러한 사실을 전제한다면 『어머니와 딸』에 나타났던 민족적 감정은 근우회 활동의 흔적이 드러나는 셈이며, 「그 여자」와 「원고료 이백 원」에서 발견할 수 있는 계급 우위의 절대적인 인식은 꼼뮤니스트 그룹 노선의 영향력이 작용한 결과라고 할 수 있다.

---

51) 안성일, 「박헌영」, 『혁명에 배반당한 비운의 혁명가들』, 선인, 2004, 257~258면.
52) 최규진, 앞의 글, 128면.

4. 여성주의와 계급주의

강경애 소설의 여성적 시각을 어떻게 파악할 수 있을까. 이상경이 적절하게 지적하는 것처럼, "계급과 사회의식을 강조하면서 여성으로 특화시키는 것을 거부하는 입장과 전통적 여성관의 연장선상에서 여성으로서의 차이를 강조하는 입장"[53] 가운데 강경애는 전자를 대표하는 작가로 평가받는다. 그렇기 때문에 강경애 소설을 과연 여성주의의 입장에서 해석하는 것이 타당한가, 하는 문제가 제기될 법도 하다. 활동하던 당시에 이미 "標題의『人間問題』平凡에 又平凡, 이는 科學的일지모르나 非文藝的題요, 哲學的인지모르나 非抒情的題요, 男性的인지모르나 非女性的題다"[54]라는 평가를 받은 것도 바로 그러한 이유에서라고 파악할 수 있다.

그럼에도 불구하고 최근까지 강경애의 소설세계는 여성주의의 입장에서 조명되어 온 측면이 강하다. 여성의 상황과 의식을 중심에 배치시킨 「소금」, 「동정」, 「모자」, 「그 여자」, 「원고료 이백원」 등의 작품에서 그 단서가 포착될 뿐만 아니라, 그동안 주로 여성 연구자들이 강경애 연구의 흐름을 주도해온 까닭이라고 추측할 수 있다. 그래서 이러한 경향에 대한 이견이 제출되기도 한다. 김경수의 「강경애 장편소설 재론—페미니스트적 독해에 대한 하나의 문제제기」가 여기에 해당한다. 그러니 강경애 소설의 여성주의적 경향을 이해하기 위해서는 계급주의와의 관계를 따질 필요성이 요청된다. 이를 위해 먼저 김경수의 논문을 거점으로 삼아 강경애 소설의 여성성에 접근해 보고자 한다.

김경수는『어머니와 딸』에 대하여 부정적인 평가를 내리고 있다. "작

---

53) 이상경, 「여성문학의 두 얼굴」,『주변에서 글쓰기, 상처와 선택』(2006년 탄생 100주년 문학인 기념문학제 자료집), 민족문학작가회의·대산문화재단 주최, 2006, 62면.
54) 草兵丁, 「文壇歸去來」,『三千里』, 1934.9, 224면.

가가 어떤 새로운 여성상을 탐구하려고 했던 간에, 그 의도가 온전히 반영되지 못한 습작 정도로 평가하는 것이 온당하다."55) 그는 근거로 옥이의 변화가 설득력이 떨어진다는 사실을 지적하고 있다. "길거리에서 우발적으로 만난 영실의 오빠로 인해 자신의 과거를 비판적으로 반추해 보고, 선뜻 봉준의 이혼요구를 받아주는 것은 비약이 심하다."56) 이러한 판단은 적절하다고 할 수 있다. "붉은 옷 입은 죄수들" 틈에서 영실의 오빠를 발견하고 "몇백 명의 노동자를 위하여 자기 몸을 희생해 바친 영실 오빠. 이렇게 생각하고 나니 정신이 바짝 들었다"57)라는 식으로 나타나는 갑작스런 옥이의 변화는 너무나 작위적이다. 그러니 "오빠가 밟고 간 이 길로 우리도 가야 한다!"58)라는 다짐은 공허할 수밖에 없다.

하지만, 김경수의 다음과 같은 평가에는 동의하기가 어렵다. "옥이의 위와 같은 변화는 작품 내적으로 이렇다 할 필연성 위에서 이루어진 것이 아니라 작가의 간도 체험과 계급의식이 과도하게 투영되어 일어난 것이기 때문이다."59) 앞에서 살폈듯이, 『어머니와 딸』은 간도로 들어가기 전에 쓰인 소설이다. 그런 까닭에 간도 체험이 투영되었을 리 만무하다. 또한, 계급의식이 소설의 흐름과 상관없이 갑자기 튀어나와서 문제가 되는 것이지, "과도하게 투영되어 일어난 것"으로 볼 수는 없다. 이런 사실을 언급하는 까닭은 여성의식과 계급의식의 상관관계를 보다 분명히 하기 위해서이다. 즉 강경애의 계급의식이 제대로 자리 잡지 못하였을 때 새로운 여성상에 대한 탐구 역시 지리멸렬한 수준을 맴돈다는 것이다.

---

55) 김경수, 「강경애 장편소설 재론―페미니스트적 독해에 대한 하나의 문제제기」, 『주변에서 글쓰기, 상처와 선택』(2006년 탄생 100주년 문학인 기념문학제 자료집), 민족문학작가회의 · 대산문화재단 주최, 2006, 77~78면.
56) 위의 글, 76면.
57) 강경애, 『어머니와 딸』, 『강경애 전집』(이상경 편), 소명출판, 1999, 121~122면.
58) 위의 글, 122면.
59) 김경수, 앞의 글, 77면.

『어머니와 딸』에 대한 부정적인 평가와는 달리 『인간문제』를 파악하는 김경수의 입장은 긍정적이다. 그래서 "이 작품의 의미를 반드시 여성문제를 중심으로만 해석하는 것은 작품의 의미를 축소하는 격이 된다"[60]라는 방향에서 문제를 제기하고 있다. 이는 충분히 동의할 수 있는 내용이다. 그런데 이러한 견해가 이상경이 지적하였던 "계급과 사회의식을 강조하면서 여성으로 특화시키는 것을 거부하는 강경애의 입장"에서 과연 멀리 떨어져 있는가는 의문이다. 다시 말해서 "중심인물을 남성 주인공인 첫째로 상정"할 것인가, "여성인물 중심으로 해석"할 것인가를 굳이 대립적으로 설정하여 따지는 것이 무슨 의미를 지니는지 묻는 것이다. 그렇다면 오히려 물음을 바꾸어야 하는 것 아닐까. 강경애는 과연 계급의식과 여성의식을 어떻게 통일시키고 있는가, 하는 방식으로 말이다.

『어머니와 딸』과 『인간문제』 사이에는 시간적으로 「그 여자」가 자리한다. 강경애는 『어머니와 딸』의 옥이를 형상화하는 데 실패한 반면, 『인간문제』의 선비를 그리는 데 성공하였다. 그러니까 그 성패의 차이를 살피기 위해서는 「그 여자」를 주목할 필요가 있다는 것이다. 『어머니와 딸』의 실패는 어머니와 딸을 잇는 여성의 연대의식이 너무도 막연한 의식 위에서 펼쳐지는 데서 기인한다. 가령 이러한 식이다. "'어머니! 나는 어쩌라우!' 이렇게 부르짖을 때 '믿지 마라! 남자를 믿지 말아라!' 번개같이 옥이의 가슴을 두드려주었다. 그의 시어머니께서 임종시에 턱을 가불가불 채면서 마지막으로 님긴 부르짖음이었다."[61]

반면, 「그 여자」에는 당대의 문단구조가 개입해 있다. 즉 문단의 물질적 조건 위에서 여성(작가)의 위치를 파악할 정도의 안목을 갖추고 있는 것이다. 여기서 성별에 따른 이분법의 논리는 사라지고 있다. "몇 번 장난 비슷이 지어보다가 어떤 아는 남자 편지 화답 끝에 써 보낸 것이 동

---

60) 위의 글, 80면.
61) 강경애, 『어머니와 딸』, 『강경애 전집』(이상경 편), 소명출판, 1999, 106면.

기로 그는 일약 여류문사가 되어버리고 말았다. 그에게 있어서는 어째서 자기가 이렇게 쉽사리 여류작가가 되었는지 반성해 보려고도 하지 않았다. 그저 자기와 같은 재사(才士)는 드물다는 것밖에는 없었다.”[62] 당대 사회의 물질적 조건을 대상으로 탐사해 들어갔을 때 강경애의 세계는 더욱 넓고 깊어지는바, 『인간문제』가 이를 보여 준다. 남성인물 첫째도 생동감 있고, 여성인물 선비도 살아있는 까닭에 ‘누구(어느 성별)를 중심으로 파악해야 하나’라는 물음을 이끌어 낼 정도에 이르렀기 때문이다. 물론 남성과 여성의 편차를 가로지르는 주제는 계급의식으로 다가간다.

따라서 강경애의 의식을 이해하기 위해서는 ‘주요모순’이란 개념으로 접근할 필요가 있겠다. 즉 다양한 모순들과 운동들이 존재하는데, 이 가운데 주요모순을 계급문제로 파악했고 그보다 부차적인 모순으로 여성문제를 설정하였다는 것이다. 그렇기 때문에 「그 여자」나 「원고료 이백원」에 나타나는 여타 여성작가와의 차별성이 계급의식으로 이어지는 것 아니겠는가. 그리고 「소금」(『新家庭』, 1934.5~10), 「동정(同情)」(『靑年朝鮮』, 1934.10), 「모자(母子)」(『開闢』, 1935.1) 등의 작품에서 나타나듯이, 당대 여성이 처한 비참한 상황을 끝까지 직시하면서 그 해결을 위해 계급문제를 중첩시키고 있지 않은가. 계급의식이 성장할수록 여성인물을 둘러싼 상황과 인물의 형상화에 성공하는 까닭도 같은 맥락에서 이해할 수 있다. 주요모순과 부차적인 모순의 차이가 있을 뿐 강경애는 마지막까지 계급문제와 여성문제를 통일적으로 이해하였던 것이다.

지금까지의 논의를 간략하게 정리한다면, 강경애는 계급문제에는 적극적으로 맞섰던 반면 민족문제에는 다소 둔감했다고 할 수 있다. ‘식민지 근대화’라는 복잡한 양상을 고려할 때 식민지라는 현실의 타개는

---

62) 강경애, 「그 여자」, 위의 책, 432~433면.

계급투쟁의 승리로써 가능하리라고 파악했던 것이다. 그런데 계급적인 관점을 전면에 배치하면서도 여성작가로서의 특징이 나타난다는 점은 특기할 만하다. 계급과 사회의식에서 여성의 영역을 특화시키지 않으면서도, 계급갈등을 주요모순으로 설정하고 여성문제를 부차적 모순으로 부각시키면서 두 가지 문제를 통일적으로 파악하고 있기 때문이다. 강경애의 이러한 소설세계의 골격이 구축되는 데에는 남편 장하일(화요파)의 영향이 크게 작용하고 있다. 따라서 강경애의 소설은 계급의식과 여성의식의 긴장을 중심에 두고 파악하는 것이 온당할 것으로 판단된다.

제 6 장

욕망 위에서 흔들리는 아지로베에(균형인형)의 사이비지성

조연현의 친일평론에 대하여

1. 은폐와 왜곡으로 덧칠된 자전 기록

일제강점기 말기 석재(石齋) 조연현(趙演鉉)의 행적을 복원하기는 무척이나 지난하다. 물론 1982년 1월 『현대문학(現代文學)』이 마련한 '석재 조연현 추도특집(石齋 趙演鉉 追悼特輯)'의 「석재 연보(石齋 年譜)」를 참고할 수는 있다. 간단히 생각했을 때, 연보 작성자인 조정래와 조연현의 절친했던 관계를 염두에 두어 「석재 연보」에 대해 신뢰를 가질 수도 있겠다. 사실, 대부분 연구에 적용되는 조연현의 연보가 「석재 연보」이기도 하다. 조정래는 「석재 연보」를 작성하기 위해 조연현이 살아 있을 때 작성해 놓은 『내가 살아가는 인생(人生)』(태창, 1978)의 「조연현 연보(趙演鉉 年譜)」에 크게 의지한 것으로 판단된다. 기록의 내용은 물론 표현까지도 엇비슷하기 때문이다. 그런데 조연현이 자기 생애의 한 시절을 은

폐하고자 의도적으로 사실을 왜곡하였다면 어찌할 것인가. 식민지 말기 조연현의 행적 복원이 어렵다는 지적은 바로 이를 가리킨다.

가령 「석재 연보」에 나타난 1945~46년의 조연현을 보자. "1945年 8·15 광복과 함께 上京. 『藝術部落』을 創刊. 주로 詩作을 발표. 1946年 金東里·徐廷柱·趙芝薰·朴木月·郭鐘元·金潤成 등과 從遊, 靑年文學家協會, 全國文筆家協會, 全國文化團體總聯合會 등의 발족에 참여함. 이 무렵부터 詩에서 評論 쪽으로 활동의 방향이 점차로 옮겨져 갔음. 이 해 崔祥南과 결혼."[1] 「조연현 연보」 또한 이와 마찬가지 내용이다. 그렇다면 조연현이 시의 영역에서 평론의 영역으로 넘어갔던 이유는 무엇이며, 그는 왜 이것을 표나게 강조하고 있는 것일까.

조연현은 「나와 광복(光復) 30년」이란 수필을 통해 시 장르에서 평론 장르로 옮겨가게 된 이유를 다음과 같이 밝혀 놓고 있다. "해방 전부터 나는 조금씩 시를 써왔고, 해방 직후에도 얼마 동안은 시를 썼지만 해방 이후 점차적으로 나는 시에서 평론으로 아주 그 영역을 바꾸게 되었다. 이것은 내 취미나 기호의 탓에서보다는 해방 30년의 세월이 나를 이렇게 만들었다. 해방 전후의 문단의 혼란은 새로운 이론을 요구했고, 좌우익의 대립이 이를 더욱 부채질했다. 시를 쓰는 다른 한 편으로는 한두 번 평론에 손을 대기 시작하자 우리 문단은 나에게 평론을 요구하는 쪽으로 기울어졌다. 어느 사이에 나는 시인이 아니라 평론가로 되어 있었다. 해방 30년의 세월이 나를 그렇게 몰고 온 것이었다."[2] 요약하자면, 시대의 요구에 부응했기 때문이라는 내용이다.

그렇지만, 실상은 이와 아주 다르다. 해방 직후 조연현이 창간한 『예술부락(藝術部落)』만 봐도 금세 드러난다. 창간호에 그는 「새로운 문학(文學)의 방향(方向)−조선문학(朝鮮文學)의 과거(過去)와 진로(進路)」라는 평론을 발표하였고, 이에 대한 김명인의 판단은 이러하다. "대표적인 우익논

---

1) 趙廷來 作成, 「石齋 年譜」, 『現代文學』, 1982.1, 88면.
2) 趙演鉉, 「나와 光復 30년」, 『내가 살아가는 人生』, 태창, 1978, 36~37면.

객으로 활동하게 되는 조연현의 글이라 하기엔 낯선 느낌이 들 정도로 너무나 명백한 '유물사관'적인 역사인식을 보여주고 있어 주목을 요한다."[3] 일제강점기에도 그는 평론을 발표했다. 김규동·김병걸이 편찬한 『친일문학작품선집(親日文學作品選集)』2(실천문학사, 1986)에 벌써 세 편 「자기의 문제로부터」, 「아세아부흥론 서설(亞細亞復興論 序說)」, 「문학자의 입장」이 묶여 있을 정도이다. 김재용은 이러한 조연현의 친일 작품 목록에 세 편의 논문을 덧붙였다. 「동양에 대한 향수」, 「오카쿠라 텐신(岡倉天心)에 대하여」, 「평단의 1년」.[4] 김명인은 이 외에도 「짜라투스트라를 생각한다」, 「니체적 창조」, 「예술의 기능」, 「소설 이전의 문제」 등 네 편의 평론이 존재함을 밝히고 있다.[5] 이렇게 일제강점기에 쓰인 열 편의 논문은 모두 친일의 색채를 띠고 있기도 하다.

일제에 협력했던 전력이라든가 좌파 평론가로서의 면모는 조연현에게 삭제하고 싶은 과거였을 것이다. 이승만·박정희 정권과의 밀월을 통해 실권을 행사하던 그로서는 아픈 부분일 수밖에 없기 때문이다. 「나의 광복 30년」과 연보에 나타나는 기록은 그러한 욕망의 발현으로 볼 수 있다. 다시 말해서, 자신의 치부를 감추기 위해 의도적으로 사실을 왜곡했다는 말이다. 조연현의 자전적 기록을 보면 이러한 시도가 자주 나타난다. 그 가운데에서도 식민지 말기의 부분에서는 정점을 이룬다. 아직까지 그 부분을 해명하고자 했던 체계적인 시도가 없었다. 따라서 식민지 말기 조연현의 논리를 이해하기 위해서는 먼저 그의 행적을 복원할 필요가 있으리라 판단된다.

---

3) 金明仁, 「趙演鉉 硏究」, 인하대 박사논문, 1998, 67면.
4) 김재용 정리, 「친일문학 작품목록」, 『실천문학』, 2002년 가을.
5) 김명인, 앞의 논문, 55~56면.

2. 일제강점기 말기의 행적

조연현은 제도적인 등단 절차를 통과하지 않았다. 1947년 『경향신문(京郷新聞)』 신춘문예에서 가작으로 뽑힌 「우리 문학(文學)의 성격(性格)」이 데뷔작이라면 데뷔작이라고 할 수는 있겠다. 그렇지만 이 시기에 이미 그는 평론가로 활발하게 활동하고 있었을 뿐 아니라, 해방 직후 발표한 「새로운 문학(文學)의 방향(方向)」에 나타났던 좌파로서의 면모가 이 글에서도 여전히 이어지고 있다. 그러니 「우리 문학의 성격」을 통해 알 수 있는 사실은 두 가지 정도가 된다. 첫째, 제도적인 등단 절차의 통과에 그는 많이 집착하고 있었다. 자신의 이름을 숨기고 '조석동(趙石童)'이란 가명으로 응모했던 것은 그 사실이 알려지는 것을 꺼렸기 때문일 것이다. 둘째, 시대의 조류에 상당히 깊이 휩쓸리고 있었다. 1946년 4월 4일 기독교청년회관(YMCA)에서 좌파의 문학가동맹에 맞서기 위해 청년문학가협회(청문협)의 결성대회가 열렸고, 조연현이 청문협 발의자의 한 사람이었다는 사실을 염두에 둔다면 이는 명확히 드러난다.

비록 제도적인 등단과는 거리가 멀었지만, 조연현의 문학 활동은 일제강점기부터 활발하였다. 1937년 동인지 『아(芽)』를 펴냈는가 하면, 1938년에는 동인지 『시림(詩林)』을 발간하기도 하였다. 유동준의 회고에 따르면, 이즈음 그는 신문지면에도 많이 투고했던 듯하다. "1938년이라고 생각되는데 그 해 이른봄부터 우리말 신문들은 1주일에 한번씩 학생란을 만들어 학생들의 투고를 추려서 실었다. 그때 학생란에 자주 투고하던 사람들의 이름을 지금 기억할 수는 없으나 石齋형을 비롯해서 鄭泰榕, 趙敬嬉, 鄭廣鉉형 등이 자주 투고했고 芝薰형도 趙東卓이라는 본명으로 썼다."[6] 1938년 배재고보를 졸업한 후, 그는 1년여 만주 하르

---

6) 俞東濬, 「人間 石齋; 投稿時節부터 8·15까지」, 『現代文學』, 1982.1, 51면. 당시 투고에 관한 내용은 조연현의 「내가 처음 詩를 썼을 때」(『내가 살아가는 人生』)에도 잘

빈에서 생활하다가 1940년 귀국하여 혜화전문학교에 입학하였다. 하지만, 「석재 연보」에 따르면, 혜화전문 시절은 그리 순탄하지 못하였다. 거기에는 "1941年 學生事件에 연좌되어 同校 中退. 이 때부터 어려운 나날을 보냄"이라고 적혀 있다.

사뭇 거창하게 '學生事件에 연좌되어'라고 기록되어 있지만, 기실 그렇게 심각한 것은 아니었고 그저 우발적 사건에 가까울 따름이다. 이를 밝혀 주는 기록은 세 가지가 남아 있다. 하나는 김장호의 「동국문단사 1」(『동국대학교 국어국문학과 50년』, 동국대 국어국문학과, 1996)이고, 다른 하나는 유동준의 「인간 석재(人間 石齋)―투고시절(投稿時節)부터 8·15까지」이며, 마지막 하나는 조연현의 「나의 동대시절(東大時節)」(『내가 살아가는 人生』)이다. 세 기록을 비교해 보면, 연도라든가 정황 묘사의 구체성에서 유동준의 내용이 비교적 정확하게 느껴진다. 김장호의 기록에서 새롭게 참조할 내용은 문제가 된 조연현의 시 제목이 「자화상(自畵像)」이라는 사실 정도이다. 1941년 어느 늦가을의 상황을 유동준은 다음과 같이 기록하고 있다.

> 한동안 만나지 못했었는데, 하루는 石齋형이 초췌한 모습으로 찾아왔다. 심상치 않아 웬일이냐고 물었더니 "오늘 아침에 동대문경찰서에서 나왔다"는 것이다. 그 때의 사건은 혜화전문학교의 학생 몇 사람이 일본어로 同人誌를 냈는데, 거기 실은 詩들이 모두 불온하다 하여 동대문경찰서 고등계에 의해 일망타진되었다. 그 때 말썽이 된 石齋형의 日本語詩 첫째 구절만은 지금도 기억하고 있다.
> "나의 얼굴은/植民地처럼 파리하다/植民地처럼 파리하다"
> 우리말로 옮겨놓으면 대충 이런 구절이었다. 石齋형은 몸이 약해 보이고 엄살을 심하게 해서 그래도 1주일만에 나왔는데 詩 「憤怒」를 쓴 鄭泰榕형은 아직 못 나왔다는 것이다. 그 날 나는 石齋형과 같이 병원식당에서 점심을 먹고 고향 함안으로 내려가는 石齋형을 서울역까지 배웅했다.[7]

드러나 있다.

‘혜화전문 필화사건’으로 조연현은 무척 커다란 충격을 받았던 듯하다. 이 사건으로 인해 퇴학을 받았다고 기록한 것은 분명한 왜곡이지만,[8] 이후 학교생활을 제대로 하지 못한 것은 사실로 다가오기 때문이다. 김장호의 진술은 이를 뒷받침한다. “「자화상」이라 題한 시에 ‘나의 얼굴은 식민지처럼 말랐다’라는 구절이 말썽이 되어 前記 필화사건에 연좌하더니 서점에 틀어박히고 문학하는 선배를 찾고 연애하느라, 학교에는 잘 안 나오고 하다가 담임 김두헌 교수의 꾸지람을 듣게 된 적도 있다.”[9] 그리고 그는 1943년 9월 졸업한 이들의 명단 속에서 조연현의 이름을 찾아내기도 한다. “1943년에 졸업하는 정태용(鄭泰榕)·조연현(趙演鉉)에 이르러 비로소 동국의 평론문학도 확고한 기반을 닦아 내게 된다.”[10]

조연현이 친일의 욕망이 스며있는 평론을 발표하기 시작한 것도 이 즈음부터이다. 처음 발표한 친일논문 「동양에 대한 향수」가 『동양지광(東洋之光)』 1942년 5월호에 실렸던 것이다. ‘토쿠다 엥겡(德田 演鉉)’이란 이름으로 발표된 이 글에는 소속이 ‘혜화전문 흥아과(惠化專門 興亞科)’라고 되어 있다. 뿐만 아니라 「오카쿠라 텐신(岡倉天心)에 대하여」(『東洋之光』, 1942. 9~10)에도 그는 ‘혜화전문(惠化專門)’ 소속으로 나타난다. 그리고 그의 「아세아부흥론 서설(亞細亞復興論 序說)」(『東洋之光』, 1942.6)은 『동양지광』의 현상공모 지상(誌上) 결전 학생웅변대회에서 3등으로 뽑힌 작품이다. 그러니 이 또한 조연현이 주장하는 “학생사건에 원인이 되어 퇴교를 당하고” 운운이 거짓이라는 사실을 증명하는 셈이 된다. 그가 ‘혜화전문’이란 딱시를 떼는 짓은 「니체적 창조」(『東洋之光』, 1942.12~1943.1)부터이다.

---

7) 兪東濬, 위의 글, 52~53면.

8) 조연현은 “2학년까지 다니다가 학생사건에 원인이 되어 퇴교를 당하고 고향에 돌아와 면서기가 되었다”고 기록을 남겨 두었다(「내가 故鄕에서 살 무렵」, 『내가 살아가는 人生』, 태창, 1978, 48면).

9) 김장호, 「동국문단사 1」, 『동국대학교 국어국문학과 50년』, 동국대 국어국문학과, 1996, 38~39면.

10) 위의 글, 37면.

이는 유동준이 증언하는 조연현의 낙향 시기와 그대로 일치한다. "42년 말인가, 43년 초에 石齋형은 고향으로 내려가 군서기나 면서기라도 해서 징용을 피해야 하겠다고 내려갔다."11)

이렇게 따진다면, 1941년 중퇴에 이어지는 「석재 연보」의 기록이 상당히 애매하게 작성되었다는 사실을 쉽게 파악할 수 있다. "1944年 절에서 도피생활을 함. 이후 고향에서 面書記가 됨." 1944년 절에서 도피생활을 하였다는 것일까, 아니면 중퇴 이후 1944년 어느 시기까지 절에서 도피생활을 하였다는 내용인가. 김명인은 조연현의 절에서의 도피기간을 1942년과 1943년으로 파악한다. "연보에 의하면 그는 학교를 중퇴한 뒤 절에서 도피생활을 하던 기간인 1942년과 1943년 2년 동안 왕성한 평론활동, 그것도 친일적 평론활동을 한 것이 된다."12) 앞에서 살펴보았듯이, 조연현은 1942년 말경 낙향하였다. 그러니 김명인의 견해에는 선뜻 동의하기 어렵다. 뿐만 아니라 조연현은 1943년 『신시대(新時代)』 12월호에 실린 「평단의 일년」을 끝으로 친일적 성향의 글을 더 이상 발표하지 않았다. 이는 1943년까지 조연현으로서는 굳이 도피생활을 할 필요가 없었다는 의미가 된다. 따라서 만약 조연현이 절에서 도피생활을 하였다면, 그 시기는 1944년 시작되어 면서기가 되기 이전까지라고 볼 수 있겠다.

조연현이 면서기가 되었던 때는 1944년 가을로 추정할 수 있다. "면서기 생활 10여 개월 만에 해방이 되어"13)라는 구절이 이를 뒷받침한다. 그러니 조연현의 절 생활은 1944년 전반기 정도가 된다. 절로 들어가기 이전에 그는 친일 성향의 글을 발표하면서 "경남 일대에 산재해 있었던 해방 전의 지방 문인들과 교류"14)하기 위해 동분서주하였다. 「내가 고

---

11) 兪東濬, 앞의 글, 53면.

12) 김명인, 앞의 논문, 49면.

13) 조연현, 앞의 글, 48면. 같은 글에서도 이를 둘러싼 조연현의 진술은 일정하지 못하다. 학생사건에 연좌되어 퇴학당했다는 주장만 일관될 따름이다. 시기적인 정황을 고려하였을 때 이 기록이 가장 타당하다고 판단하여 필자는 이를 선택하였다.

향(故鄕)에서 살 무렵」에는 그와 교류한 문인들의 명단과 교류의 분위기가 어느 정도 드러나 있다. 이는 그의 성격에 적절히 맞아떨어졌던 것으로 파악된다. 일찍 싹튼 그의 인정 욕망이 "내가 주동이 되어 만든 동인잡지는 『아(芽)』라는 잡지였는데, 배제의 동기생 몇 명과 타교의 학생들이 중심이 되었다. 중학교 학생으로서 동인잡지를 만든다는 것은 어느 나라에서도 별로 볼 수 없는 일이었을 것이다. 그것도 프린트가 아니라 활자 인쇄로 된 국판 50면 내외의 의젓한 잡지였다"15)에서 '혜화전문 필화사건'으로까지 이어졌다면, 이후에는 "참기 어려운 발표욕을 충족시키기 위한 하나의 수단이요 행위"16)로 친일 성향의 글을 발표하는 한편 고향 문인들과의 교류로 스스로의 존재를 확인해 나갔던 것이다.

　절 생활에 대한 조연현의 기록은 전혀 남아 있지 않다. 그리고 절로의 '도피'라고 해 봐야 징병·징용될까 두려워서 도피했던 것으로 보는 것이 온당할 듯싶다. 조연현의 기록에서 발견되는 사찰은 김동리를 찾아갈 때 나타나는 '다솔사(多率寺)'가 전부이다. 그러니 이를 둘러싼 사실 정도만 부기하도록 하겠다. "하동에 있는 동요시인 남대우(南大祐)씨와 함께 곤명에 있었던 김동리씨를 **처음으로** 찾아본 것은 아마 내가 중학을 졸업하고 H전문학교에 들어가기 전의 방랑시절이었을 것이다. 폐가 나쁘다고 하며 깨를 씹고 있던 그 당시의 김동리씨의 모습이 퍽 인상적으로 나에게 기억되고 있다."17)(고딕 강조—인용자) 여기서 말하는 '방랑 시절'이란 1938년에서 1940년 사이가 된다. 1938년 배제중학을 졸업하고 1940년 혜화전문학교에 입학했기 때문이다. 그리고 여기서 말하는 경상남도 '곤명'은 다솔사가 있는 지역이고, 당시 김동리는 다솔사에 머물고 있었다.

---

14) 위의 글, 49면.
15) 조연현, 「나의 中學時節」, 앞의 책, 15면.
16) 兪東濬, 앞의 글, 53면.
17) 조연현, 「文學的 散策」, 앞의 책, 24면.

1942년 말에 낙향했을 때에도 조연현은 김동리가 있는 다솔사로 찾아간 적이 있다. 이때의 만남이 해방 이후 함께 일을 할 수 있었던 것과 관계가 있을 것이라는 암시가 흥미롭게 다가온다.

그 때의 우리 일행이 누구누구였던가. 기억이 희미하지만 이정호, 정태용, 그리고 나 이렇게 세 사람이 아니었던가 싶다. 내가 있는 함안에 놀러온 이형과 함께 정형이 있는 의령엘 들렀다가 진주를 거쳐 다솔사로 갔다고 기억된다.
이정호형은 이미 김동리씨와 친분이 있는 사이였으므로 별안간에 찾아간 우리 일행을 김동리씨는 반가이 맞이해 주었다. 약간 수다스러웠던 부인의 친절과 호의로 우리는 그 날 밤 김동리씨의 좁은 한간방에서 같이 묵었다.
밤새도록 문학이야기만 하다가 새벽녘에 잠이 들었는데 그 때 무슨 이야기를 그렇게 오래 했는지 지금은 거의 기억이 없다. 8 · 15 해방 직후 서울에서 만나 청년문학가협회를 비롯한 문단의 재건에 항상 김동리씨와 같이 일하게 되었던 것은 그 때의 인연에도 조금은 관계가 있었을 것이다.18)

3. 인정 욕망 위에서 춤추는 사이비지성(似而非知性)

'혜화전문 필화사건'을 겪기 직전, 그러니까 1939년에서 1941년 즈음 조연현은 고바야시 히데오(小林秀雄)의 이론에 깊이 빠져 있었다고 한다. "이 무렵이라고 생각되는데 石齋형과 나는 30년대 일본문단에 批評文學을 정립했던 小林秀雄에게 심취한 일이 있었다. 문학에 있어서의 사회주의적 이론을 배격하고 비판문학도 어디까지나 詩와 小說과 마찬가지로 하나의 작품세계를 창조해야 한다는 주장이다. 石齋형이나 내가 해방 후 문학가동맹에 휩쓸리지 않고 또 詩에서 평론으로 기울게 되는

---

18) 조연현, 「내가 故鄕에서 살 무렵」, 위의 책, 53~54면.

데에는 小林文學의 영향이 상당히 컸다고 생각한다."19) 그러니 식민지 말기 조연현의 논리를 이해하기 위해서는 먼저 고바야시 히데오의 이론을 잠깐 살펴볼 필요가 있겠다.

『일본문학(日本文學)·사상명저사전(思想名著辭典)』(高宰錫 編, 깊은샘, 1993)에서는 고바야시를 "반마르크스주의의 '투사'"라고 소개하는데, 고바야시가 파악했던 유럽 근대문학의 본질은 '자연이나 사회'와 결연하게 대결하던 '개인'의 의식에 놓여 있었다. 따라서 고바야시가 보기에, 자신을 둘러싼 세계와 악전고투하는 의식이 배제된 근대소설은 그저 감상의 수용에 머무르는 수준일 수밖에 없었다. 당시 유행하던 사소설에 대한 다음과 같은 비판은 그래서 타당하게 다가온다. "일본의 사소설 작가들이 나를 믿고 사생활을 믿으면서 어떤 불안도 느끼지 않았던 것은 나의 세계가 그대로 사회의 모습이라는 것으로 나의 봉건적 잔재와 사회의 봉건적 잔재의 미묘한 일치 위에서 사소설은 난숙해졌던 것이다." 그렇다면 다음으로 이어지는 논리가 개(인)성과 사회의 관계로 나아갈 것은 자명하다. 이렇게 개(인)성에서 사회의 발견으로 나아가는 과정은 당시 고바야시 자신에 대한 성찰의 결과이기도 하였다. "죽음과 절대 속에 틀어박혀 있던 그는 이때 마침 '시류'의 한복판에 있는 자신을 발견하고, 사회에 마음을 열려고 또는 열지 않으면 안 된다고 느꼈던 것이다. 개인성과 사회성의 야지로베에(균형인형)를 손가락으로 조종하는 재주藝를 여기에서 보여 주었던 것이다. 그러나 고바야시의 '사회성'은 곧 옆에 존재하는 국가주의를 대기시켜 놓았으며 전통의 무게를 그 속에 포함시킨 것이었다. 따라서 개인성과 사회성의 야지로베에는 그대로 개인주의와 전통주의 또는 대중과의 야지로베에가 된다."20)

---

19) 兪東濬, 앞의 글, 52면.

20) 김윤식은 고바야시 히데오의 입장을 '지성 변호론'으로 이해하고 있다. 작가의 악전 고투 강조에 해석의 초점을 맞춘 결과이다. "도스토예프스키라는 일급 작가를 철저히 연구한 결과, 그는 근대 러시아 사회나 19세기 러시아 시대를 표현한 것이 아니라 그 것과 싸워 승리한 작가임을 발견하였다. 서양의 個人主義라든가 合理主義라 하지만

개(인)성과 사회성 사이에서 균형을 잡기란 극히 어렵다. 또한, 어느 관점에서 파악하느냐에 따라 그러한 균형감각은 기우뚱하게 보일 수밖에 없다. 조연현이 고바야시를 통해 수용했던 것은 세계와 악전고투하는 작가의 면모이다. 따라서 「현실과 문학」(『매일신보』, 1940.8.18), 「시의 행동화」(『매일신보』, 1940.9.8), 「산문정신」(『매일신보』, 1940.12.15), 「작가의 윤리」(『매일신보』, 1941.6.23)를 분석하고 난 후, 김명인이 놀라움을 표하는 것은 당연하다고 하겠다. "이 네 편의 글은 일반적으로 알려진 조연현의 문학관, 즉 '삶의 구경적 형식을 추구하는 문학'이라는 관점과는 상당한 거리를 지니고 있다. …… 이 시기 그의 문학관은 인간탐구보다는 사회탐구, 개인보다는 그 개인과 사회의 관련을 파악하는 것을 더 우선시하는 편에 속했다고 할 수 있다. …… 그가 이 시기에 이렇게 사회적 맥락을 중시하는 문학관을 내세운 것은 일단 뜻밖이라고 할 수 있다."21)

그렇지만, '혜화전문 필화사건'을 겪고 난 이후 조연현의 관심은 현재에서 과거로, 개(인)성과 사회성의 관계에서 개성으로 바뀌게 된다. 사건을 겪으면서 아마 심리적으로는 한껏 위축되었을 것이며, 당시 크게 위세를 떨치던 '신체제론(新體制論)'으로부터 거리를 두기 어려웠을 것이다. 흥미로운 사실은 이때부터 그가 문학(예술)을 다른 영역으로부터 분리해 내어 이해하기 시작한다는 사실이다. 그리고 아직까지도 고바야시의 영향이 남아 있어서 '국민문학'을 이해하는 데 다소간 논리의 균열을 드러내고 있다. 이처럼 매끄럽지 못한 불연속성에서부터 조연현

일급 작가들은 이것들과 싸워 이긴 작가인 것이다. …… 그는 역사가 늘 변화한다든가, 혹은 진보한다고는 보지 않고 언제나, 인간은 같은 것과 싸우고 있다는 입장을 명백히 했다. 그는 나아가, 서구 문학과 일본 고전을 비교하였다. 서구 문학은 의견, 비판, 해석, 분석이 재미있었고, 知的이었는데, 일본 고전은 절대적으로 명하는 한 점에 '肉體로써 부딪치는 것이며 머리로 理解하는 것이 아니었다.' 그러므로 이 속에 성숙이 있을 수 없고, 따라서, '古典에는 머리가 좋지 않으면 理解할 수 없는 것 같은 것은 씌어 있지 않다'고 하여 近代를 超克하여 日本 古典에 귀의한다는 대명제에 비판을 가했다."(『韓國近代文藝批評史研究』, 일지사, 2002, 417~418면)

21) 김명인, 앞의 논문, 54~55면.

미의식의 정치성이 배어 나온다. 아직까지도 자기 나름의 관점을 확립하지 못한 탓에 다른 이의 이론에 크게 기대고 있었던바, 이 시기에는 조연현이 오카쿠라 텐신(岡倉天心)을 그 나름대로 전유하면서 이런 결과를 야기하였던 것이다. 이 글에서는 「동양에 대한 향수」, 「아세아부흥론 서설」, 「오카쿠라 텐신에 대하여」, 「문학자의 입장—새 세대의 말」(『東洋之光』, 1943.1), 「자기의 문제로부터」(『國民文學』, 1943.8), 「평단의 일 년」을 대상으로 하여 살펴보도록 하겠다.22)

이 시기 조연현에게서 발견되는 오카쿠라 텐신의 영향력은 절대적이다. 조연현은 「아세아부흥론 서설」과 「자기의 문제로부터」에서 오카쿠라 텐신의 사상을 중심에 두고 자신의 논리를 펼치고 있으며, 「오카쿠라 텐신에 대하여」에서는 조연현의 직접적인 고평(高評)이 두드러진다. "작금(昨今) 대동아공영권에 관한 많은 논문이 세간에 횡행하고 있으나, 텐신의 『동양의 이상』과 비교하면 그것은 대부분 무력(無力)·무능에 가깝다." 직접 언급하지는 않았지만, 그가 쓴 첫 번째 친일 성향의 평론 「동양에 대한 향수」는 『동양의 이상』의 논리 그대로이다. 따라서 조연현의 논리를 살피기 전에 먼저 오카쿠라 텐신에 대해 알아볼 필요가 있겠다. 오카쿠라 텐신의 사상은 과연 어떠한 내용인가.

다카하시 가즈미(高橋和巳)는 오카쿠라 텐신을 "어디까지나 동양미학자이며 미적 대조화大調和를 이상으로 삼았던 사람"(『日本文學·思想名著辭典』)이라고 평가하고 있다. 오카쿠라 텐신이 정치·경제적인 측면에서 입론을 전개한 것이 아니라, 미술·예술을 통해 범아시아주의를 주장했으니 이는 당연한 평가라고 하겠다. 오카쿠라 텐신은 아시아의 연대 속에서 각 나라가 화이부동(和而不同)의 정신으로 공존할 수 있다고 판단하였던 듯하다. "텐신의 정신주의는 무력에 의해서가 아니라 각각

---

22) 이들 논문에 대한 구체적인 출처의 면 표기는 생략한다. 모두 일본어로 되어 있는데, 번역상의 혼란이 있을 나타날 수 있기 때문이다. 이후 번역본을 논문집에 게재하고, 그를 통하여 면 표기를 하도록 하겠다.

의 고유한 문화권에 내재하고 있는 정신적 에너지를 지렛대로 삼아 세계를 변혁하려고 하는 간디(Gandhi)나 타고르(Tagore)의 자세와 공통점을 갖고 있다. 분명 각자 극히 내셔널적인 발상이면서 동시에 국가를 초월할 수 있는 열린 관점도 갖추고 있는 것이다.” 따라서 텐신이 주장했던 범아시아주의는 반제국주의 연대라는 측면에서 이해하면 되겠다. 그렇지만 그의 의도와는 무관하게 범아시아주의가 '대동아공영론'의 밑그림으로 작용한 것은 분명한 사실이다.

조연현이 반복하여 인용하는 오카쿠라 텐신의 『동양(東洋)의 이상(理想)』은 1903년 영국에서 출판되었고, 일본에서 번역되어 유통되기 시작한 때는 1925년이다. 다카히시 가즈미는 그 내용을 이렇게 요약하고 있다. “오카쿠라 텐신의 『동양의 이상』은 세 개의 주장으로 정립鼎立되고 있다. ① 아시아는 문화적으로 하나의 통일체이다. ② 일본문화사야말로 그 통일적인 보전·계승·발전의 모습을 구체적으로 보여준다. ③ 지금 동양문화는 무력을 배경으로 진출한 서구문명의 위험에 직면해 있다고 하지만 그 자체의 내적 각성에 의해 보다 우수한 인간의 가치로 발전될 가능성이 있다.”23) 서구문명과 변별되는 동양문화의 성격을 텐신은 『동양의 이상』 첫머리에서 다음과 같이 설명하였다. “히말라야 산맥은 두 개의 강력한 문명 — 공자의 공동주의(共同主義) 중국문명과 『베다(Veda)』의 개인주의 인도 문명을 오로지 이를 강조하기 위해 나누고 있다. 그렇지만 이 눈의 장벽으로도 저 궁극과 보편에 대한 드넓은 사랑의 확산을 단 한 순간도 차단할 수 없다. 이 사랑이야말로 전아시아 민족 공통의 상속재산이라고 할 사상인 것이다……. 그리고 이들을 지중해나 발트해의 제민족 — 특수한 것에 유의하기를 좋아하고 생활의 목적이 아닌 수단을 탐구하기를 좋아하는 이들 제민족 — 으로부터 구별하는 이

---

23) 오카쿠라 텐신은 “일본문화의 특질이 타국의 전통을 그 나라의 전통 이상의 것으로 육성했던 점에 있다”고 파악했다. 이 점에서 볼 때 일본문화의 특질을 강조한다고 하여 텐신을 국수주의자로 이해하기는 어려울 것이다.

유인 것이다.”

이러한 오카쿠라 텐신의 사상은 조연현에게 그대로 이어지고 있다. 그렇지만 무비판적인 오카쿠라 텐신 수용이 문제를 야기하는 것은 당연하다. 조연현이 오카쿠라 텐신의 논리에 흡수·동화되어 이를 강조하고 나섰을 때 대동아공영의 논리가 정점에 달해 있었다.[24] 1940년 3월 중국에 왕정위 정권이 수립되어 일제와 손을 잡는 사태가 벌어지고, 같은 해 6월 근대정신의 상징인 프랑스 파리가 독일군에 의해 함락되자 근대 이후의 새로운 체제[新體制]에 대한 논리가 막강한 영향력을 갖게 되었던 것이다. 당시 근대 초극의 논리가 신체제론, 대동아공영론과 연관을 맺는 까닭은 바로 여기에 있다. 따라서 일제강점기 말기 호출된 오카쿠라 텐신의 사상 또한 이러한 시대적 조류와 무관할 수는 없었다. 오히려 정치·경제적인 일제의 욕망을 정당화시키는 데 오카쿠라 텐신의 사상이 놓였다고 보는 것이 정확한 표현이다. 다시 말해서, 미적 대조화(大調和)를 추구했던 오카쿠라 텐신의 정신은 왜곡되어 일제의 침략을 정당화하는 데 이용되었다는 것이다. 조연현은 이러한 사실에 대해 무지했거나 무심하였다. 「아세아부흥론 서설」의 다음 부분은 이를 적나라하게 보여 준다.

천재시인 오카쿠라가 이미 메이지(明治) 36년에 외쳤던 '아세아는 하나다'라는 사상이야말로, 오늘날 눈부시게 전개되고 있는 대동아공영권(大東亞共榮圈)의 사상적 근거가 되는 것입니다.
이 양자간에 굳이 차이가 있다고 한다면, 그것은 오카쿠라가 종교·예술적인 측면에서 '아세아는 하나다'라고 말했던 반면, 대동아공영권은 정치적인 의미에서 '아세아는 하나다'라는 사상에 이르게 된 것이라고 할 수 있겠습니다. 그러나 중요한 것은 그 이전에 이미 아세아는 '하나'가 되지 않으면 안될

---

24) 여기에 대한 자세한 논의는 金允植의 『韓國近代文藝批評史研究』(한얼문고, 1973)의 '第II部 轉換期의 批評' 중 '第5章 古典論과 東洋文化論'과 '第7章 新體制論', 김재용의 『협력과 저항』(소명출판, 2004) 참조

본질적인 요소가 있었다는 사실입니다.

거기에 관한 상세한 설명은 필자와 같은 학도의 능력으로서는 할 수 없을뿐더러, 또한 여기서 그것을 구명(究明)할 시간도 필요도 느끼지 않으므로 할애하지 않겠습니다만, 단지 그것이 천재 오카쿠라의 영감(靈感)으로 발견되고, 지금은 대동아공영권이라고 하는 현실적인 문제로 제기된 이상, 그리고 그것이 아세아 전체 민족의 의지이기도 한 이상, 우리들에게 남겨진 과제는 대동아공영권이라고 하는 작업에 적극적으로 참가해야 하는 그 일밖에 없다는 사실만은 덧붙이겠습니다. "안으로부터의 승리인가, 아니면 밖으로부터의 강력한 죽음인가"라고 외치면서 오카쿠라는 '아세아는 하나다'라는 주장의 끝을 맺고 있습니다만, 이 말은 아직까지도 우리의 가슴을 감동시키며 육박하고 있습니다.

"이전에 이미 아세아는 '하나'가 되지 않으면 안될 본질적인 요소가 있었다"는 따위의 주장은 조연현이 고바야시 히데오로부터 얼마나 멀어졌는가를 나타내는 증거가 된다. 고바야시 히데오는 그러한 태도가 파시즘으로 기울어질 것이라고 경고하고 있었기 때문이다.[25] 고바야시 히데오의 그러한 경고에 아랑곳하지 않고 조연현은 파시즘의 세계로 다가서고 있는 양상을 보이고 있는 셈이다. 그가 오카쿠라 텐신을 전유하는 방식 또한 이와 무관하지 않다. 발터 벤야민이 명쾌하게 분석했던 것처럼 정치의 예술화는 파시즘으로 귀결한다.[26] 그런데 오카쿠라 텐신의 '미적 대조화'를 통해 '대동아공영권'이라는 정치논리를 이해하고 있는 조연현의 입장은 정치의 예술화와 맞닿아 있는 것이다. 물론 오카쿠라 텐신의 범아시아주의와 대동아공영권의 차이를 인식하고 있음에도 불구하고, "거기에 관한 상세한 설명은 필자와 같은 학도의 능력으로서

---

25) "(1937년은—인용자) 小林秀雄이 「現代文藝思潮의 對立」(『文藝』 5卷 3號)에서, 復古思想으로서의 日本主義를 '파쇼型 이데올로기'의 침입이라 하여 경고하고 있을 무렵에 해당된다."(김윤식, 『韓國近代文藝批評史研究』, 일지사, 2002, 327면)
26) 발터 벤야민의 「技術複製時代의 예술작품」(『발터 벤야민의 문예이론』, 민음사, 1992) 참조

는 할 수 없을뿐더러, 또한 여기서 그것을 구명(究明)할 시간도 필요도 느끼지 않"는다는 식의 애매한 타협이 이루어지는 데에는 조연현의 친일 욕망이 개입해 있기도 하다.

「아세아부흥론 서설」에는 오카쿠라 텐신의 '미적 대조화'와 '대동아공영권'이라는 정치논리가 애매하게 뒤섞여 있다. 예컨대 다음과 같은 대목에서 부각되는 것은 오카쿠라 텐신의 영향이다. "아무리 아세아는 '하나'가 된다고 말해 봐도 이제까지의 생활감정이나 국가 이상(理想)이 서로 다르게 되었던 아세아의 각 민족을 일본화(日本化)한다는 일도 실제적으로는 불가능한 일입니다. 상당한 곤란과 예리한 사색을 필요로 하는 일이지만, 이것은 결국 아세아라고 하는 각양각색의 소민족(小民族)들이 저마다의 개성으로 각자 고유한 생활을 하면서, 상호 조화를 바탕으로 한 특수한 국가군(群)을 형성하는 방향으로 나아가도록 촉진하는 데서 가능하다고 믿어집니다." 반면 다음과 같은 내용은 영락없는 '대동아공영권'의 논리이다. "대동아전쟁은, 일·러(日露)전쟁이 단순히 일본과 러시아의 전쟁이 아니라 러시아의 동양 침략에 대한 일본의 결사적 전쟁이었듯이, 단순히 일본과 영·미와의 전쟁만이 아니라 영·미가 아세아와의 대등한 관계를 무시하고 아세아 민족을 학살하고 세계정복을 꾀하려는 영·미적 세계사에 대한 일본의 방비전(防備戰)이며, 아세아의 자율성과 독립성을 선양하는 아세아의 자각전(自覺戰)이기도 한 것입니다."

이러한 논리의 균열 사이에서 움터 오르는 것이 조연현의 친일 욕망이다. "주의해야 할 것은 '하나'인 아세아의 중심은 일본이어야 한다는 사실입니다. 그것도 단순히 정치적인 이유 이상으로 명심해야 할 근거가 있습니다. 옛날 동양문화를 받아들인 일본, 그리고 더욱 뒤에는 서양문화를 받아들인 일본, 그리고 어느 것에도 치우치는 일이 없었던 일본에게, 아세아의 중심으로서 아세아 통괄(統括)의 역할이 벌써부터 약속되었던 것입니다." 범아시아주의와 대동아공영론, 친일 욕망 사이에서 빚어지는 이러한 논리의 균열은 「아세아부흥론 서설」의 특징이면서 동시에 일제강점기 말기 조연현 비평의 특징이기도 하다.

　기실 조연현에서 발견되는 논리의 균열은 서인식(徐寅植)·인정식(印貞植)·박치우(朴致祐)·신남철(申南澈) 등 역사철학자들이 맞닥뜨린 문제였으며, 최재서와 같은 평론가도 이를 우회할 수는 없었다. 최재서의 경우 균열의 지점에서 '지성과 논리'를 포기하는 대신 '신념과 태도'를 내세웠는데, 「평단의 일년」을 보면 조연현 또한 최재서가 선택한 방향을 따라나선 것으로 파악된다. '비평가의 논리'와 '비평가의 문학에 대한 신념'을 마주 세우면서 후자를 강조하고 있기 때문이다.

　국민문학에 대한 명확한 이론적 근거가 파악되지 않았다는 것은 국민문학에 대한 신념의 불철저를 말해주는 것이다. 신념이란 아직 완전하지 못한 이론을 관철시키는 과정에서 자신을 실현시키는 것이기 때문이다. 그러나 이렇게 말하면 놀랄 사람이 있을 지도 모르겠다. 작가로 하여금 작품을 쓰게 하는 것은 작가의 논리가 아니라 작가의 인생에 대한 신앙(종교적 의미에서의 신앙이 아니라)인 것처럼, 비평가로 하여금 평론을 쓰게 하는 것은 비평가의 논리가 아니라 비평가의 문학에 대한 신념이기 때문이다. 이론의 근거는 언제나 신념의 근거에서 자연적으로 발효하기 때문이다. 따라서 나는 올 한 해 평단의 부진이 우선 비평가(비평가뿐만 아니라 작가도 포함해서)의 국민문학에 대한 신념의 불철저에 있다고 믿는 사람 중 하나이다.

　비평가가 '문학의 논리'를 접고 '국민문학의 신념'을 선택했다는 것은 그만큼 친일 욕망이 강렬했음을 보여 준다. 조연현의 경우가 여기에 그대로 들어맞는다. 그런데 흥미로운 사실은 국민문학의 신념을 내세우면서도 조연현이 '개성'을 누차 강조한다는 사실이다. 예컨대 최재서의 『전환기의 조선문학』을 평가하면서 그는 "정치적 이념에 문학적 이념을 합치시키기에 급급한 나머지 문학자에게 가장 중요한 것이 개성이라는 사실을 완전히 망각하고 있"다고 비판한다(「평단의 일년」). 「자기의 문제로부터」에서도 마찬가지이다. "작가는 외부의 현상만을 모방하던 눈을 자신의 내부로 돌려야 하며, 치열하게 변화하는 이 시대 속에서 작가는 깊이 자신의 속에서 탐색을 위한 출항을 시도하지 않으면 안 된다."

과연 국민문학을 통해 개성의 발현이 가능할까. 김윤식은 여기에 대해 회의적인 의견을 피력하고 있다. "國民文學의 결정적 조건은 바로 國民意識에 의해 '充電'되는 데 있다. 그러므로 그 주제는 개성 묘사나, 시국에 의해 행동 능력이 거세된 인텔리의 내면 묘사나 自己暴露로는 도저히 불가능했으므로 외부의 힘인 國民意識에 의존한다는 것이다. 그렇다면 국민문학은 곧 계몽, 선전문학으로, 예술성을 따질 수 있는 성질의 것이 못되는 것이다. 國民文學이란 명칭으로 한국인이 발표한 작품에 대한 창작평은 따라서 한껏해야 얼마나 일본 정신이 잘 반영되었는가, 시국을 얼마나 바람직한 방면으로 그렸는가를 언급함에 그칠 수밖에 없었던 것이다."27) 김윤식의 이러한 판단은 충분히 경청할 만하다. '외부의 힘인 國民意識'에 따라 나서기 위해서 필요한 것이 논리의 부정이었다면(최재서), 논리를 끌어안고자 했던 경우에는 신체제론(국민문학)을 향해 직선적으로 나아갈 수 없었다(서인식). 다시 말하면, 논리를 버리고 가미카제(神風) 특공대처럼 신념으로만 무장하여 국민의식의 발현을 위해 뛰쳐나가는 마당에 개성이 끼어 들 자리는 존재하지 않았다는 것이다.

신념의 길을 선택하고서도 '개성'을 강조하는 대목에서 조연현의 인식 수준을 파악할 수 있다. '개체, 국민[個]'과 '전체, 국가[全]'의 관계 설정에 대한 논의는 국민문학에 접근하기 위한 중요한 열쇠였다. 그런 만큼 논의가 분분하게 일었던 것도 당연하다. 그렇지만 조연현은 그런 맥락을 제대로 따라잡고 있지 못하였다. 그래서 최재서가 나름의 고민 끝에 선택한 결과를 손쉽게 추수하기는 하였지만 최재서가 고민했던 내

---

27) 김윤식, 앞의 책, 419~420면.

용을 제대로 파악하지 못하였기에, 그는 자신이 선택한 결과에 반하는 주장을 하게 되었던 것이다. 이러한 조연현에게서 고바야시 히데오의 '야지로베에(균형인형)' 처지를 느낄 수 있다. 고바야시 히데오로부터 받은 영향—개(인)성과 사회성 사이에서 균형잡기—이 어설프게 잔존하고 있어서 맥락과 무관하게 '자기와의 집요한 대결'이 튀어나오고 있기 때문이다. "우리가 자기를 벗어나서는 국가의식도 국민의식도 이룰 수 없다. 국가의식도 모두 자신의 몸 속에서 우러나오는 것이다. 자기와의 집요한 대결이 없이 대체 어떠한 국가의식, 국민의식이 있겠는가."(「자기의 문제로부터」)

　이렇게 일제강점기 말기 조연현의 비평세계를 파악했을 때 가장 두드러지는 것은 인정 욕망이었다고 할 수 있겠다. 타인으로부터 인정받고자 했던 조급한 욕망에 이끌려 깊이를 확보하지 못했던 그의 논리는 이리저리 춤을 출 수 있었고, 춤판이 펼쳐졌던 시대적 배경 위에서 그는 친일의 방향으로 나아갈 수 있었다. 그런 점에서 그가 끌어들였던 고바야시 히데오, 오카쿠라 텐신의 사상은 한낱 치장에 불과했던 셈이다.

4. 조연현의 오류 교정 방식

　앞에서 지적하였다시피, 해방 이후 조연현은 유물사관의 역사인식이 드러나는 평론을 발표하였다. 그에게 평론이란 이때까지 인정 욕망(혹은 기회주의)을 드러내는 수단에 불과한 것이었기에 이러한 변신은 그다지 문제될 것이 없었다. 이를테면 다시 한 번 현란한 춤을 선보인 것에 불과하다는 것이다. 한바탕 요란한 춤사위가 끝나고 우리에게 익숙한 모습으로 조연현이 논리를 펼치기 시작한 때는 1947년 7월이다. "좌파적 교양과 그에 기초한 유물사관적 역사인식은 1947년 7월에 발표한 「인간의 구조—새로운 루넷상스운동을 위하야」(『민중일보』, 1947.7.9)에 오면 조연현의 인식체계 속에서 어느새 사라져버리고 그 자리에는 자유주의적 역사인식이 자리잡게 된다."28)

아마 조연현의 논리 정착에는 사회적 조건의 변화가 크게 작용하였을 것이다. 즉 1946년 10월 문학가동맹의 지도부가 해주로 이동하였고, 1947년 3월에는 문학가동맹 기관지 『문학(文學)』이 판매금지 조처를 당했으며, 같은 해 8월에는 문학가동맹 자체가 폐쇄되었던 상황과 맞물린다는 것이다. 이후 조연현의 논리는 누구보다도 완강한 순수문학주의의 색채를 띠게 된다. "해방기의 다른 우익 문학론자들에 비해 조연현은 보다 완강한 순수문학주의자였다고 할 수 있다. 그는 문학과 정치 혹은 문학과 현실의 관계에서 배제론의 입장에서 문학만을 주장하고 모든 정치적 이념으로부터 벗어나는 순수만이 문학의 생명임을 거듭 강조한다. 그는 당대 민족문학론의 전개에서도 일정한 거리를 유지함으로써 김동리, 조지훈 등의 청문협 문학자들과도 구별되는 특징적인 면모를 보여준다."29)

'모든 정치적 이념으로부터 벗어나는 순수만이 문학의 생명'이라는 관점은 점차 한국문인협회의 중심 이데올로기로 자리 잡아 나간다. 이러한 이데올로기의 뒤편에는 일제강점기 말기 조연현이 빠져들었던 오카쿠라 텐신의 그림자가 어른거린다. "오카쿠라가 종교·예술적인 측면에서 '아세아는 하나다'라고 말했던 반면, 대동아공영권은 정치적인 의미에서 '아세아는 하나다'라는 사상에 이르게 된 것이라고 할 수 있겠습니다"라는 인식에서 오카쿠라 텐신의 입장을 선명하게 부각시킨 모양새인 것이다. 뿐만 아니라, 일제강점기 말기와 해방 직후의 혼란기를 거치면서 '정치적 의미 맥락'과 '종교·예술적 측면'의 뒤섞임 속에서

---

28) 김명인, 앞의 논문, 70면.
29) 전용호, 「조연현 문학비평 연구」, 고려대 석사논문, 1996, 27면.

번번이 실패를 이어 갔던 만큼 조연현은 오카쿠라 텐신의 사상을 침소봉대(針小棒大)하는 지경에까지 이르렀다고 볼 수도 있겠다. '모든 정치적 이념으로부터 벗어나는 순수'라는 관념의 표백(表白)은 온전히 조연현 자신의 입론에 해당하기 때문이다.

한국문인협회는 조급한 인정 욕망으로 빚어진 조연현의 실패와 이에 대한 잘못된 교정 속에서 나름의 이데올로기를 굳혀 나갔다. 그렇다면 어디에서부터 잘못된 단추를 다시 꿰어나가야 할 것인가. 조연현의 친일평론을 연구하는 이유는 바로 그 지점에서부터 비롯된다.

2부

새로운 문학사와
불완전한 근대의 에필로그

제1장 한국 근현대문학사에 붙이는 아홉 개의 주석
: '비민족주의적 반식민주의' 입론

제2장 1930년대 문학제도의 변화와 세대 논쟁

제3장 근대적 민족국가와 4·3소설
: 제주 언어·신화·역사의 특수성을 중심으로

제4장 김동리와 조연현
: 문학 권력

한국 근현대문학사에 붙이는 아홉 개의 주석

'비민족주의적 반식민주의' 입론

1. 번역의 어려움

창작과 번역은 사유의 전개 방식에서 정반대이다. 김인환(金仁煥)은 그 차이에 대하여 다음과 같이 간결하게 지적한 바 있다. "창작에서 주제는 한 단계씩 형성되어 나가다가 최후에 완성되지만, 이와 반대로 번역에서는 처음부터 주어져 있는 하나의 주제, 즉 의미의 방향이 낱말들을 선택하게 하고 서로 결합시키게 하는 것이다."[1] 이러한 이유로 하여 번역하는 이의 사유는 연역적일 수밖에 없다. 하나의 세계를 관통하는 주제의식에 따라 각각의 부분들을 꿰맞추어야 하기 때문이다. 이는 번역자를 주제의식의 공명(共鳴) 속으로 끊임없이 몰아넣는 요인이 된다.

---

1) 김인환, 「번역과 맥락」, 『상상력과 원근법』, 문학과지성사, 1993, 187면.

비유적으로 표현하자면, 저자가 도달한 결론을 꼭짓점 삼아 밑변(번역의 과정)을 그려 나가야 하는 것이 번역자의 운명이다. 저자가 결론을 맺은 지점에서 번역가는 비로소 번역을 시작할 수 있다. 번역이 어려운 까닭은 여기서 비롯된다.

한 권의 책이 아니라 하나의 문명이 그 대상이라면 어떠할까. 그러니까, 하나의 새로운 문명과 맞닥뜨려서 이를 우리의 언어로 번역할 경우, 얼마나 지난한 노력이 요구되는 것일까. 물론 번역이란 대화의 한 방편일 것이며, 대화를 하는 까닭은 대상을 이해하여 내 안으로 / 우리 안으로 초대하기 위해서이다. 그러한 방식의 무수한 만남과 초대를 통하여 새로운 문명은 마침내 나의 일부로 녹아들게 된다. 그렇기 때문에 아무리 지난한 노력이 요청되더라도, 번역 / 대화는 끊임없이 이어져야만 한다. 중국 문명이 인도 문명을 받아들여 제 것으로 만들어 나간 과정은 아마 훌륭한 예시가 될 것이다.

> 중국과 인도 간의 문명의 대화가 한대(漢代)부터 시작되었다면 불교의 지혜는 여러 세기를 거치면서 비로소 점차 중국 문명에서 떼어낼 수 없는 부분이 되었다고 할 수 있습니다. 이 과정은 여러 단계를 거치게 되지요. 첫 번째 단계는 '격의(格義)'라는 것입니다. 이를테면 불교의 '공(空)'을 도가의 '무(無)'로 번역하고 불교의 '다르마(Dharma)'를 유가의 '법(法)'으로 번역하는 것이지요. 한마디로 말해서 자신이 이해한 사상과 범주로써 이질적인 것들을 해석하는 것입니다. 두 번째 단계는 불교가 점차 중국인들에게 수용되면서 중국의 문화 전통으로 진입하는 것입니다. 그리고 마지막 세 번째 단계는 불교가 중국의 문화전통에 동화되고 흡수되는 과정에서 점차 화엄종(華嚴宗)이나 천태종(天台宗), 선종(禪宗), 정토종(淨土宗) 같은 중국식 불교 종파로 발전하는 것입니다. 이는 아주 지난한 과정이지요. 사람과 사람이 만나 친구가 되는 게 일생을 걸쳐 이루어지는 일이라면, 문명과 문명의 대화는 종종 수백 년이 걸리는 일입니다.[2]

---

2) 뚜웨이밍(杜維明), 김태성 역, 「대화, 타자의 독특한 특성을 이해하는 것」, 『문명들

하지만 번역이 항상 대화로까지 이어지는 것은 아니다. 가장 흔하게 일어나는 현상은 저자(새로운 문명)의 주제의식에서 벗어나고 마는 경우이다. 여기에는 번역자의 몰이해 혹은 선험적인 편견이 개입한다. 저자의 의도(새로운 문명)가 오독된 채 소개되는 양상이니 이를 통한 대화가 제대로 진행되기는 어려울 수밖에 없다. 반면, 번역자가 저자(새로운 문명)의 주제의식과 적절한 거리를 유지하지 못할 때에도 문제는 발생한다. 저자(새로운 문명)의 주제의식에 함몰되어 버리면, 번역서와 마땅히 긴장을 형성해야 할 이 땅의 역사와 현실이 지워져 버리기 때문이다. 대화란, 상대방의 의견에 무조건 맞장구를 치면서 동화해 나가는 과정이 아니라, "여행하고 번역하고 교환하는"3) 행위가 아니던가. '번역은 반역이다'라는 주장은 번역의 이러한 어려움을 향해 다가간다.

2. 번역과 식민지 조선의 근대

근대에 이르러 식민지를 경험한 국가에서는 이러한 사실을 염두에 둘 필요가 있을 듯하다. 가령 조선의 경우를 보면, 당대의 지식인들은 서구의 근대문명을 접하면서 '구망도존(救亡圖存)'의 위기감을 느끼지 않을 수 없었다. 위기감이 편향된 격정으로 이어지는 과정이야 쉽게 짐작할 수 있는바, 전통적인 사상이 봉건의 딱지가 붙여져서 배격되는 반면 일본을 통해 건너온 서구사상은 새 삶을 가능케 할 출구로 파악되기 시작하였다. 서구 지성의 위기가 논란이 되는 와중에 이육사(李陸史)

의 대화』, 휴머니스트, 2006, 34~35면.

3) 가라타니 코오진(柄谷行人), 이경훈 역, 「교통 공간에 관한 노트」, 『유머로서의 유물론』, 문화과학사, 2002, 38~39면.

가 새삼 "조선 문화의 전통"을 언급하고 나선 까닭은 이로써 이해할 수 있다. 1930년대 중후반에 이르렀을 즈음 식민지 조선의 철학·문학계에서는 자신들의 지적인 전통에 대한 관심이 거의 사라져 버렸던 것이다. 편향된 격정을 쫓아 나아가며 배태되었던 문제는 여기서 분명하게 드러난다.

> 그런데 朝鮮文化의傳統속에는 知性을가져보지못햇다고하는데 좀생각해볼 問題입니다. 가령歐羅巴의 敎養이 우리네敎養과 다르다는그理由를 루넷상스에서指摘한다면 우리네의敎養은 루넷상스와가튼 크다란産業文化의 大過渡期를經過하지 못햇다는것일겝니다. 그러나 우리도엇던形式이엿든지 文化를가지고왓고 또그것을사랑하고 앞으로도 이마음은變할理가 업슬것이리라.4)

서구의 새로운 문명에 압도될수록 전통은 폄하되기 일쑤였다. 시간이 흐를수록 이러한 반비례 관계는 고착되었고, 1938년에 이르러서는 "조선 문화의 전통 속에는 지성이 없다"라는 극단적인 입장까지 공공연히 등장하게 되었다. 조선의 전통과 서구에서 발원한 새로운 문명이 원만한 대화의 과정을 거치지 못하였음은 여기서 극명하게 드러난다. 그러니 뒤늦게나마 반성이 이어지는 것은 당연하다고 하겠다. 임화(林和)가 「개설(概說) 신문학사(新文學史)」를 써내려가며 "신문학사는 조선에 있어서의 서구적 문학의 이식으로부터 시작되는 것이다"5)라고 성찰할 수 있던 때는 1939년이었고, 김기림(金起林)이 비슷한 어조로 "朝鮮에있어서의 지금까지의新文化의 '코—쓰'를 한마디로써 要約한다면 그것은 '近代'의模倣이엿다"6)라고 반성했던 때는 1940년이었다.

하지만 성찰과 반성은 자의식이 강한 지식인의 몫이다. 새로운 것을 좇아 앞으로 성급하게 뛰어나가는 이들은 전통과 새로운 사조 사이의

---

4) 李陸史, 「朝鮮文化는 世界文化의 一輪」, 『人文評論』, 1938.11, 44면.
5) 林和, 「槪說 新文學史」, 『朝鮮日報』, 1939.9.8.
6) 金起林, 「朝鮮文學에의反省—現代朝鮮文學의한課題」, 『人文評論』, 1940.10, 38면.

대화 가능성을 마련하지 못한다. 성찰과 반성의 순간에서도 이는 그대로 이어진다. 그러니 대화를 통한 문명 간의 습합(褶合)으로 나아가지 못하는 것은 당연하다고 하겠다. 서구 지성의 반대편에 동양 지성을 대립적으로 맞세우고자 했던 최재서(崔載瑞)·김오성(金午星)·서인식(徐寅植) 등이 바로 그러한 면모를 보여 준다. 이항대립적인 설정과 파악은 사태에 대한 입장을 선명하게 드러내는 데는 유효하지만, 대화의 가능성을 모색하는 데는 무력하기 짝이 없다. 서구 지성이 직면한 위기를 넘어서기 위해 동양의 정신으로 뛰어 들어갔던 많은 이들이 친일로 나아가게 되었던 까닭은 여기서 말미암았다. 그런 맥락에서 보자면, 「조선문화(朝鮮文化)는 세계문화(世界文化)의 일륜(一輪)」을 통해 이육사가 우려하였던 바는 적절하였다고 말할 수 있다.

> 맛쉬·아―놀드의말에따르면 敎養의根源이란것은 한개完成에의 志向이라고하얏스니 우리의精神文化의傳統속에 엇더한形式이엿든지 이런것이잇섯고 西歐와東洋思想을 애써區別하려고해보아도 至今의우리머리속은 純粹한東洋的이란것은 잇슬수업다는것은 여기에별말할 必要조차업슴으로 知性問題는 悠久한우리精神文化의 傳統속에 그基礎가잇섯고 우리가吸收한 새精神의洗練이잇는만큼 當然히問題되어야할것입니다. 다시 말하면 루넷상스를經過한 歐洲文化도인제는벌서 歐洲만의文化는아닌것이며 그들의精神의危機도 그들만의危機라고는 생각해지지안는까닭입니다.[7]

'이것이냐, 저것이냐' 하는 양자택일의 관점으로는 대화가 불가능하다. '나'를 지우거나 '니'를 지우거나 어느 한 쪽의 내용이 왜곡되어 배제되어야만 성립가능한 관점인 까닭이다. 하지만 급박하게 요동쳤던 세계정세의 한가운데서 끊임없이 '구망도존(救亡圖存)'의 위기 앞에 노출되었던 근현대 한국의 지적인 궤적은 나름의 여유를 가지지 못하였다. 범박하게 정리하자면, 한국의 근현대학문은 양자택일의 관점 위에

---

7) 李陸史, 앞의 글, 같은 면.

서 극단에서 극단으로 커다란 진폭으로 흔들리며 역사를 쌓아 왔다. '기지촌의 지식인들'8)에 대한 김영민의 질타가 예리하게 느껴지는 것은 그러한 지적인 풍토 전체를 겨냥하고 있기 때문이다. 근현대문학사의 전개 또한 이러한 비판으로부터 자유로울 수 없는 것은 마찬가지다.

3. 문학이란 무엇인가—이광수와 나쓰메 소세키(夏目漱石)

서구의 'Literature'라는 단어가 일본의 '분가꾸(文學)'를 모범으로 하여 조선에서 '문학'이라는 개념으로 확립되기 시작한 것은 이광수(李光洙)를 통해서였다. 1916년 1월 10일부터 23일까지 『조선일보』에 연재된 「문학이란 하(何)오」는, 황종연의 지적처럼, "일차적으로 문학에 대한 전통적인 관념을 청산하려는 취지"9)에서 쓰였다. "그(이광수—인용자)는 문학을 근본적으로 새로운 것으로 상정하고 있었다. 그가 사용한 문학이라는 단어 자체가, 비록 당시의 식자층에게는 아주 친숙한 한자어였음에도 불구하고, 실은 국가, 철학, 미술 등과 마찬가지로 개화의 물결을 타고 유포된 새로운 문물의 명칭이었다."10)

임화의 「개설(槪說) 신문학사(新文學史)」를 보면, 1930년대에 이르러 서구 'Literature'의 번역으로서의 '문학'은 마치 상식처럼 통용되었던 듯하다. 그는 개화기에 사용된 문학의 용례를 들면서 "학문 일반의 의미로 문학이란 말이 사용되었다"라고 지적하고 있다. 그러면서 다음과 같은

---

8) 김영민, 『탈식민성과 우리 인문학의 글쓰기』, 민음사, 1996 참조
9) 황종연, 「문학이라는 譯語―「문학이란 하오」 혹은 한국 근대 문학론의 성립에 대한 고찰」, 『東岳語文論集』, 1997.12, 467면.
10) 위의 논문, 458면.

비판을 전개하였다. "지금 우리로서 보면 실로 가소로운 혼동이다. 그러나 학문이란 말을 Literature의 역어(譯語)로 생각지 않고 자의(字義)대로 해석하여 사용한 당시에 있어 이 현상은 극히 자연스러운 일이라 아니할 수 없다."11) 그의 '이식문학론'은 바로 이러한 규정에서부터 시작되고 있다. 이러한 대목에서 '한국／조선 근현대문학의 기원'은 비로소 드러나기 시작한다.

식민지 조선에서의 이러한 진행과 비교하였을 때, 후발 제국주의국가 일본의 지식인인 나쓰메 소세키(夏目漱石)의 자의식은 퍽이나 관심을 끈다. 소세키는 1900년 영국으로 유학을 떠나서 1903년 1월 귀국하였다. 그는 어려서 한학을 배운 바 있고, 영문학을 전공으로 선택했던 것은 그 연장에서였다. 그렇지만 그는 공부를 해 나갈수록 "영문학에 속은 듯한 불안감"12)을 느끼게 되었고, 결국에는 "한학에서 말하는 이른바 한문학과 영어에서 말하는 이른바 영문학의 관계는 도저히 같은 정의에 포함될 수 없는 다른 종류의 형태"13)라는 사실을 깨닫게 되었다. 소세키는 한문학과 영문학 가운데 하나를 택하는 양자택일의 방식으로 나아가지 않았다. 그러니까 소세키의 예술가적인 자의식은 '한문학'과 '영문학'이라는 두 개의 문학 사이에서 빚어졌던 것이다.

현재의 입장에서 판단하건대, 이광수와 나쓰메 소세키의 차이는 매우 크게 느껴진다. 보편적인 사상이나 문학·개념·제도 따위가 상이한 역사적 맥락을 가진 특수한 상황 속으로 접합될 때 나름의 굴절이 생기는 것은 당연한 현상이다. 대화의 가능성을 확보하기 위해서는 바로 그 굴절되는 지점에 주목하여야만 하지 않을까. 서구 르네상스에서 발원한 단단한 하나의 근대가 막다른 벽에 직면한 이즈음, '다양한 근대'의 가능성은 이러한 대화에서부터 모색할 수 있기 때문이다. 물론 일본의 한

---

11) 林和, 앞의 글, 같은 면.
12) 나쓰메 소세키, 김정훈 역, 「『문학론』 서」, 『나의 개인주의 외』, 책세상, 2004, 26면.
13) 위의 글, 27면.

문학은 결국 영문학의 질서로 재편되면서 근현대문학으로 변모하게 되었다. 그렇지만 나쓰메 소세키는 '한문학'과 '영문학'이 정면에서 충돌하였던 흔적을 남겨두었고, 일본의 근현대문학은 소세키가 남긴 **흔적**을 통해 근현대문학의 결여된 지점이랄까 **빈틈**을 직시할 수 있었다. 이것이 이광수와 소세키가 결정적으로 갈라지는 지점이다.

흔적과 빈틈을 통해 나/우리는 너/너희와 대화의 가능성을 마련할 수 있다. 나/우리 안에 남겨진 너/너희의 흔적을 통해 내밀한 교통이 시작되며, 언제나 무엇인가가 결여된 상태에 머무르는 불완전한 존재인 나/우리는 너/너희를 통해 그 빈틈을 메워나갈 수 있다. 그런 관점에 입각하여 정의를 내리자면 '인간은 대화하는 존재'다. 그렇기 때문에 우리는 먼저 "처음에 관계가 있다"라고 이야기해야 한다. "관계는 존재의 범주(範疇, Kategorie), 준비, 파악의 형식, 혼의 주형(鑄型)이다. 관계의 아프리오리(Apriori), 그것은 곧 '타고난 〈너〉(das eingeborene Du)'이다."14) 만약 '나'와 '너'가 맺는 관계를 미처 깨닫지 못한다면, '너'는 생동감을 잃고 물화(物化, Verdinglichung)된 끝에 결국 한낱 수단으로 전락하고 만다. '그것'이 되고 마는 것이다. 그래서 마르틴 부버는 다음과 같이 단언하였다. "'나', 그 자체란 없으며 오직 근원어 '나—너'의 '나'와 근원어 '나—그것'의 '나'가 있을 뿐이다."15)

인간이 관계의 존재라는 사실을 몰각한다면 저 두터운 근대의 벽 앞에서 우리는 매번 절망할 수밖에 없을 것이다. 그런 점에서 이광수의 생애는 교훈으로 삼을 만하다. 편향된 격정에 사로잡힌 나머지 이광수는 전통과 새로운 사상 간의 대화를 이끌어 내지 못하였다. 감싸기 없는 단절이 가능하리라는 착각은 그래서 불거지고 말았다. 착각 안에서 그는 오로지 혼자였다. 만약 고독한 그에게 동행이 있었다면 그것은 '신성한 책'으로 자리했던 서구의 새로운 사상과 이를 매개하였던 일본

---

14) 마르틴 부버, 표재명 역, 『나와 너』, 책세상, 1994, 39면.
15) 위의 책, 6면.

이라는 창 정도를 꼽을 수 있다. 그 차가운 계몽의식에 대하여 임헌영은 다음과 같이 비판한 바 있다. "너무나 잘 알려져 있는 일이지만 춘원의 민족 개조와 계몽사상의 대상은 상민이었다. 가난하고 못 배우고 순박한 농민·노동자 등이 항상 잘못이었다. 유학생들은 그들에게 긴 설교를 하며 민족 개조 사상을 펼쳤다. 과연 그럴까. 잘못한 것은 그들이 아니라 바로 길고 지루한 설교를 하던 유학생 자신들이었음을 역사는 밝혀 주었다."16)

한때 '하늘 아래 더 이상 새로운 것은 없다'라는 문장이 유행한 바 있다. 새로운 것만을 바삐 좇는 이들은 성숙의 경지를 알지 못 한다. 성숙으로 이어지는 대화의 의미를 제대로 깨닫지 못하기 때문이다. 단단한 근대를 넘어서는 길은 바로 이러한 대화정신의 복원과 이를 통한 성숙의 확보를 통해 비로소 예비할 수 있다. 자, 보라. 이광수가 단절하고자 했던 그때의 문학이 다시 이렇게 귀환하고 있지 않은가. "오늘날 가능한 것은 금지에 대한 저항이 아니라 유혹에 대한 거절일 것이다. 이제 권력은 '하지 마라'라고 말하지 않고 '하라'라고 말하기 때문이다."17) 문학은 단지 '문학'에 머무르지 않는다. 그렇다고 과거의 '문학'이기만 한 것도 아니다. '문학'(근대)과 '문학'(전통)의 대화를 통해 그 면모는 새롭게 드러날 것이다.18)

---

16) 임헌영, 「民族文學의 명칭에 대하여」, 『창조와 변혁』, 形成社, 1985, 90면.
17) 신형철, 「스키조와 아나키―2000년대 한국 시의 정치성을 위한 단상」, 『창작과비평』, 2006년 여름, 277면.
18) 최원식, 「문학의 귀환」, 『문학의 귀환』, 창작과비평사, 2001 참조

4. 전통을 파악하는 하나의 사례―문화 지리와 신라정신

"지리인식의 왜곡은 지리인식 자체의 일로 그치지 않는다. 지리인식이 잘못되면 그에 따른 인문사회과학적 연구업적이 모두 함께 왜곡된다."[19] 그러니 지도를 올바로 제작하는 일은 무척 중요할 수밖에 없다. 이러한 당위적인 진술을 우리의 현실에 적용해 본다면 사태의 심각성은 금세 드러난다. 현재 일반적으로 유통되는 한반도의 지도는 자원 수탈을 위해 일본인 학자가 그려낸 땅 밑의 지질도에서 연원한다. 실제의 지형과 차이가 크다는 말이다.

1900년과 1902년 고토 분지로(小藤文次郎)는 광물탐사사업의 학술책임자 자격으로 조선의 지질을 조사하였다. 1903년 동경제국대학 논문집에 발표한 「조선의 산악론(An Orographic Sketch of Korea)」과 「지질구조도(1 : 200,000)」는 그 결과이다. 1904년 정치지리학을 전공한 야쓰 쇼에이(矢津昌永)는 고토 분지로의 견해에 입각하여 『한국지리(韓國地理)』를 저술·출간하였다. 그리고 『한국지리』에 실린 산맥지형도는 1908년 『고등소학대한지지(高等小學大韓地誌)』에 옮겨졌다. 『고등소학대한지지』가 당시의 지리교과서였으니 그 파급력은 막강하였는데, 여기에 실렸던 야쓰 쇼에이의 산맥지형도는 현재 한국의 학교 교육에서도 여전히 사용되고 있다.

반면, 실제의 산줄기에 입각한 지도로는 「산경도(山經圖)」를 꼽을 수 있다. 「산경도」의 지리관은 '1대간(白頭大幹) 1정간(長白正幹) 13정맥(正脈)'을 토대로 하는데, 16세기에 제작된 우리나라 최고(最古)의 지도인 「조선방역지도(朝鮮方域地圖)」로부터 19세기 고산자 김정호의 「대동여지도(大東輿地圖)」에 이르기까지 이를 바탕으로 삼고 있다. 근대 이전의 인간들

---

19) 조석필, 『태백산맥은 없다』, 산악문화, 2005, 20면.

은 흐르는 강을 길 삼아 언어와 문화를 전달하는 창구로 삼은 반면, 장애물로 버티고선 산맥은 정착과 이동을 가로막는 걸림돌로 인지하였다. 그래서 다음과 같은 주장이 가능한 것이다. "강은 흐르게 하고, 산은 가둔다. 강이 동질성을 푸는 동안, 산은 이질성을 키운다. 그리하여 산과 강, 두 개의 역설적 거울이 이 땅의 역사와 문화를 비췄을 때 비로소 우리는 우리의 참모습을 보게 된다."[20]

신라정신을 파악하기 위해서는 먼저 「산경도」의 지리관을 염두에 두어야 한다. 백두대간을 경계로 하여 동쪽과 서쪽의 문화 전파 양상이 상당히 달랐기 때문이다. "백두대간을 경계로 한 한반도의 동북부가 시베리아 북방 문화의 한반도 유입 창구였다면, 한반도의 서북부는 신석기 시대 이후 중국 화북 지역의 농경문화가 한반도에 유입되던 창구였다."[21] 한반도의 서쪽으로 전파된 문화가 백두대간을 넘어 동쪽으로 넘어가는 데는 대략 1~2백 년이란 시간이 걸렸다. 가령 요하 유역에서 만들어지기 시작한 비파형동검(기원전 10세기)의 영향을 받은 세형동검(細形銅劍, 한국식 동검)은 대동강과 금강 유역에서 먼저 발전하였고(기원전 4~3세기), 기원전 2세기경에는 영산강 유역으로 확산되었다. 세형동검이 백두대간의 동쪽인 낙동강 유역으로 전파된 것은 기원전 1세기 이후다.

세형동검이 전파되었던 기원전 4세기에서 기원전 1세기에 이르는 시기는 중요한 의미를 가진다. 기원전 3세기부터 기원 전후까지는 소국(小國·部族國家·城邑國家)들이 형성, 발전하는 시기이기 때문이다.[22] 소국은 백제와 신라라는 집권적인 고대국가가 등장하기 이전의 국가를 말한다. 소국의 출현에 따라 읍락 사이의 종속 관계가 형성되기 시작하였고, 이에 따라 나름의 지배 이데올로기가 등장하기도 하였다. "'國'의 정치력이 성장하면서 국읍과 읍락들, 주수와 거수들 사이의 관계는 사

---

20) 위의 책, 158면.
21) 우실하, 『전통문화의 구성원리』, 소나무, 1999, 90면.
22) 宋華燮, 「三韓社會의 宗教儀禮」, 『三韓의 社會와 文化』, 신서원, 1997, 59면.

못 달라졌을 것이다. 그 형태는 대등한 관계에 놓여있던 일반 읍락들이 국읍에 종속되는 것이었으며 주수와 거수 사이의 우열의 차가 심화되는 것이었다."23)

우실하에 따르면, 백두대간의 서쪽 지역은 부족국가 형성기에 철기문명과 음양오행사상을 받아들였다. 그러니까 예맥족의 기본사상이던 '3수 중심의 세계관'이 '음양오행사상'으로 대체되면서 지배 이데올로기가 형성되었다는 내용이다. 반면, 백두대간의 동쪽인 진한과 변한은 부족국가가 이미 형성되고 난 뒤, 그러니까 서쪽보다 1~2세기 늦게, 철기문명과 음양오행사상을 받아들이게 되었다. 따라서 3수 중심의 세계관이 국가 이데올로기로 확립된 이후 음양사상을 흡수하는 양상이 펼쳐진 것이다. 3수 중심의 세계관이 중심을 이루고, 음양사상이 부수적인 역할을 한다는 사실은 신라정신을 이해하는 데 무척 중요하다. 샤머니즘의 파악과 잇닿아 있기 때문이다.

샤머니즘은 3수 분화의 세계관을 바탕으로 한다. 무(無)에서 하나로, 하나에서 셋으로 분화한다는("一始無 始一析三極") 『천부경(天符經)』의 논리가 이를 보여 준다. 『천부경』이 81자로 이루어진 까닭도 마찬가지다. 무에서 하나로, 하나에서 셋으로, 다시 아홉으로, 결국 여든하나로 분화 완결되는 논리의 형식적인 전개이기 때문이다. 『도덕경(道德經)』의 81장 구성 또한 이와 관련을 맺는다. 삼재론(三才論)도 3수 분화의 세계관을 바탕으로 하는바, 샤먼은 영(靈)의 세계인 하늘[天]과 물질의 세계[地]를 잇는 인간세계[人]를 대표하는 존재이다. 그러니까 하늘과 땅을 잇는 새의 권능을 이어받은 존재가 바로 무(巫)였으며, 제정(祭政)이 분리되기 이전의 무는 태양의 아들로서 군왕이자 제사장이었던 것이다. 영의 세계는 보이지 않는 세계인 까닭에 풍류사상이나 도교사상은 보이지 않는 세계로의 없음(無·無極)에서부터 논리의 출발점을 마련한다.

---

23) 權五榮, 「三韓社會, '國'의 구성에 관한 고찰」, 『三韓의 社會와 文化』, 신서원, 1997, 49면.

반면, 농경문화의 역(易)사상과 관련을 맺는 유교는 언제나 있음(有·太極)으로서의 하나에서 시작한다. 본디 중국의 상대(商代, 기원전 1750~기원전 1100)에는 계절이 봄과 가을 이외에는 없었으나 서주(西周, 기원전 1100~기원전 771)시대에 기상이변이 일어나면서 4계절로 세분화되기 시작하였다. 이러한 자연조건의 변화에 대응하고자 했던 노력은 24절기의 분화를 낳기도 하였다. 결국 이는 역(易)사상으로 정리되었는데, 1(太極·道·一氣)―2(陰陽兩儀)―4(四象)―8(八卦)―64(六十四卦)로 이어지는 역(易)사상은 땅의 논리라고 할 수 있다. 즉 3수 중심의 세계관이 세계를 수직적으로 이해하는 반면, 2수 중심의 세계관은 세계를 수평적으로 이해하는 것이다. 덧붙이자면, 자연계의 신령들을 숭상하는 무(巫)가 수렵과 목축을 전통으로 하는 시베리아 북방문화의 핵심인 반면, 조상신을 섬기는 축(祝)은 농경문화의 산물이다.24)

신라정신은 3수 중심의 세계관을 바탕으로 한다. 3수 중심의 세계관이 지배 이데올로기로 확립된 이후 음양오행사상이 유입되었기 때문에 신라정신의 근간은 크게 흔들리지 않았다. 음양사상이 가미된 3수 중심의 세계관에 불교사상이 습합되는 과정은 왕권의 강화와 관련을 맺는다. 예컨대『삼국유사(三國遺事)』제3권의「법흥 제삼(法興第三)」편 '원종흥법(原宗興法)과 염촉멸신(猒髑滅身)'을 보면, 전통신앙의 지지자인 중신과 호족 세력의 반대에 맞서기 위해 불교를 옹호하는 법흥왕의 면모가 나타나고 있다. 그러니까 이차돈(異次頓)의 죽음은 법흥왕과 모의한 내용을 실천하는 과정이며, 이를 통해 불교의 권위와 왕권은 동시에 강화되었다는 것이다.

법흥왕의 자리를 승계한 진흥왕은 화랑을 법제화하였다. "원화류(類)와 화랑은 이미 그 이전부터 신라에 풍류도로서 존재해 오던 것인데 진흥왕 37년에 이르러 비로소 법제화된 것으로 보는 것이 합리적이다."25)

---

24) 우실하, 앞의 책 제4장 '3수 분화의 수렵 문화와 2수 분화의 농경 문화의 습합' 참조.
25) 趙興胤,「화랑의 종교문화」,『한국종교문화론』, 東門選, 2002, 123면.

화랑의 법제화 또한 왕권 강화를 통한 국력의 축적이라는 관점에서 파악할 수 있다. 본디 화랑은 샤먼이었기 때문이다. 화랑은 하늘과 땅을 잇는 무당의 역할을 담당했는가 하면, 사설을 읊고 춤도 추는 예술가의 자질도 갖추었을 뿐만이 아니라, 제정일치의 흔적이 완전히 사라지지 않았던 시대의 여건상 군사적인 성격도 지니고 있었다.[26] 그러므로 전통신앙의 계승자를 왕권 아래 두게 되었으니 왕권의 강화와 연결시켜 파악할 수 있다는 것이다.

불교에서는 무(巫)의 신령을 받아들였다. 절의 한 쪽에 설치된 산신각(山神閣) 등이 그 증거다. 화랑 또한 불교를 받아들였다. 화랑 출신으로 불가에 귀의하는 이들이 그러한 사실을 증명한다. 따라서 신라정신이라면 3수 중심의 세계관 위에 음양사상을 흡수한 다음, 불교와 습합해 나아간 화랑에게서 요체를 잡을 수 있다.

5. 순수문학의 진의(眞意)

근대적인 국가의 기획은 긴박한 길항 속에서 전개될 수밖에 없는 듯하다. 모순처럼 들러붙은 양면성 위에서 근대적인 국가는 비로소 탄생하기 때문이다. "개국이라는 의미에는 자신의 **바깥**, 즉 국제사회에 **여는**(開) 동시에 국제사회에 **대해서** 자신을 **국가**(國)=통일국가로 **선을 긋는다**(劃)는 양면성이 내포되어 있다."[27](고딕 강조—원저자) 따라서 쇄국의 고수가 세계 질서 내에서의 고립을 자초하는 극단의 편향이라면, '보편주의'라는 명목 아래 서구의 사상·문화·제도 등을 무분별하게 수입하고

---

26) 김범부, 「國民倫理 特講」, 『花郎外史』, 以文社, 1981, 218~222면 참조.
27) 마루야마 마사오(丸山眞男), 김석근 역, 『일본의 사상』, 한길사, 1998, 60면.

나서는 행태 역시 극단의 편향이라고 이를 만하다. 두 극단 사이에 펼쳐진 긴장을 어떻게 끌어안을 것인가, 하는 문제는 구한말의 긴박한 흐름 속에서 첨예하게 부각된 바 있다. 해방이 되고 나서 새로운 국가 만들기를 모색할 때 불거지는 문제 또한 이와 밀접한 관련을 맺는다. 문학계 역시 이러한 문제에 직면하기는 마찬가지였다.

김동리(金東里)는 "국제사회에 **대해서** 자신을 **국가**(國)=통일국가로 **선을 긋는다**(劃)"는 측면에 집중했던 양상이다. "좌익(동맹을 가리키는 말)에서도 '민족문학 건설'을 표어로 내걸고, 우리도 '민족문학 수립'을 내세웠는데 하나는 진실이고 하나는 거짓이다"[28]라고 판단했던 것도 여기서 말미암았다. 다른 국가들과 변별되는 하나의 국가로 선을 긋기 위해서는 마땅히 사상·문화·제도를 창출해 나갈 전통을 거점으로 삼아야 하는데, 임화로 대표되는 문학가동맹의 민족문학('인민민주주의 민족문학론')에는 그러한 설정이 드러나지 않았던 것이다. 물론 여기에는 자본주의와 사회주의를 근대의 쌍생아로 한데 묶어 그것을 뛰어넘은 새로운 휴머니즘('제3기 휴머니즘')으로 나아가겠다는 야심이 개입해 있기도 하다. 다시 말해서 김동리는 사회주의를 근대(자본주의)의 종언으로 이해했던 것이 아니라 근대(자본주의)의 연장으로 파악했다는 것이다. 좌파문학인들과 김동리의 결정적인 차이는 바로 여기에 놓여 있다.

예컨대 1946년 9월 15일자 『민주일보(民主日報)』에 발표한 「창조(創造)와 추수(追隨)─현문단(現文壇)의 이대조류(二大潮流)」를 보자. 김동리는 세 가지 사항에 걸쳐 좌익과 우익의 차이점을 제시하고 있다. 첫째, 세계관의 상이점인데, 전자가 헤겔에서 출발하여 포이에르 바하를 거쳐 마르크스·엥겔스·레닌·부하린에 이르는 유물사관에 입각한 "科學主義的 機械主義的 合理主義的 公式主義的 世界觀"을 거점으로 삼는다면, 후자는 유심(唯心)·무심(無心)의 대립적 이원론을 동시에 초극

---

28) 孫素熙, 「韓國文壇人物史 ④─激流속의 물거품들」, 『文學思想』, 1979.7, 269면.

하고 동양정신과 서양정신의 변증법적 지양을 통해 "第三期 휴맨이즘"을 지향한다. 둘째, 전자가 외래사조 체계에 추수적이라면, 후자는 물(物)·심(心)과 동·서의 이원적 대립의 창조적 지양의 기초를 닦아 나간다. 셋째, 전자가 볼셰비즘으로 기울어져 있다면, 후자는 데모크라시 지향을 바탕에 깔고 있다.

기실 이를 둘러싼 문제 지점은 김병규(金秉逵)와의 논쟁을 통해 정리된다. 당시의 정세를 염두에 두건대, 과연 소련과 미국의 막강한 영향력을 넘어서서 제3기 휴머니즘을 실현시킬 수 있었는가가 먼저 지적될 만했다. 그러니까 계급 문제를 충분히 고려하지 않고 '제3기 휴머니즘'만을 주장하였을 경우 자본주의(미국)의 옹호로 귀결될 수밖에 없는 상황이라는 것이다. '볼셰비즘'과 '데모크라시'를 맞세우는 것도 이와 관련하여 비판의 여지를 낳는다. 사회주의도 자본주의도 민주주의를 부정하지는 않는다. 다만, 어떤 민주주의인가에서 갈라질 따름이다. 그러니까 김동리가 '볼셰비즘'과 '데모크라시'를 맞세우는 순간 이는 부르주아 민주주의의 옹호로 해석될 수밖에 없는 상황을 야기한다. 마지막으로 휴머니즘을 둘러싼 공방이 벌어지게 되었다. 제3기 휴머니즘이란 개념으로 사회주의가 인간성을 훼손한다는 비판은 가능하지만, 과연 그것이 어떻게 인간성을 옹호할 수 있는가는 대안으로 제시되지 못하였기 때문이다. 제3기 휴머니즘이란 미정형의 개념이자 추상적인 사상이 아니었던가.29)

그럼에도 불구하고 김동리가 주장했던 바는 오늘날 찬찬히 살펴볼 필요가 있다. 이유는 다음과 같다. 첫째, 자본주의에 대한 비판 수준에 서라면 모를까, 사회주의가 자본주의의 대안이라는 신념은 더 이상 설

---

29) 여기에 대해서는 아래의 평론들을 참조할 것.
金東里, 「創造와 追隨―現文壇의 二大潮流」, 『民主日報』, 1946.9.15; 金秉逵, 「'純粹'問題와 휴맨이즘」, 『新天地』, 1947.1; 金秉逵, 「純粹文學과 政治」, 『新朝鮮』, 1947. 2; 金東里, 「純粹文學과 第三世界觀―金秉逵氏에게 答함」, 『大潮』, 1947.8; 金秉逵, 「獨善과 無知」, 『文學』, 1948.8.

득력을 행사하기가 어려워졌다. 이 대목에서 자본주의와 사회주의를 근대의 쌍생아로 파악했던 김동리의 관점은 빛을 발한다. 둘째, 정신(이성)과 육체의 이분법에 근거한 근대적인 사상은 막다른 벽에 다다른바, 그 한계를 해체하면서 대안을 찾아보려는 노력이 광범위하게 진행되고 있다. 김동리가 제안했던 "물(物)·심(心)과 동·서의 이원적 대립의 창조적 지양"이란 음양론(陰陽論)의 대대(對待) 개념을 바탕으로 하고 있으므로 이분법적 사고의 극복에 참조할 만하다. 셋째, '제3기 휴머니즘'이 미정형의 개념이자 추상적인 사상임에는 분명하지만, 문명사적 전회(轉回)를 통한 새로운 진로의 탐색은 공존의 질서를 모색하는 현대인에게 피할 수 없는 길이다. 따라서 문명사의 전회를 모색하는 이들에게는, 구체적인 내용과 방향이 다를지라도, '제3기 휴머니즘'은 여전히 미정형의 개념이자 추상적인 사상으로서 마치 숙제처럼 놓여 있는 형편이다.

　김동리는 화랑정신을 통하여 제3기 휴머니즘을 구현하고자 노력하였다.[30] 서구의 르네상스가 그리스정신으로 거슬러 올라가서 가능해졌다면, 그는 신라정신을 통하여 그런 가능성을 마련하고자 했던 셈이다. '화랑의 후예'인 무당 모화를 내세워 「무녀도」를 창작한 까닭도 여기에 있었다. 다음과 같은 진술은 김동리의 의욕이 가 닿았던 지점을 드러내 보여 준다. "모화가 파우스트와 대체될 새로운 세기의 인간상이란 것은 아무도 모를 것이다. 내가 그렇게 말한다면 남들은 비웃을 것이다. 그러나 백 년만 두고 봐라! 모든 것이 증명될 것이다! 역사가 증명해줄 것이다!"[31] 바로 이 대목에서 "국제사회에 **대해서** 자신을 **국가**(國)=통일국가로 **선을 긋는다**(劃)"라는 근대국가의 기획이 어떻게 제3기 휴머니즘의 구현과 이어지는가를 알 수 있다. 앞 절에서 나는 다음과 같이 정리하였다. "신라정신이라면 3수 중심의 세계관 위에 음양사상을 흡수한 다

---

30) 여기에 대해서는 홍기돈, 「김동리 문학을 이해하기 위한 몇 가지 코드―「무녀도」를 중심으로」(『작가세계』, 2005년 겨울) 참조.
31) 金東里, 「創作의 過程과 方法―「巫女圖」 偏」, 『新文藝』, 1958.11, 10면.

음, 불교와 습합해 나아간 화랑에게서 요체를 잡을 수 있다." 그러니까
김동리는 바로 이러한 정신에서 제3기 휴머니즘의 가능성을 찾아 나선
것이다.

김병규와의 논쟁에서 김동리의 이러한 사상적 맥락은 제대로 드러나
지 못하였다. 구체적 논점을 두고 대립하는 마당에 사상적 맥락을 하나
하나 설명할 수 없었으리라. 그래서 그가 주장했던 '순수문학'은 모호하
게 전개될 수밖에 없었다. 가령 김병규가 말라르메와 발레리를 사례로
꼽으며 순수문학의 한계를 비판하자,32) 김동리는 "씨가 抱懷하고 있는
바와 같은 그러한 따위의 순수문학을 나는 경멸한다"라면서 다음과 같
은 논리를 전개한다. "나의 純粹文學論은 먼저 내 自身의 文學觀에서
오는 것이요, 따라서 그 性格과 使命은 내 自身이 規定할 일이지 남의
주장에 雷同하거나 누구의 命題를 盲目的으로 踏襲할 趣意는 없는 것
이며 또, 그렇게 해서는 아니된다는 것이다." 혼동을 피하기 위해서라면
'순수문학'을 "'本格文學'이라던가 '正統文學'이라던가 하는 文字로 바
꾸어놓아도 그만이다"라고 말할 수 있는 것도 이러한 논리 위에서이
다.33)

그렇기 때문에 김동리의 순수문학론(본격문학론)을 파악할 때 서구문
학사에서 파생한 순수문학의 개념 —"象牙塔流의 文學들"—을 적용
시켜서는 곤란하다. 다시 말해서, 김동리가 파악했던 전통, 즉 화랑정신
(신라정신)에 입각해야만 그가 말하는 순수문학(본격문학)의 진의(眞意)가
드러난다는 것이다. 다소 추상적인 진술이기는 하지만, "純粹文學이 第
一義的 文學인 所以는 그것이 人間性의 全貌를 對象으로 삼으려는 文
學精神 本領正系의 文學이기 때문"이라는 내용 또한 제3기 휴머니즘
의 기획과 잇닿아 있는 만큼, 전통의 맥락 안에서 김동리가 사용하였던
순수문학의 개념은 재검토할 필요가 있다. 그리고 한국문인협회의 사상

---

32) 金秉逵, 「'純粹'問題와 휴맨이즘」, 『신천지』, 1947.1 참조.
33) 김동리, 「純粹文學과 第三世界觀—金秉逵氏에게 答함」, 『大潮』, 1947.8, 15~17면.

적 기반은 이러한 성과를 전제해서만 제대로 해명할 수 있으리라 판단
하게 된다.

6. 친일문학을 바라보는 하나의 관점

운명이란 무엇일까. 과연 그러한 것이 존재하기는 하는가. 김동리와
서정주(徐廷柱)는 운명이 존재함을 믿는다. 그래서 김동리의 소설에서는
뻐꾸기가 울고, 서정주의 시에서는 소쩍새가 운다.34) 다시 말한다면 김
동리의 뻐꾸기와 서정주의 소쩍새는 인간의 운명을 환기시키는 새라는
것이다. 그런데 이들이 형상화하는 운명은 그 면모가 전혀 다르다. 뻐꾸
기는 아득한 천지의 공허감 속에서 살아 있음을 깨우치는 기호인 반면,
소쩍새는 죽음의 세계와 삶의 질서를 잇는 매개자로 존재하고 있기 때
문이다. 이에 따라 뻐꾸기의 울음은 천지유정(天地有情)의 인간세계로 이
어지게 되고, 소쩍새의 울음은 삶과 죽음의 맞대면을 통한 영원성의 지
향[天地無情]으로 퍼져나가게 된다.

뻐꾸기는 탁란(托卵, deposition)의 습성을 가지고 있다. 그래서 뻐꾸기는
다른 새의 둥우리에서 알을 깨고 나와 자라는데, 어린 뻐꾸기의 울음이
제 어미를 부르며 우는 것처럼 들리는 까닭에 인간 정리(情理)의 비극성
을 환기시키는 데 종종 활용되고는 한다. 「바위」·「산제(山祭)」·「찔레
꽃」·「잉여설(剩餘說)」 등 김동리의 소설에서 뻐꾸기 울음이 퍼지는 장
면은 이와 겹쳐진다. 반면, 소쩍새는 육체를 거세하고 영혼의 세계로 인

---

34) 김윤식의 「미당 어법의 존재방식—소쩍새 울음과 뻐국새 울음」, 「자연과 근대 사이
　의 매개항 찾기—방법으로서의 진달래와 뻐꾸기」(『미당의 어법과 김동리의 문법』, 서
　울대 출판부, 2002) 참조.

간을 이끄는 길목에서 울음을 운다. 서정주가 「귀촉도(歸蜀途)」라는 시편 아래 굳이 다음과 같은 설명을 매달았던 까닭은 여기서 이해할 수 있다. "귀촉도는, 행용 우리들이 두견이라고도 하고 솟작새라고도 하고 접동새라고도 하고 子規라고도 하는 새가, 귀촉도…… 귀촉도…… 그런 발음으로 우는 것이라고 해서 地下에 도라간 우리들의 祖上 때부터 들어온 데서 생긴 말슴이니라."[35]

뻐꾸기와 소쩍새의 차이, 그러니까 김동리와 서정주의 차이는 먼저 소설정신과 시정신의 차이에서 접근할 수 있다. 김동리와 서정주는 처음 만난 이후 죽을 때까지 절친한 관계를 유지하였는데, 그들을 묶어 준 동력은 신라정신에 뿌리를 내렸다는 사유의 공통점에서 이해해도 무방하다. 그러니까 두 사람은 자신들의 사상을 신라정신에 두었고, 신라정신을 이해했던 방식과 각자의 기질에 따라 소설과 시라는 장르로 각각 나아갔으며, 이를 표상하는 세계가 뻐꾸기와 소쩍새로 나타나게 되었다는 것이다.

1947년 4월 4일 저녁 7시 우익 진영 문학단체에서 처음 개최하였던 '문학의 밤'에서 김동리는 소설과 시의 차이를 신라정신에 입각하여 다음과 같이 설명한 바 있다. "같은 言語의 藝術이라 해도, 小說과 詩歌가 그 性質을 달리 하는 것은 前者가 보다 더 言語의 太陽(槪念-陽)面을 驅使한다면, 後者는 보다 더 巫呪(陰影-陰)面에 依存하는 데 重要한 理由가 있다. 전자는 形象이요, 後者는 映像이다. 前者는 肉體를 갖춘 生命이요, 後者는 육체를 거세한 靈魂이다." 그렇기 때문에 "詩는 祈禱"인데, 이는 "神과 '내'가 마주앉는다는 뜻이다. 이런 말이 許容될 수 있다면 神과 '내'가 짝이 된다는 뜻이다. 이 경우 第三者가 介入하거나 參與할 여지는 없다." 이를 바탕으로 하여 김동리는 다음과 같은 결론을 이끌어 내는 데에 이르렀다. "小說의 중요한 機能이 社會의 像

---

35) 서정주, 「歸蜀途」, 『미당 시전집』 1, 민음사, 2000, 78면.

을 그리는 데 가깝다면, 詩의 가장 중요한 기능은 '宇宙의 魂'을 읊는
일이다."36)

　신과 대면한 인간은 샤먼 곧 무당이다. 그러니까 김동리의 문학론에
따르면 시인은 무당의 자리에 다가가게 된다. 기실 소쩍새 우는 서정주
의 세계는 바로 그러한 지점에 마련되어 있기도 하다. 그의 시가 결국
영원성의 문제로 귀착하는 까닭도 여기서 비롯되는 것 아닌가. 서정주
의 회고 또한 이를 환기시키기도 한다. "『삼국유사』 속 관주 친 곳에서
내가 얻은 것은 특히 죽은 자의 마음과 산 자의 마음을 연결하는 그 신
라식 혼교이다. 몇백 년이든 상관없이 전화하듯 통화하고 있는 그 신라
식 불교식 영통(靈通)이라는 것이다. 이 이미 매장된 고대 사유 고대감응
의 방식들은 참 아름다운 불교적 은유의 가관 속에 나를 매혹하기에 족
했다."37) 혼교(魂轎)라든가 영통은 불교의 사유 방식이라기보다는 불교
에 습합된 '3수 중심의 세계관'으로 파악하는 것이 온당할 듯싶다. 그러
니까 서정주가 발견한 신라정신이란 불교에 습합된 3수 중심의 세계라
고 이야기할 수 있겠다.

　서정주는 자신이 파악한 신라정신에 도달할 때까지 지난한 방랑을 이
어 갔다. 금강산으로, 지리산으로, 제주도로, 만주로 끊임없이 바람처럼
떠돌았던 것이다. 그러니 "나를 키운 것은 八割이 바람이다"(「自畵像」)라
는 진술은 그저 시적인 수사로만 이해해서는 곤란하겠다. 그가 이러한
방랑에 나선 양상은 랭보의 보헤미안적인 궤적과 겹쳐서 파악할 수 있
다. 랭보가 속물적인 근대의 속성을 거부하여 유럽 바깥으로 나아갔듯
이 서정주는 헛되고, 우연하고, 불완전한 현실을 거부하기 위하여 생활
을 버리고 떠돌았기 때문이다. 이 두 사람은 타락한 현실의 저 편에 놓
인 영원한 세계를 읽고자 하였다.

　예컨대 「바다」라는 시편을 보면, 생활을 버리고 예술의 세계를 우위

---

36) 김동리, 「後記」, 『바위』, 일지사, 1973, 143~146면.
37) 서정주, 「짝사랑의 역정」, 『미당자서전』 2, 민음사, 1994, 224면.

에 두려는 태도가 발견되며("애비를 잊어버려 / 에미를 잊어버려 / 兄弟와 親戚과 동모를 잊어버려, / 마지막 네 게집을 잊어버려"), 근대(서구세계)를 벗어나 세계의 끝으로 나아가려는 지향도 읽을 수 있다("아라스카로 가라 아니 아라비아로 가라 / 아니 아메리카로 가라 아니 아프리카로 / 가라 아니 *沈沒하라, 沈沒하라, 沈沒하라!*"). 물론 이러한 지향은 "이마 우에 언친 詩의 이슬"(「自畵像」), 즉 예술로 이어진다. "어떤 이는 내눈에서 罪人을 읽고가고 / 어떤이는 내 입에서 天痴를 읽고가나 / 나는 아무것도 뉘우치지 않을란다"(「自畵像」)라거나 "뉘우치지 않는사람, 뉘우치지않는사람아!"(「門」)라는 다짐을 염두에 두건대, 헛되고 불완전한 현실을 넘어서겠다는 서정주의 의지는 매우 강렬했던 것으로 파악할 수 있다.

따라서 랭보가 임종 순간에 보여 준 나약한 모습에 대해 서정주가 격렬하게 비난하는 것도 충분히 이해할 만하다. 서정주의 입장에서 그것은 예술에 대한 배교(背敎)에 비견되기 때문이다. "랭보오는 끗끗내 歸鄕할일이 아니엇다. 에미와 누이의 품으로 도라갈일이 아니었다. 半쯤 부지러진 다리를 끌고 그래도 그대는 그敗殘의最後를 故鄕에서마 치려고 도라가는가. 弱한 人間. 그가 臨終의 寢床에서 누이의 손목을 붓드러잡고 부들부들 떨리는 음성으로 '너는 神의存在를 밋느냐?'고 무럿슬때 그는 벌서 한낫 平凡한十九世紀佛蘭西人이요 그 누이의 불상한 오래비에 不過하엿다."38)

그렇지만, 방랑이 끝나고 난 뒤 현실에 나약하게 안주했다는 점에서 보자면 서정주는 '한낱 평범한 20세기 식민지 조선인'에 불과하였다. 다만 성(聖)과 속(俗)의 일체를 꾀한다는 점에서 그 방식이 관심을 끌 따름이다. 서정주의 마지막 방랑은 1940년 가을부터 1941년 2월 즈음까지

---

38) 徐廷柱, 「랭보오의頭蓋骨」, 『朝鮮日報』, 1938.8.14. 김재용은 「전도된 오리엔탈리즘으로서의 친일문학―서정주의 친일문학에 대하여」(『실천문학』, 2002년 여름)에서 서정주의 시 「바다」와 산문 「랭보오의頭蓋骨」을 속물적인 근대의 부정에서 파악한 바 있다.

만주에서 펼쳐졌다.39) 만주에서 창작한 「만주(滿洲)에서」나 「소곡(小曲)」을 보건대 만주 체험에서 그는 "아- 미치게 / 짓푸른 하눌"(「小曲」)에 깊은 영향을 받은 것으로 파악된다. 「멈둘레꽃」에서는 "燒酒와같이 燒酒와같이 / 나도 또한 나라가서 공중에 푸를리라"라는 의지도 표백(表白)되고 있다. 서정주가 만주에서 지은 시는 이 세 편인데, 이후 펼쳐지는 그의 친일 행각이라든가 이승만·전두환 등 독재정권에 적극적으로 아부·결탁하는 양상은 바로 "나도 또한 나라가서 공중에 푸를리라"라는 의지가 구체적으로 펼쳐지는 과정에서 접근이 가능하다.

만주에서 돌아온 서정주는 귀향하기 전 서울에 들러 우선 직장을 얻었다. 동대문여학교에서 담임을 맡음으로써 생활 속으로 뛰어든 것이다. 속인이 된 서정주는 어떠한 방식으로 성의 세계 —푸르른 하늘— 를 끌어안을 수 있었을까. 그것은 바로 샤먼의 뜻에 자기 스스로를 온전히 내맡기면서 가능해졌다. 다시 말해서 하늘과 땅을 잇는 근대의 샤먼에게 자신을 투사(投射)·동일화함으로써 영원의 세계를 끌어안을 수 있었다는 것이다. 물론 이때의 샤먼은 제정일치(祭政一致)의 흐름 속에서 권력자로 우뚝 존재하는 일본의 천왕이었다.

논리를 간단히 정리하자면 다음과 같다. 서정주가 몸담고 있던 현실은 여전히 헛되고 불완전하였다. 그렇지만 그러한 현실은 샤먼인 천왕을 매개로 하여 '푸르른 하늘'이라 상징되는 영원한 세계로 이어져 있다. 따라서 불완전한 현실에 존재하는 자신이 영원한 세계로 나아가기 위해서는 자신의 주체를 지우고 천황의 뜻에 모든 것을 내맡겨야만 한다. 일제의 천황이 죽음을 요구한다면 응당 이를 좇아야 한다는 파시즘에 젖어든 서정주의 태도는 이를 통해 이해할 수 있다. "여기 있는 건 내 덧없는 몸짓과 말뿐 / 메아리와 파도소리와 / 해맑은 좁은 마당엔 / 꽃축제 울리는 / 쇠가죽 북소리만 은은해 // 아아 날고프구나 날고 싶어 / 부

---

39) 만주 체류 기간에 대해서는 『미당자서전』 2의 「조선일보 폐간기념시」, 「만주 광야에서」, 「부랑하는 뒷골목 예술가들 속에서」 참조

릉부릉 온몸을 울려 / 사라진 저 모든 것 / 파랗게 걸린 저 하늘을 / 힘차게 비상함은 / 내 진작 품어온 바람!"(「항공일에」, 4~5연)

그러니 훗날 서정주가 '친일파'라는 비판에 맞서 스스로를 '從天順日派'였다고 자리매김한 것은 그리 틀린 고백이 아니다. 물론 같은 방식으로 해방 직후에는 '從天順李派'로 나섰을 것이고, 5공 때는 '從天順全派'가 되었을 것이다. 서정주를 이해하고자 한다면 이렇게 반복되는 논리의 구조를 파악해야 하지 않을까. 즉 그는 영원성에 다가가려고 할 때 자신의 존재를 지울 수밖에 없었고, 이를 대신했던 것이 현실의 절대적인 권력이었다. 그래서 그의 친일 · 친독재는 언제나 자발적이었다. 이러한 그의 정치적 행로는 그의 시작법과 멀리 떨어져 있는 것이 아니다. 영원 앞에서 언제나 "덧없는 몸짓과 말뿐"으로 남아 있는 우리의 존재를 환기시키면서 그의 시는 울림을 얻는바, 이 과정에서 지워지는 주체의 자리는 언제나 어떤 절대적인 존재에게 내어줄 가능성이 있기 때문이다.

신라정신을 불교에 습합된 '3수 중심의 세계관' 정도로만 이해하였을 때 나타날 수 있는 위험을 서정주는 정면에서 제대로 보여 주었다. 아득한 하늘과 땅 사이에서 끊임없이 이어지는 현실의 변화는 정녕 하늘의 뜻에 따른 것일까. 그렇다면 그러한 하늘의 뜻은 누가, 어떻게 해석할 수 있다는 말인가. 평범한 인간들은 이를 운명으로 받아들여야 하는가. 서정주는 여기에서 헤어 나오지 못한다. 이를테면 그는 미로에 갇혀 있는 셈이다. 그가 근대와 제대로 맞서지 못해 빚어낸 실패의 책임은 여기서부터 추궁해 들어가야 할 것이다. 그가 랭보의 뒷모습을 비판했던 것처럼 말이다.

7. 민족문학의 배경

근대 서구가 퍼뜨린 민족주의는 비판받아 마땅하다. 이를 통해 확인할 수 있는 것은 인간의 탐욕스런 야만 이외에는 없기 때문이다. 그렇지만 이러한 관점이 민족에 대한 의식 전부를 부정하고 해체하여야 한다는 입장으로 이어져서는 곤란하다. 근대 서구가 유포한 민족주의의 모델이 민족 단위의 사유 전체를 포괄할 수는 없기 때문이다. 다시 말해서 서구가 유포한 민족주의의 모델은 하나의 사례일 뿐, 그와 차별되는 모델이 존재할 수 있다는 것이다. 그런 점에서 서구의 바깥, 특히 식민지를 경험했던 국가에서는 민족(국가)을 사고할 때 다음과 같은 파르타 차터지의 주장에 관심을 기울일 필요가 있다. "아시아·아프리카에서 민족주의적 상상력이 거둔 가장 창조적이자 가장 강력한 성과는 근대 서구가 퍼뜨린 민족사회의 '모델적' 형태와의 동일시가 아니라 오히려 그와의 차별화에 있다."40)

베네딕트 앤더슨의 작업은 그런 점에서 주목할 만하다. 그는 『상상의 공동체』라는 "간략한 연구를 베트남 사회주의 공화국, 민주 캄푸치아, 그리고 중화민국 간의 최근 전쟁에서 시작했다."41) 그가 이런 연구를 진척시킨 까닭은 분명하다. "중국, 베트남 그리고 캄보디아는 결코 특이하지 않다. 그들이 벌였던 사회주의자들 사이의 전쟁이라는 전례가 이어지지 않으리라는 가능성은 희박하며, 사회주의 국가라는 상상의 공동체가 여전히 남아 있으리라는 희망도 적기 때문이다."42) 그래서 베네딕트 앤더슨은 사회주의자들 역시 민족(국가)과 민족(국가)이 어떻게 공존할

---

40) Partha Chatterjee, *The Nation and Its Fragments*, Princeton UP, 1993, p.5, 백낙청, 「지구화 시대의 민족과 문학」, 『통일시대 한국문학의 보람』, 창비, 2006, 82면에서 재인용.

41) Benedict Anderson, *Imagined Communities —Reflections on the Origin and Spread of Nationalism*, Vero, 2003, p.155.

42) Ibid., p.161.

수 있는가를 모색해야 한다고 제안했다. 마르크스주의자라는 이유로 민
족주의로부터 자유로울 것이라는 생각이 허구일뿐더러, 일방적인 관점
에서 민족주의를 근대의 유물로 규정·비판하는 행태가 유의미한 소득
을 이끌어 올 수 없다고 파악했던 것이다.

　민족이 '상상의 공동체'라고 해서 쉽게 해소할 수 있는 것은 아니다.
역사적 배경이 막강하고, 현실의 질서를 구축하는 무게감이 그만큼 무
겁기 때문이다. 그런 까닭에 나는 베네딕트 앤더슨의 논리가 한국에서
상당히 왜곡된 채 인용되고 있다고 본다. "민족은 상상의 공동체다"라
는 입장만 되풀이하면서 민족의 부정만이 능사인 것처럼 논의하고 있
는 까닭이다. 그런 이들을 위해 베네딕트 앤더슨의 지적을 명시해 둔다.
"우리가 '마르크스주의자들은 민족주의자들이 아니다'라든가 '민족주의
는 근대 발전 이론의 병리학이다'라는 허구를 버리고, 그 대신 실제적
이고 상상된 과거의 경험에 대해 배우기 위해 느리나마 최선을 다하지
않는다면, 그러한 전쟁을 예방하기 위한 어떤 유용한 일도 할 수 없을
것이다."43)

　그렇지만, 나는 베네딕트 앤더슨의 논의가 민족을 바라보는 관점의
전환을 주장하는 수준에 머물러 있다고 판단한다. 주장을 뒷받침할만한
사상의 구체적인 내용이 충분치 않다고 보기 때문이다. 그러니 그 주장
이 구두선(口頭禪)에 머무르지 않으려면 구체적인 모델을 적극적으로 사
유하여야만 한다. 한국의 근현대문학사는 이런 문제를 해결하는 데 유
의미한 단서를 제공한다. 가령 조선의용군으로 활동하였던 작가 김학철
(金學鐵)은 국제혁명(계급)과 민족혁명(민족)의 문제를 동시에 고려하였다.
베네딕트 앤더슨이 주장하는 바를 앞서서 펼쳐 보여 주었다는 것이다.
절박한 식민지 체험을 겪었기 때문에 그러한 선취가 가능하였으리라
생각된다. "민족의 전통이나 민족의 역사를 연구하고 정리하고 그리고

---

43) Ibid., p.161.

민족의 자랑스러운 얼을 발양하고 선양하는 것은 사회주의와 하등의 모순도 없는 아주 정정당당한 일이다."44)

김학철은 '자본주의=근대'로 파악하였다. 따라서 그가 사회주의를 근대의 대안으로 설정하였던 것은 당연한 결과였다. 그러면서 그는 사회주의 체제 내에서 여러 민족(국가)이 더불어 살아갈 수 있는 가능성을 모색하였다. 저항시인으로 알려진 이육사 또한 이와 같은 고민을 드러내고 있다. 「한 개의 별을 노래하자」와 같은 시를 보면 유학(儒學)에서 이야기되는 '화이부동(和而不同)'의 정신이 부각되는데, 유학의 이념이 어떻게 그에게서 변형·작동하는가를 살피는 일은 무척 긴요한 사안이다.45) 근대의 한계와 맞대면하면서 민족의 중요성을 깨달아가는 이태준(李泰俊)·김기림의 의식 변모 양상 또한 살펴볼 만하다. 그들이 벌였던 고투는 실존적인 차원에까지 이르러 작가정신의 표상처럼 빛나고 있으며, 근대가 직면한 막다른 벽 앞에서 지식인의 어떤 고민이 요청되는가를 되돌아보게 하기 때문이다.46) 자본주의와 사회주의를 근대의 양면성으로 파악하고 그 바깥의 길을 모색하였던 김동리의 세계 또한 연구의 대상으로 떠오른다.47)

현실적인 방향에서 몇 갈래의 편차를 보이지만, 김학철·이육사·이태준·김기림·김동리 등은 다양한 민족(국가)이 공존할 수 있는 방안을 모색해 나아갔다는 점에서 공통점을 보인다. 말을 바꾸어 표현한다면, 이들은 제국주의의 이념과 논리에 대하여 비판적이었다는 말이 된다. 그와 동시에 자신들의 민족(국가)이 제국주의로 빠져들지 않도록 나름의 방

---

44) 김학철, 「민족의 얼」, 『태항산록』, 대륙연구소 출판부, 1989, 318면.
45) 홍기돈, 「육사의 문학관과 연출된 요양여행」, 『한국 근대문학연구』 제11호, 한국근대문학회, 2005 참조.
46) 홍기돈의 「식민지시대 김기림 의식의 변모 양상」(『어문 연구』 제48집, 어문연구학회, 2005)과 「식민지 말기 이태준 소설과 백산 안희제」(『탈식민주의를 넘어서』, 소명출판, 2006) 참조.
47) 홍기돈, 「김동리 문학을 이해하기 위한 몇 가지 코드」, 『작가세계』, 2005년 겨울 참조

향을 모색하였다는 사실까지도 보여 준다. 서구가 유포해 나아간 민족주의와의 차별성을 염두에 두고 펼쳐진 이러한 모색을 명명한다면 '비민족주의적 반식민주의(non-nationalistic anti-colonialism)' 정도가 될 수 있을 것이다.[48] 다시 말하지만, 서구가 유포했던 민족국가의 모델과 '비민족주의적 반식민주의'의 모델은 차별성을 가진다. 그 차이를 주목해야만 한다.

'민족문학'은 '비민족주의적 반식민주의'의 모델과 결부하여 이해할 수 있다. 기실 해방 이후 민족문학이 처음 언급되면서부터 그런 측면은 줄곧 지적되어 왔다. 가령 이명선(李明善)은 "民族主義의 文學은 國粹主義를 內包한 우리의 가장 警戒하여야 할 對象의 하나라는 것을 强調하는 바이다"[49]라며 민족문학과 민족주의문학의 차이를 분명히 밝히고 있다. 이원조(李源朝)의 「국수주의(國粹主義) 배격(排擊)의 의의(意義)」(『自由新聞』, 1946.1.3)도 같은 맥락에 놓이는 글이다. "民族은 民族이나(편집상의 실수인 듯함—인용자) 部族, 種族과 달라서 近代에 이르러서 만들어진 한 개 近代的인 槪念이다"[50]라는 지적을 보면, 당시 사회주의로 경사하였던 민족문학 주창자들이 서구가 유포했던 민족주의의 폐해에 둔감하지 않았다는 사실을 파악하게 된다. 즉 편협한 자민족 중심주의에 함몰되지 않았다는 것이다.

근대가 직면한 막다른 벽 앞에서 민족문학의 이러한 면모는 재삼 강조할 필요가 있다. 그리고 '비민족주의적 반식민주의'의 모델과 연관시키며 꾸준히 발전시켜 나아가야 한다. 그 안에서 서로 평화롭게 어울릴 수 있는 하나의 지구가 가능해지기 때문이다.

---

48) '비민족주의적 반식민주의'라는 용어는 김재용 원광대 교수의 제안에 의해 만들어졌다. 민족문학연구소에서 식민지시대의 문학을 연구하던 도중 가다듬게 된 개념이다.
49) 李明善, 「民族文學과 民族主義文學」, 『新朝鮮』, 1947.2, 33면.
50) 金永錫, 「民族文學論」, 『文學評論』, 1947.4, 7면.

8. 호흡하는 존재들

「율려와 신인간」에서 김지하(金芝河)는 열려 있으면서 닫혀 있는 '막'에 대하여 이야기한 바 있다. "여러분은 닫혀 있는 한 김 아무개라는 주체입니다. 그러나 동시에 열려 있죠? 피부도 닫혀 있으면서 열려 있죠? 땀구멍, 호흡, 들어오고 나가죠? 호呼, 흡吸이야. 또는 흡吸, 호呼. 또 먹고 싸죠. 세포는 1초에 수십만 개씩 없어지고 생기죠. 경락은 7백80개, 3백60개 등 여러 설이 있습니다만, 이 우주 대기 전체를 흡수하고 뱉어냅니다."[51] 김지하의 이러한 관점은 음양론에서 파생한 것으로 이해해도 무방하다. 범보(凡父)의 설명이 그러한 이해의 단서를 제공한다. "陰陽이란 呼吸과 같다. 一呼一吸이 一氣의 屈伸이다. 吸이 극하면 呼가 되고, 呼가 극하면 吸이 될 뿐이다. 호흡 屈伸이 곧 一陰一陽의 묘리이다."[52]

일견 단순해 보이는 이러한 논리는 인간과 세계에 대한 이해로 적용될 경우 격렬한 논쟁의 가능성을 끌어안게 된다. 가령 호흡(呼吸)을 呼(陽)와 吸(陰)으로 분리하여 이해할 수 있는 것일까. 범보는 딱 잘라서 부정하고 나선다. "본래 두 개가 아닌 것을 二元이니 動靜이니 판단을 내리는 것이 모두 그림자를 짓는 것이다."[53] 생명 있는 존재는 호흡을 한다. 호흡을 통하여 세계와 관계를 맺는다. 그러니 음양론에서는 호흡하는 개체와 그의 외부세계를 나누어 파악하는 관점 또한 당연히 부정하게 된다. 이때 등장하는 방법론이 즉관이다. "卽觀은 直觀과 다르다. (…중략…) 직관은 주·객관이 분립된 뒤의 일이지만 卽觀은 주객이 갈라지기 전의 인식 그것인 것이다."[54] '주관과 객관의 통일적 사고'로 요약

---

51) 김지하, 「율려와 신인간」, 『김지하 전집 1—철학사상』, 실천문학사, 2002, 508면.
52) 김범부, 「陰陽論」, 『풍류정신』, 정음사, 1987, 125면.
53) 위의 글, 같은 면.

할 수 있는 이러한 사고 유형은 일제강점기 김동리의 리얼리즘론을 통해 표명된 바 있기도 하다. "한 作家의 生命(個性)的 眞實에서 把握된 '世界'(現實)에 비로소 그 作家的 리얼리즘은 始作하는 것이며, 그 '世界'의 呂律과 그 作家의 人間的 脈搏이 어떤 文字的 約束 아래 有機的으로 肉體化 하는 데서 그 作品(作家)의 '리얼'은 成就되는 것이다."55)

음양론의 이러한 인간론을 부각시키기 위하여 김지하는 '요기-싸르(Yoggi-Ssar)'라는 개념을 가다듬기도 하였는데, 이는 내면의 명상적 평화(요기)와 외면의 생명 사회적 변혁(싸르)의 동시 수행자를 가리킨다. "안[內面]의 신령[意識], 밖[外面]의 기화[複雜化], 그리고 세계인들의 개체성 안에서 전체성, 인류적 공동체성을 나름대로 실천하는 것(個體 스스로에 의한 全體 실현)"이 이들의 존재 방식이다. 이때 주의해야 할 점은 "여기서 공동체는 비공동체성과 이중적으로 생성한다는 조건을 받아들여야 한다"는 사실이다. "개체성을 잃지 않은 분권적 융합"이기 때문이다.56) 그리고 '세계인', '인류적 공동체성'이라는 단어가 등장하기는 하지만, 이 자체를 세계주의의 관점에서 이해하는 일은 곤란할 듯하다. '요기-싸르'가 세계사 차원의 공존 가능성을 모색하는 개념이기는 한데, 개체와 전체 세계를 잇는 매개 단위로써 '민족'이라는 막을 염두에 두어야 하기 때문이다.

주지하다시피, 인간은 무소부재(無所不在)의 존재가 아니다. 그렇기 때문에 시·공간의 제약을 받을 수밖에 없으며, 이에 따라 자신이 나고 자란 장소의 토양이라든가 역사성으로부터 자유로워지기가 난망하다고 전제해야 한다. 민족이란 단위는 그런 까닭에 요청된다. 그리고 바로 그러한 이유로 각각의 민족은 저마다에 합당한 나름의 기준을 가지게 되

---

54) 위의 글, 134면.
55) 金東里, 「나의 小說修業-'리얼리즘'으로 본 當代作家의 운명」, 『文章』, 1940.3, 174면.
56) 김지하, 「추억과 예감-고 제정구 의원을 추모하며」, 『생명과 평화의 길』, 문학과지성사, 2005, 347면.

는 것이다. 김오성·임화·유진오(兪鎭午) 등의 보편주의(마르크시즘)를 겨냥하여 "眞理는 하나뿐"이라는 경구를 비판했던 김동리의 관점도 이와 관련을 맺고 있다. "眞理가 하나뿐이란 말은 一定한 空間, 一定한 時間, 一定한 客觀, 一定한 主觀 等을 條件으로 하고 성립된 말이다. 卽, 그 境遇에 그 眞理는 하나뿐이란 말이다."57) 개별 민족(국가)은 자기 나름의 기준을 중심으로 내세우기 때문에 세계 전체의 관점에서 보자면 중심은 다양하게 존재할 수밖에 없다.

다양한 중심들(기준들)이 공존하려면 서로 조화를 이룰 수 있어야 한다. 그것이 음양론에서의 세계주의이다. "世界的인 生活"이라든가 "世界人으로 살 것을 예상"하려면 먼저 각 민족국가의 개성이 요구된다고 범보가 거듭 강조했던 이유가 여기에 있다. "調和라는 것은 個性이 없는 데서는 이루어질 수 없습니다. 모든 個性이 있은 연후에 調和가 가능합니다. 그러므로 어떠한 國民이고 民族이고 그 個性이 있은 연후에 調和가 豫想됩니다."58) 물론 개별 인간 사이의 관계 또한 마찬가지다. 개인／민족 단위의 욕망과 의지에 근거하여 자발적으로 참여하고 나름의 질서를 만들어 간다는 측면에서 겹쳐진다는 것이다. 김지하는 이를 '자기 조직화(self-organization)' ― "단순한 구성 요소가 수많은 방식으로 상호작용하면서 자발적으로 질서를 형성하는 현상"59) ― 라고 명명하고 있다.

그렇다면, 위대한 개성, 위대한 민족성이란 대체 어떠한 것인가. 범보는 다음과 같이 대답한다.

　가령, 어떠한 國民的 個性이나 民族的 個性을 제쳐 놓고 世界個性이라는 것은 事實的으로는 없는 것입니다. 그리고 어떤 民族의 個性이 반드시 거기

---

57) 김동리, 「'純粹'異議」, 『文章』, 1939.8, 148면.
58) 金凡父, 「國民倫理 特講」, 『花郎外史』, 以文社, 1981, 190면.
59) 김지하, 「촛불과 자기 조직화」, 『생명과 평화의 길』, 문학과지성사, 2005, 137면.

에 섞였는데, 그것이 一面 世界性을 가졌느냐 안 가졌느냐 이것이 문제입니다. 이를테면 괴테가 『파우스트』를 지을 때에 獨逸의 性格, 괴테 個人의 性格을 除外하고 지을 수 있느냐 하면 不可能합니다. 그러면 個性이 個性대로 表現되고 同時에 普遍性을 가지는 作品이 되기 위해서는 文藝 作品으로서 思想으로서 모든 것이 위대해야 합니다. 이와 마찬가지로 國民倫理도 特殊面을 볼 때에는 각각 다르지만 그것이 위대하면 위대할수록 世界性을 가지고 있고 普遍的 人間性을 가지고 있습니다.[60]

음양론의 '막'에 대한 사유를 더욱 확장시킨다면 지구 또한 하나의 단위로 파악할 수 있다. 예컨대 다음과 같은 김지하의 발언이 이를 보여준다. "세계주의냐 민족주의냐, 맨날 바보 같은 소리만 하고 있어. 인간은 민족이면서 세계 인류의 한 일원입니다. 지구에도 막이 있어요. 없는 것 같죠? 대기권이라는 막이 있어요. 지구도 생명체입니다. 그래서 에너지는 통과하지만 물질은 통과하지 못합니다."[61] 이처럼 음양론을 지구 단위로 확장시켰을 때 생태계 전반에까지 가 닿는 발본적인 사유가 가능해진다. 생태계 내에서 인간의 자리가 비로소 분명해지기 때문이다.

생명체로서 지구는 호흡을 한다. 인간은 이를테면 '호흡하는 지구'를 가능케 하는 질서의 집약체이다. 『천부경』의 "사람 안에서 하늘과 땅이 하나로 통일된다(人中天地一)"라는 문장이 이를 보여준다. 그렇기 때문에 호흡하는 지구의 질서, 음양의 원리에 따라 움직이는 지구의 질서가 깨져 버린다면, 이는 지구의 종말임과 동시에 인간의 종말이기도 한 셈이 된다. 이를 피하기 위해서는 당연히 음양의 질서, 그러니까 자연의 흐름에 따라야 하며, 호흡하는 모든 존재들과의 관계를 염두에 두고 공존 공생의 방향으로 나아가야만 한다. 그러고 보면, 자연에 대하여 무분별한 파괴와 개발을 허용하도록 작동하는 근대의 사유 체계는 이러한 관계를 자꾸 지워나갔기 때문에 위기에 봉착한 것이 아닌가.

---

60) 金凡父, 「國民倫理 特講」, 앞의 책, 213면.
61) 김지하, 「율려와 신인간」, 앞의 책, 508면.

만약 제3기 휴머니즘을 모색하고자 한다면 이러한 호흡하는 방식을, 호흡하는 의미를 근본에서부터 생각해 볼 필요가 있을 성싶다. 새로운 시대에는 거기에 합당한 인간의 면모를 새롭게 규정할 필요가 있을 터이며, 이를 위해서는 근대의 막바지에 이르러 허덕허덕 겨우 호흡하는 처지로 전락한 지구 생태계의 난제(難題)에 정면으로 맞닥뜨려야 하기 때문이다. 이러한 상황을 인식한 이후에야 한국의 근(현)대문학사는 비로소 통합적인 관점, 미래 지향적인 관점에서 기술할 수 있을 것이다.

9. 억압된 것들의 귀환

억압된 것은 귀환한다. 가령 선인(先人·仙人)들의 '안빈낙도(安貧樂道)' 정신은 오늘 날 '자발적 가난'이라는 명제로 되살아나고 있다. 지하수처럼 이어지는 전통 속에서 파악하기보다는 서구 유래의 맥락에서 논의되는 실정이지만, 생태학의 관점을 사상의 수준으로 감싸 안으려면 비서구권 문명의 특징을 참조할 수밖에 없다. 억압된 것들은 그렇게 귀환한다. 하나의 관점이 극에 이르러 위기에 봉착하면 그 위기를 해결하려는 방향에서 억압하던 것들을 다시 불러들이게 되는 것이다. 우리가 직면한 근대의 위기는 이러한 사실 위에서 고찰하여야 한다.

이러한 판단이 서구에서 발원한 근대의 전면 부정을 뜻하지는 않는다. 이육사의 어조를 빌어 다시 이야기하자면, "르네상스를 경과한 구주(歐洲) 문화도 이제는 벌써 구주만의 문화는 아닌 것이며, 그들의 정신의 위기도 그들만의 위기라고는 생각되지 않는 까닭이다." 거듭 말하지만, '이것이냐, 저것이냐' 하는 양자택일의 관점으로는 대화가 불가능하다. 우리가 수용한 근대 서구의 문화를 일단 인정하고, 그 위에서 논의를 시작하여야 한다는 것이다. 근대의 위기는 한반도에 살고 있는 우리 자신의 위기이기도 하다. 이를 직시하는 데서부터 위기 극복의 노력은 비로소 펼쳐질 수 있다.

김동리와 서정주가 결국 실패할 수밖에 없었던 까닭은 여기서 찾을 수 있다. 김병규와의 논쟁을 겪고 나서 김동리의 순수문학(本格文學·正統文學)은 자신이 경멸해 마지않던 그 순수문학으로 협소화되고 말았다. 현실의 물리적인 무게를 감당치 못했기에 현실과의 적극적인 대결을 감당하는 대신 현실 바깥에 문학의 영역을 구축하고자 했기 때문이다. 이 순간 사상은 박제가 되어버렸다. 현실과의 대화가 문제였다. 하늘의 뜻과 지상의 변화를 매개하는 샤먼(현실의 권력자)을 좇아 영원성에 침윤하였던 서정주 역시 마찬가지다. 그는 삶(현실)의 이면을 바라보느라 삶(현실) 자체를 직시할 수 없었다. 역사에 대해 부끄러움이 없을 수 있던 근거도 삶(현실)의 몰각을 통해 가능해졌다.

그래서 나는 다음과 같은 김지하의 지적에 동의하게 된다. "김범보의 노력이 이 두 사람에 와서 삐뚜로 나간거야. 문학으로 제대로 개화한 것이 아니라 삐뚜로 나간다고."62) 그리고 그들이 착각에 의해 스스로를 정당화시킬 수 있었다는 판단에 지지를 보낸다. "김범보 같은 천재가 공산주의를 우습게 봤거든. 자본주의도 우습게 봤다고. 그 사람은 풍류도 이후에 새로운 민족국가를 구상하고 있었다고. 그러니까 자기들(서정주·김동리—인용자)은 그런 생각으로 일관되어 있다고 생각한 거라. 그러니까 아주 떳떳해. 자기(서정주—인용자)가 일제시대 때 잘못한 것도 그저 말로만 잘못했다고 하는 거지, 그렇게 가슴 아픈 것이 없는 거야."63) 현실에 뿌리를 내리지 못하는 사상은 공허하기 이를 데 없다. 김범보의 그림자로부터 벗어난 이후 보여 준 김동리의 행로와 서정주의 이력이

---

62) 이문재, 「인터뷰: 인간성에 대한 새로운 인식이 시급하다—'율려문화운동' 펼치는 시인 김지하」, 『문학동네』, 1998년 겨울, 35면.
63) 위의 글, 같은 면.

이를 증명한다.

　지하수처럼 면면히 흐르던 억압된 것들은 현실의 어느 표면을 뚫고 분출하는가. 억압된 것들의 귀환을 이야기하면서 동시에 현실과의 긴장감을 잃지 않으려는 노력이 요청되기에 이렇게 묻게 된다. 그리고 그 긴장감 위에서 한국의 근현대문학사를 돌아보게 되고, 다시 나아갈 방향을 가늠하게 된다. 한국의 근현대문학사를 새롭게 기술하고자 한다면 응당 이 자리에서부터 시작하여야 할 것이다.

1930년대 문학제도의 변화와 세대 논쟁

1. 『문장(文章)』의 폐간과 김동리의 절필

이태준과의 만남이 없었더라면 소설가 김동리는 아마 존재하지 않았으리라. 1934년 시 「백로(白鷺)」가 『조선일보』 신춘문예에 겨우 입선으로 뽑히자 김동리는 문학에 대한 열망을 접고자 하였다. 여러 군데 원고를 보내고 부푼 기대를 안고 기다렸다가 신통치 않은 결과가 나온 데 대하여 실망하였던 것이다. 취직자리를 찾아 나선 김동리에게 범보(凡父)는 『조선중앙일보』의 지인을 소개시켜 주었고, 지인은 김동리를 『조선중앙일보』의 학예부장 이태준에게 데리고 갔다(지인은 『조선중앙일보』 자매지인 『中央』의 주필 이관구(李寬求)로 추정된다). 그 후 김동리와 이태준은 몇 번의 만남을 이어 갔고, 이를 통해 김동리는 소설 창작에 매진하게 되었다. 김동리는 당시의 상황을 이렇게 기록하고 있다.

그 주(週) 일요일에 이태준을 찾아가 여러 가지 이야기를 하는 사이 갑자기
꽤 가까운 사이같이 되었다. …(중략)… 그는 나의 신춘문예 실패담을 듣자, 작
품을 찾아보겠노라고 약속했다. 그 뒤 약속한 날짜에 또 갔더니 그는 나의 낙
선작을 겨우 찾았노라면서, 맞춤법이 더러 틀리고 처음부터 사투리가 나왔더
라고 한다. 그렇게 되면 예심에서 제외되기 마련이라고 했다. 듣고 보니 모두
가 납득되는 이야기였다. 나는 이태준의 『달밤』과 김동인의 『감자』, 그리고
몇 권의 책을 더 사서 짐 속에 넣고 집으로 내려갔다. 중형 가게 일을 거드는
한편 틈이 나는 대로 쓰고 읽기를 쉬지 않았다.[1]

경주로 내려간 김동리가 이태준의 『달밤』을 정전 삼아 습작에 몰입
했으리라는 사실은 충분히 예상할 수 있다. 1935년 김동리는 시에서 소
설로 장르를 바꾸어 신춘문예에 도전하였으며, 그가 응모했던 신문사가
바로 이태준이 학예부장으로 있는 『조선중앙일보』였기 때문이다. 뿐만
아니라 당선작인 「화랑(花郎)의 후예(後裔)」에는 이태준의 분위기가 짙게
배어나고 있다. 박태원은 당시에 이미 그러한 사실을 적절하게 지적하
였다. "이 作品을 읽으면, 李泰俊氏의 「不遇先生」의 냄새를 맛게 되는
데, 그 '냄새'가 決코 不快하지 안습니다. 作者가, 이 作品製作에 잇서
事實로 李泰俊氏의 作品에서 暗示를 어덧다 하드라도, 그것을 公衆
아페 告白하야 決코 부끄러웁지 안흘만치, 이것은 이대로 成功한 作品
입니다."[2]

이태준이 한낱 신출내기에 불과한 김동리에게 그처럼 호의를 베풀었
던 까닭은 무엇일까. 김동리의 뒤에 범보가 자리하고 있었기 때문으로
파악된다. 문난에 식섭 뛰어늘지는 않았지만, 김동리의 큰 형 범보는 일
찍부터 『조선문단』과 나름의 관계를 유지하고 있었다. 예컨대 김용구(金
容九, 『廢墟』 동인 金萬洙의 아들)는 범보가 『폐허(廢墟)』의 동인들과 친밀하
게 교류했었다고 증언하고 있다. 다음 호에 범보의 「동양침묵(東洋沈默)

---

1) 김동리, 「고독을 삼킨 독서」, 『꽃과 소녀와 달과』, 제삼기획, 1994, 34면.
2) 朴泰遠, 「新春作品을 중심으로 作家, 作品 槪觀」, 『朝鮮中央日報』, 1935.2.13.

의 서품(序品)」이 실릴 것이라고 『폐허이후(廢墟以後)』의 뒷부분에 예고
되어 있지만, 『폐허이후』의 창간호가 곧 종간호가 되어 버린 탓에 「동
양침묵의 서품」이 발표되지 못했다는 사실도 그는 덧붙이고 있다.3) 범
보가 『조선중앙일보』의 전신 『중외일보(中外日報)』의 고문이었다는 사실
도 기억해 둘 만하다. 그로 인해 김동리에게 『중외일보』의 지면에 발표
기회가 주어졌기 때문이다. "1929년, 내가 경신학교 4학년에 다닐 때다.
당시 『중외일보』(내 백씨는 그 신문의 고문이었다) 여기자로 있던 김말봉(金
末峰) 여사가 글을 써보라기에 「고독」, 「방랑」, 「기러기」 등의 시와 수필
을 발표했다."4)

범보가 『중외일보』의 고문이 될 수 있었던 데에는 1929년 백산(白山)
안희제(安熙濟)의 『중외일보』 사장 취임이 중요하게 작용했을 것이다. 본
디 안희제는 부산에서 백산상회를 운영하고 있었다. 겉으로 보자면 백
산상회는 건어물을 파는 커다란 사업체에 불과했으나, 기실 존립목적은
만주의 독립운동 단체와 임시정부에 자금을 제공하는 것이었다. 뿐만
아니라 영남의 어린 인재들을 독일·영국·일본 등지로 유학을 보내기
도 하였다. '임정 첩보(臨政諜報) 36호'였던 그가 국내외 첩보 활동에 적
극 개입했던 것은 물론이다.5) 1914년 자본금 13만원으로 세워진 백산상
회가 1928년 일제에 의해 문을 닫게 된 까닭도 그러한 활동이 드러났기
때문이다.6) 대구·서울·원산·만주 지역의 안둥(安東)·펑톈(奉天) 등지

---

3) 김용구, 「범보(凡父) 김정설과 동방 르네상스」, 『한국사상과 시사』, 불교춘추사, 2002,
   262~265면. 김동리의 자전적 에세이 『나를 찾아서』(민음사, 1997)를 보면 공초(空超)
   오상순(吳相淳), 수주(樹州) 변영로(卞榮魯), 이관구(李寬求, 『朝鮮中央日報』의 자매지
   『中央』의 주필) 등이 범보와 친구로 나타나 있다. 또한, 김동리는 범보의 소개로 정지
   용(鄭芝溶)과 인사를 나눈 이후 해방 전까지 그를 형처럼 만나 왔다고 술회하기도 한다.
4) 김동리, 「문학에 대한 왕성한 식욕」, 『나를 찾아서』, 민음사, 1997, 34면.
5) 이에 대한 자세한 내용은 '백산 안희제 특집호'인 『나라사랑』 제19집(1975) 참조.
6) 백산상회는 1919년 자본금 1백만 원의 백산무역주식회사로 개편된다. 개편될 당시
   안희제는 총주식 2만 주 가운데 2천 5백 주를 가진 주주가 되었고, 나머지 주식은 경
   주의 최준을 비롯한 영남 굴지의 대지주 1백 82명이 사 들였다. 백산상회의 개편과 함
   께 파악해야 할 사실이 기미육영회(己未育英會)다. 기미육영회는 안희제가 1919년 11

에 지점 또는 연락사무소를 설치했던 것으로 보자면 백산상회의 규모가 그리 만만치 않았으리라 추정할 수 있다. 임시정부의 운영 자금 가운데 6할 이상이 백산 안희제를 통해 모금되고 건네어졌다는 기록 또한 남아 있다. 안희제의 1929년 『중외일보』 사장 취임은 활동 근거로서의 백산 상회를 잃은 데 따른 후속작업이었다. 바로 이 대목에서 이태준의 『조선 중앙일보』 생활이 1929년 『중외일보』에 기자로 입사하면서부터 시작되 었다는 사실을 떠올릴 필요가 있다. 범보와 이태준이 근거하는 공통 지 반이 이로써 확인되기 때문이다.

열아홉 살의 범보가 1915년 일본으로 유학을 떠나 1921년 무사히 귀 국할 수 있었던 배경에는 백산상회의 도움이 절대적이었다.[7] 이태준 또 한 백산상회와 무관하지 않았다. 자전소설 『사상의 월야』의 「사람도 여 러 가지」 부분을 보면 이태준의 유년기 비참했던 상황이 섬세하게 그려 져 있다. 그런 이태준에게 의지할 장소가 되었던 공간이 "농공 은행(農 工銀行) 옆에 있는 '물산객주 김상훈(物産客主 金相勳)'이라는 간판이 붙은 집"[8]이었고, 이곳은 바로 백산상회의 원산 지점이었다. 유리걸식하던 이태준은 이곳에서 2년여의 기간 동안 사환 노릇을 하며 생계를 이어 갈 수 있었다. 일본 유학을 떠날 때도 이태준은 백산상회의 도움을 받 았다. 휘문고보를 다니던 이태준은 동맹휴학을 주도했다가 학교에서 쫓 겨나게 되면서 일본 유학을 결심하였는데, 막상 부산에 도착하자 '불온

월 삼남의 유지들을 설득하여 만든 장학회이다. 이러한 두 가지 단체는 모두 독립운동 과 관련을 맺고 있다. 따라서 백산상회는 영남 지역 독립운동의 거점 단체였다고 해도 무리가 없겠다.

　이해를 돕기 위하여 덧붙이자면, 1915년을 전후했을 때 현 동국대학교의 전신인 중 앙학림(中央學林)의 일 년 예산은 4,092원이었다.

7) 김윤식은 범보가 1921년 기미육영회 장학생으로 뽑혀 도일, 25세에 귀국했다고 설 명하고 있으나(김윤식, 『김동리와 그의 시대』, 민음사, 1995, 18~19면), 이는 사실과 다 르기에 바로 잡는다. 단, 1919년 범보가 기미육영회 장학생으로 뽑혀 지원을 받은 것 은 사실이다. 그리고 백산상회의 설립연도를 1915년이라 적고 있는데, 이 또한 사실과 다르다는 점을 부기한다.

8) 이태준, 「사상의 월야」, 『사상의 월야』, 깊은샘, 1996, 81면.

분자'라는 이유로 도항증(渡航證)을 발급 받을 수 없는 상황이었다. 이때 이태준이 생각해 낸 곳이 바로 백산상회였다.

> 저녁때야 송빈이는 백산상회(白山商會)를 생각해내었다. 부산에 있는 큰 물산객주로 전에 송빈이가 있던 원산의 그 물산객주와 빈번한 거래가 있어 송빈이는 그 주인을 안다. 기억에 떠오르는 '초량(草梁)'이란 이름의 동네를 찾아가니 과연 백산상회가 그저 있을 뿐 아니라 주인도 송빈이를 알아보았다. 주인은 이내 경찰서에 전화를 걸더니 사환애를 보내어 고등계 주임의 명함을 얻어다 주는 것이었다.
>
> 이 명함은 도항증을 맡을 것도 없었다. 도항증을 보여야 할 목에서마다 도항증보다도 오히려 묻는 말이 없이 통과되었다.9)

김동리는 범보를 배경으로 하여 이태준과 교섭할 수 있었다. 이후의 과정을 보면 교섭의 정도가 얼마나 깊었는가를 짐작할 수 있다. 김동리는 1936년 『동아일보(東亞日報)』 신춘문예에 「산화(山火)」가 당선으로 뽑히자 상경하였는데, 그가 처음 찾아간 사람이 바로 『조선중앙일보』의 이태준이었다. 그리고 그는 1939년 2월 이태준이 창간한 『문장(文章)』을 활동의 주무대로 이용하기도 했다. 1941년 4월호(총권 26호)로 폐간될 때까지 『문장』에 김동리가 발표한 글들의 목록은 다음과 같다. 「황토기(黃土記)」(1939.5), 「찔레꽃」(第七輯 臨時增刊 創作三十二人集), 「'순수(純粹)' 이의(異議)」(1939.8), 「완미설(玩味說)」(1939.11), 「동구(洞口)앞길」(1940.2), 「나의 소설수업(小說修業)」(1940.3), 「신세대(新世代)의 정신(精神)」(1940.5), 「다음 항구(港口)」(1941.2). 이밖에 「하현(下弦)」이란 소설이 총독부의 검열로 인해 『문장』에 실리지 못했다고 한다. 이렇게 본다면 『문장』이 세 번 발간될 때 김동리의 글은 한 번 이상 게재된 셈이 된다. 그러니 『문장』이 폐간되자 김동리가 느꼈던 대단한 절망감은 충분히 이해할 만하다. 그 절망감은 곧장 절필 선언으로 이어졌다. "순문예지인 『문장』지의 폐간호를 받아

---

9) 위의 글, 187면.

들였을 때의 그 암담과 절망은 이 세상의 그 누구도 이것을 겪은 이 이외에는 상상하지도 못할 것이다. 나는 절망과 분노를 안은 채 절필(絶筆)을 선언하고 8·15 해방까지 침묵을 지켰다.”10)

2. 저널리즘의 영향력 확대와 신인남조론(新人濫造論)

김동리가 『조선중앙일보』와 『동아일보』의 신춘문예를 석권해 나갈 즈음 문단에는 ‘신인남조론(新人濫造論)’과 ‘문단숙청론(文壇肅淸論)’이 번져나가고 있었다. 세대 논쟁을 제대로 이해하기 위해서는 이러한 사실에 주목해야만 한다. 지금껏 이러한 사실에 주목하지 못하였기 때문에 당시의 신세대 논쟁은 저널리즘의 부추김으로 인해 발생한 우발적 사건으로 평가되고 있다. 하지만, 논쟁은 이미 벌어지고 있었다. 1939년 전면적으로 불거진 세대 논쟁에서 신세대의 입장을 대표하여 우뚝 떠오른 이가 김동리였다면, 그 이전에는 이태준이 신인들의 입장을 옹호하며 문단의 틀을 만들어 나가는 양상이었다.

먼저 ‘신인남조론’과 ‘문단숙청론’의 내용을 살펴보자. 신인남조론이란 “‘쩌-날리즘’은 無節制하게 新人을 濫造해내엿스며 또한 이 濫造된 新人들은 無反省, 沒廉恥하게 文壇秩序를 紊亂하엿”11)다는 주장이고, “文壇肅淸論者들의 所論을 要約하면 低級한 新人들의 넘우 沒廉恥하게 跋扈하는 꼴이 보기 실타는 것이다.”12) 김양석(金洋晳)의 「기성작가(旣成作家)와 신진작가(新進作家)-그 차이는 어데 있을가?」와 같은

---

10) 김동리, 「망나니들과 어울리다」, 『나를 찾아서』, 민음사, 1997, 202면.
11) 李源朝, 「新人論-그 文學的 本質에 關하야」, 『朝鮮日報』, 1935.10.10.
12) 위의 글, 『朝鮮日報』, 1935.10.15.

글은 '신인남조론'과 '문단숙청론'을 전하는 이원조의 주장이 과장되지 않았다는 한 예로 꼽을 수 있다. 그런데 이원조가 '쩌—날리즘'의 책임을 지적하고 있듯이, 김양석 또한 '신문사(新聞社)의 현상소설(懸賞小說)'을 문제 삼고 있는 대목은 눈여겨보아야 한다. "보라 요즘 新聞社의 懸賞小說에 當選되었다는 作品들을 본다면 大槪가 身邊記錄, 回想記, 무슨 受難記, 이것들이 과연 旣成作家보담 몇 培 더한(强) 反逆精神의 作品이였든가?"13)

기성작가들의 신인 비판 이면에는 이처럼 저널리즘에 대한 불신이 자리 잡고 있다. 이미 전향을 선언하고 나선 박영희까지도 저널리즘에 대한 우려를 나타내고 있을 정도이다. 그는 「일구삼사년(一九三四年) 조선문단(朝鮮文壇)의 동향(動向)」의 첫 번째 단락에서 "(조선에서는—인용자) 文藝의 獨自的 成長을 하지 못하고 늘 寄生的 成長을 하였다"라고 문제점을 지적하고 난 후, 다음 단락에서 "'쩌내리슴' 우에서 成長한 文藝는 藝術的 作品보다도 더욱 商品的 傾向으로 흐르는 까닭이다"라고 비판을 가하고 있다.14) 기성작가들 사이에 공감대로 형성되었던 저널리즘에 대한 곱지 않은 시선은 나름의 근거가 존재하고 있으며, 이는 신인을 배출하는 등단 방식의 변화와 밀접한 관련을 맺고 있다. 그런 점에서 백철의 다음과 같은 지적이 눈길을 잡아끈다.

一九三五年을 전후한 수년간에 걸쳐서 생겨진 문단의 새 面相은 이 기간에 유력한 新人作家들이 전례없이 많이 등장하였다는 사실이다. 이 때에 신인들이 등장해온 방법은 日刊紙들의 신춘문예 당선제도, 同人誌의 활동, 뒤에 가서 『文章』誌 등의 추천제도 등을 통해서였는데, 그 중에서도 주요한 기회로 된 것이 신춘문예 당선제였다. 이때의 신춘문예현상은 신인들을 등단시

---

13) 金洋晳, 「旣成作家와 新進作家—그 差異는 어데 있을가?」, 『朝鮮文壇』, 1935.4, 138
   ~139면.
14) 박영회, 「一九三四年 朝鮮文壇의 動向」, 『박영회 전집』 IV, 영남대 출판부, 1997,
   115면.

키는 데 그만큼 주요한 구실을 하였고, 이 제도를 통하여 많은 사람들이 文壇에 나왔던 것이다. 小說에서만 해도 金裕貞·朴榮濬·金東里·鄭飛石·郭夏信·玄德·金永壽·崔仁旭·金廷漢 등 여러 사람의 이름을 들 수 있다. 그밖에 이 기간에 활동한 李箱·許俊·鄭人澤 등을 더해 보면 하여튼 三五년대에는 다수의 신인들이 진출해 나온 것이 두드러진 현상이었다.

그 다수의 신인 진출은 필연적으로 文壇上에 변모를 가져오게 되어 이 項目 처음에 언급한 것처럼 世代論과 純粹論을 갖고 旣成作家들과 대립되는 큰 세력을 이루기도 한 것이다.15)

당시를 파악하는 김동리의 견해 역시 백철의 기록과 그리 다르지 않다. "1933년에서 1936년에 이르는 몇 해 동안의 문단을 한 마디로 부른다면 그것은 어떤 성격의 것일까. 나는 이 무렵을 범문단 형성기라고 생각한다. 각 신문사가 시행하는 신춘문예는 1930년 전후부터라고 하지만, 그것이 제 궤도에 들어섰다고 할까, 성세(盛世)를 이루었다고 할까 하는 것은 1933년에서 1936년에 이르는 몇 해 동안이었다."16) 요컨대, 신문사에서 실시하는 신춘문예의 안정적인 정착과 이를 통해 등단하는 신인의 내용이랄까 수준이 1935년을 즈음하여 세대적인 문제로 떠올랐던 것이다. 1935년 『조선문단(朝鮮文壇)』 개최의 「문인좌담회(文人座談會)」에서 이헌구가 언급한 "新人이라고 하면 昨年이나 今年에 各新聞에 當選된 이들을 말하는 것 같더군요"17)라는 사실까지 염두에 둔다면, 세대적인 문제가 문단에 중요하게 부각된 시기는 1935년경으로 파악할 수 있겠다.

그렇다면, 신인작가들을 비판하던 기성들은 어떤 경로로 문단에 진출하였던가. '동인지시대'가 지나가고, 『개벽(開闢)』(1920.6~1926.8)과 『조선문단』(1924.10~1926.6)의 대결 구도로 진행되면서 신인 등장의 강력한 창구로

---

15) 백철, 『新文學思潮史』, 신구문화사, 1997, 529~530면.
16) 김동리, 「그 무렵의 문단 신세대」, 『나를 찾아서』, 민음사, 1997, 190면.
17) 編輯局, 「文人座談會」, 『朝鮮文壇』, 1935.8, 145면.

자리를 잡아 나간 것은 '현상문예응모제도'였다.[18] 그런데 여기서 『개벽』
과 『조선문단』의 대결 구도가 무너지면서 좌파의 세력이 급격하게 팽창
했던 사실에 주의를 기울일 필요가 있다. 즉 우파가 겨우 양주동이 3호까
지 내고 폐간한 『문예공론(文藝公論)』에 매달렸던 반면, 좌파는 『문예운동
(文藝運動)』·『제삼전선(第三戰線)』·『예술운동(藝術運動)』·『조선문예(朝鮮
文藝)』 등의 잡지를 발간해내었던 것이다.[19] 따라서 종합문예지의 현상문
예를 통해 등단했던 과거 신인들의 대부분이 좌파의 색채를 띠었던 것은
당연하다고 이를 수 있다. "새로운 同志를 얻으려고" 『개벽』을 무대 삼
아 현상문예응모를 운영하였다는 박영희의 회고는 이를 뒷받침한다.

　이처럼 세대 논쟁이 벌어졌던 구도의 배경에는 등단을 둘러싼 문단
－제도의 변화가 존재하고 있다. 종합문예지의 '현상문예응모제도'에서
신문의 '신춘문예제도'로의 변화. 여기에는 물론 계급적 색채의 유무
또한 같이 한다. 앞서 살펴보았던 김양석이 판단의 근거로 '반역정신(反
逆精神)'을 들이대었던 것은 바로 이러한 맥락 속에서이다. 이와 함께
분명하게 기억해 두어야 할 사실이 있다. 『신동아(新東亞)』의 유례없는
상업적 성공 이후 각 언론사에서 잡지의 발간·운영 경쟁에 불이 붙었
다는 점이다. 당시 『동아일보』에서는 『신동아』와 『신가정(新家庭)』을 보
유하였고, 『조선일보』에서는 이와 맞서기 위해 『조광(朝光)』·『여성(女
性)』·『소년(少年)』·『유년(幼年)』을 운영하였으며, 『조선일보』·『동아일
보』와 더불어 3대 민간신문의 위치를 점하였던 『조선중앙일보』에서는
『중앙』을 발간하였다.

　그런데 이들 잡지들은 서로에 대해 상당히 배타적이어서 자사 신춘
문예 출신에게만 지면을 허락하였다. 『조선중앙일보』를 통해 등단한 자

---

18) 박영희, 「初創期의 文壇側面史」, 『박영희 전집』 II, 영남대 출판부, 1997, 329~333면;
　　방인근, 「조선문단(朝鮮文壇) 시절」, 『한국문단 이면사』, 깊은샘, 1999.
19) 당시의 자세한 상황에 대해서는 김춘희의 「한국 근대문단의 형성과 등단제도 연구」
　　(동국대 석사논문, 2000) 참조.

신에게 『신동아』와 『조광』에서는 청탁을 해 오지 않았다면서 김동리는 "『신동아』는 『동아일보』의 당선자만을, 『조광』에서는 『조선일보』의 당선자만을 밀어주는 경향이 현저했던 것"20)을 지적하고 있다. 즉, 매체들 간에 배타적 경향이 팽배하여 지면 확보가 어려웠기 때문에, 이를 타개하기 위해 『동아일보』를 통해 다시 등단하게 되었다는 것이다. "요새 신문에도 그런 색채가 있는 것 같이 보이지만 그때에는 이 섹트주의가 노골적이어서 어느 신문의 단골 집필자는 다른 신문에서 원고를 실어주지 않았다"21)라는 조용만(趙容萬)의 진술, "이대로 가다는 文人들이 모다 各各 어느 一定한 新聞社와 雜誌社의 專屬藝術家化할 날도 머지 않을 것 같드군요"22)라는 김환태의 우려 또한 마찬가지다. 당시의 문단 분위기를 이해하거나 세대 논쟁을 파악하기 위해서는 이런 사실 또한 제대로 파악해야만 한다.

저널리즘의 영향력에 휘둘리는 문단의 흐름에 대하여 작가들은 응당 불만을 가질 수 있다. 『조선중앙일보』에 이어 다시 『동아일보』로 등단했던 신진작가 김동리가 이를 보여 주고 있지 않은가. 하지만, 기성작가들의 입장에서 보자면 이는 더욱 심각하게 다가설 수밖에 없다. 겨우 한 개의 매체에 불과하더라도 신진작가들은 그래도 저널리즘과의 연결고리를 확보한 반면, 기성들은 그러한 연결고리조차 가지지 못한 형국이기 때문이다. 뿐만 아니라 우가키 총독(宇垣一成, 1931.6~1936.8)에서 관동군 사령관 출신 미나미 지로 총독(南次郎, 1936.8~1942.5)으로 이어지는 시대의 분위기 속에서 저널리즘이 기성작가들을 끌어안을 리는 만무하였다. 당시의 세대 논쟁이 갖는 두드러진 특징은 이 대목에서 해명이 가능해진다.

---

20) 김동리, 「연거푸 당선되다」, 『나를 찾아서』, 민음사, 1997, 141면.
21) 趙容萬, 『30년대의 문화예술인들―격동기의 文化界 秘話』, 범양사 출판부, 1988, 125면.
22) 編輯局, 앞의 글, 148면.

일반적으로 '세대 논쟁'이라고 하면 인정 욕망에 이끌린 신세대 측의 기성 비판으로부터 시작되게 마련이다. 그런데 1930년대에는 왜 기성의 공격으로부터 논쟁이 발발하게 되었던가. 바로 발표 지면의 확보가 중요하게 작용했던 것이다. 저널리즘의 호위(護衛)를 받으며 활동했던 신진작가의 입장에서는 굳이 논쟁을 일으킬 필요가 없었던 반면, 자신들의 목소리를 제대로 담아낼 매체가 없었던 기성들의 입장에서는 그러한 흐름에 순순히 응할 수 없었다. 기성들에게 발표 지면이 주어졌을 경우, 그들이 과연 사회에 대한 자신들의 목소리를 제대로 낼 수 있었는가는 이에 비해 부차적인 문제이다. 기성들의 입장에서 파악하기에 시대의 대세는 점차 암울하게만 변하는데, 신인작가들은 그러한 분위기에 편승하여 나름의 존재 증명을 해 나가는 형국이었기 때문이다. 그러니 기성의 입장에서 신진작가들이 순수하게 보일 수 있었겠는가. '세대 논쟁'이 '순수 논쟁'과 뒤섞여서 진행되었던 까닭은 바로 여기에 있다.

이렇게 살핀다면 '신인남조론' · '문단숙청론'의 의미는 분명해진다. 신인 등장을 둘러싼 문학―제도의 변화와 이에 따른 기성 측의 물질적 박탈감 · 사상적 거부감이 '신인남조론'과 '문단숙청론'으로 나타났던 것이다. 1935년을 전후하여 나타나기 시작한 이러한 갈등은 1939년에 이르러 기성과 신진작가의 전면적인 충돌로 폭발하기에 이른다. 그 충돌에서 우뚝 솟아오른 이는 물론 김동리이다. 하지만, 그 이전에는 구인회의 좌장이라 이를만한 이태준이 신인의 입장을 옹호하며 고군분투하고 있었다. 그리고 이태준이 벌인 논쟁에는 이미 기성 대 신진 위에 그대로 겹쳐지는 평론가 대 소설가의 대립 구조가 선명하게 배어난다.

3. 구인회의 존립 방식과 좌장 이태준의 논리 수준

『조선일보』를 통해 보자면, 1933년 평론계는 작가들의 비판에 전면적으로 노출되었던 것으로 파악된다. 예컨대 10월 3일자에는 「평론계(評論界)의 SOS 비평(批評)의 권위(權威) 수립(權威 樹立)을 위하야」가 크게 실려 있고, 이종명(李鍾鳴)은 「작가(作家)의 입장(立場)을 이해(理解)하는 엄정(嚴正)하고 순수(純粹)한 평론가(評論家)의 출현(出現)」을 게재하였으며, 윤곤강(尹崑崗)의 연재 「현대시평론(現代詩評論)—기계론(機械論)의 청산(淸算)」도 나타나 있다. 한 쪽에는 "近來 流行하는 批評은 이놈 저놈 辱하고 주먹질하는 세음입니다. 그런 것을 評文이라고 쓰는 사람도 사람이려니와 그것을 大書特筆하는 新聞이나 雜誌도 確實히 잘못입니다"로 시작되는 방인근(方仁根)의 「쩌날리즘에 경고(警告)!—열악(劣惡)한 평문(評文)은 뽀이코트하라」도 보인다. 이는 10월 4일에도 마찬가지여서 양주동(梁柱東)의 「시끄럽게 함부로 날뛰는 아지 못하는 비평퇴치(批評退治)」나 이효석(李孝石)의 「창작활동(創作活動)의 왕성(旺盛)과 비평(批評)의 천재(天才)를 대망(待望)」이 같은 맥락을 형성하고 있다. 이후 작가의 '評壇에 보내는 말', 독자의 '평단(評壇)에 보내는 이삼진언(二三進言)' 등이 이어졌고, 박영희의 「혼란(混亂)된 평론(評論)의 정리(整理)는 어떠케?」 또한 10월 31일부터 11월 5일까지 연재되었던 사실 등을 염두에 둔다면, 이는 결코 일회적인 사안이 아니라 문단 전체의 질서와 무관치 않았음이 분명하다.

이태준은 10월 14일자 『조선일보』 '평단(評壇)에 보내는 말'이란 꼭지에 「평자(評者)여 좀더 겸손(謙遜)하여라」는 글을 발표하였다. 12월 6일에는 「'무지(無知)한 평자(評者)'라는 것」을 『동아일보』에 실었는데, 이는 이정구(李貞求)의 「시평(詩評)을 위한 각서(覺書)」(『朝鮮日報』, 1933.12.2~9)에 대한 반론이다. 「평자(評者)여 좀더 겸손(謙遜)하여라」에 대한 이정구의 비판이야 오독으로 발생하였으니 이태준의 반박 내용은 사소할 수밖에 없었고, 오히려 관심을 기울여야 할 사항은 「평자여 좀더 겸손하라」에서 이태준이 백철을 비판하며 구인회를 설명하는 대목이다. "애초부터 우리는 文藝공부를 爲해서 단순한 友誼로 모힌 것이다. 우리가 가끔 맞나 文藝공부를 함에 朝鮮文壇에 害毒이 될 것은 무엇인가? 이야말로 天下의 不可思議다."23) 구인회를 설명하는 이러한 태도는 이후에도 그대로 반복되며, 김기림이나 정지용 또한 같은 논리를 취한다. 하지만, 정말 그러할까. 이를 살피기 위해서는 구인회의 창립 과정에 깊숙하게 개입하였던 조용만의 회고를 살펴볼 필요가 있다.

구인회는 1933년 청진동 골목의 술집에서 이종명이 김유영(金幽影)·조용만에게 제안하면서 만들어졌다. 이들의 애초 계획은 이러했다. "당시의 4개 신문사 학예부 진용을 본다면 동아일보는 徐恒錫이 학예부장이었고, 조선일보에는 洪起文, 중앙일보에는 李泰俊, 그리고 매일신보에는 내(조용만―인용자)가 있었다. 그래서 우선 4개 신문사 학예부 관계자를 넣기로 하여 동아일보에서는 기자는 아니지만 객원인 작가 李無影을 점찍고, 조선일보에서는 학예부 기자인 시인 金起林, 중앙일보에서는 부장인 소설가 尙虛 李泰俊, 그리고 매일신보에서는 나를 후보로 뽑았다. 이렇게 신문사 학예부 관계자를 우선 점찍은 까닭은 우리들이 선전하는데 편하기 때문이었다."24) 그렇다면 그들의 계획은 성공하였는가. 초창기 구성원들의 면면을 보면 성공했다고 평가할 수 있겠다. "이리하여 상허, 지용, 종명, 유영, 起林, 無影, 이효석, 유치진, 그리고 나까지 9명이 되었다"25)로 정리되기 때문이다.

물론 구인회 구성원들의 면면은 이후 변화를 나타내게 된다. 이태준이 실질적인 회장 역할을 차지하고, 정지용이 부회장 격을 맡은 데 대

---

23) 李泰俊, 「評者여 좀더 겸손하여라」, 『朝鮮日報』, 1933.10.13.
24) 趙容萬, 앞의 책, 같은 면.
25) 위의 책, 133면.

하여 불쾌감을 느낀 이종명은 세 번째 모임부터 불참하게 되었다. 발의자로서 헤게모니 장악이 가능할 줄 알았으나 봉쇄되었고, 『조선중앙일보』에 자신의 소설을 실어달라는 부탁을 이태준이 거절한 데 따른 것이었다. 카프와의 대대적인 싸움을 기대했던 이무영 또한 구인회 내부의 소극적인 분위기에 실망하여 두 번째 모임을 끝으로 탈퇴하였다. 경성(鏡城)으로 돌아간 이효석은 그저 이름만 걸어놓은 격이었고, 조용만의 강권으로 구인회에 들어갔던 유치진의 경우에는 두 번째 모임에서부터 모습을 감추었다. 이들의 빈자리를 메운 이는 박태원과 이상이다. 시간이 조금 지난 후 이효석과 조용만이 탈퇴 의사를 밝혔고, 김유정・김환태(金煥泰)・박팔양(朴八陽)이 그들을 대신하게 되었다.26)

　이러한 구성원 변화에도 불구하고 분명한 사실은 저널리즘을 끌어안고 있던 구인회의 영향력이 막강했다는 점이다. 즉, 카프와의 대대적인 싸움을 이무영은 기대했었지만, 카프와의 전면적인 대결 없이도 이들은 문단의 헤게모니를 장악할 수 있었다는 것이다. 구인회가 발족하였던 1933년 『신동아』 12월호에 실린 김기진의 「일천구백삼십삼년도(一九三三年度) 단편창작칠십육편(短篇創作七十六篇)」에는 그런 상황이 그대로 드러나 있다. 김기진은 먼저 1933년 한 해 동안 발표되었던 작품들과 작가, 발표 지면을 하나하나 열거하고 난 후, 이무영 8편, 이태준 6편, 이종명 5편, 박태원 4편 등 활동이 활발하였던 작가들을 차례로 언급하면서 반동문학(反動文學)의 행렬이 두드러진다고 비판하였다. 그런 반면, 작품을 발표하였던 46명의 작가들 중 카프 소속은 겨우 5~6명에 불과하다는 데 깊은 우려를 나타내기도 한다.

　이렇게 많은 사람 中에서 캅프에 屬히는 사람이 不過 五六人이오 남어지 四十名이 캅프와 緣이 먼 사람이라는 事實을 캅프의 同志들은 深愼히 생각하여야 할 問題일 줄로 생각한다. 캅프의 조직의 影響이 이가티 所謂 文壇에

---

26) 위의 책, 123~139면 참조.

잇어서 作用함이 적엇든 일이란 過去에 잇어서 一九二八年 以後로 五六年
동안의 期間 中에서 처음 보는 일이다(내가 맨들어두었든 數字가 지금 어대
로 갓는지 찾지 못하나 確實히 記憶하는 바에 依하건대 一九二八年, 二九年
은 量으로만 가지고 말할지라도 캅프의 作品行動이 全創作界의 一年間 總
作品數의 三分之二 以上을 占하얏든 것이 事實이다).[27]

1936년 이상이 일본으로 건너가면서 모임이 흐지부지되기까지 구인
회의 문단 내 영향력은 점차 분명해진다. 예컨대 1935년 6월 3일 열렸
던 『조선문단』의 「문예좌담회(文藝座談會)」를 보면 이야기는 구인회에
대한 관심으로부터 시작되고 있다. 당파(黨派)로 볼 수 있는가의 여부,
집회·조직·계획 등에 관한 문의 등이 그 내용이다. 작품의 발표와 관
련해서는 함대훈(咸大勳)의 "九人會員들이 多作이더군요"라는 발언이
눈에 띄며, 구인회의 성격에 대해서는 안회남이 비교적 정확하게 파악
했던 것으로 드러난다. "우리 文壇에 黨派가 있다고는 볼 수가 없습니
다. 그러나 各 雜誌나 新聞編輯者들은 그 執筆家들을 제각기 分別하
야 가지고 어느 雜誌, 新聞社에서는 어느 部數의 一定한 사람들에게만
局限하야 가지고 執筆케 하고 또 어느 雜誌, 新聞社에서는 또 다른 部
類의 그 사람들에게만 씨우고 하야 이것도 勿論 文壇의 黨派는 아니겠
지만 第三者가 보면 무슨 確然히 對立되는 黨派나 있는 것 같이 보이
게 하며 느끼게 하는 이러한 傾向은 있드군요."[28] 사회를 맡은 방인근
(方仁根)은 여기에 대해 "그러나 그렇게 없다고 할 수 없을걸요"라며 신
문·잡지의 편집에 반영되게 마련인 작품 선택의 경향을 당파성의 표
출로 이해하고 있음을 드러낸다. 저널리즘을 배경으로 활동했던 구인회
의 지향에서 방인근은 물질적 기반의 측면을 안회남보다 적극적으로
고려하였던 것이다.

---

27) 김팔봉, 「一九三三年度 短篇創作七十六篇」, 『新東亞』, 1933.12, 24면.
28) 編輯局, 앞의 글, 143~145면 참조

평론가와 소설가의 대립이 1939년 세대 논쟁이 전면적으로 불거질 때까지 그대로 유지될 수 있었던 데에는 구인회의 이런 성격이 큰 부분을 차지한다. 이는 이종명·이무영이 애초 모델로 삼았던 일본의 '13인 구락부'와 이태준이 좌장으로 자리했던 구인회의 차이이기도 하다.[29] 다시 말해서 저널리즘(발표 지면)이라는 물질적인 토대를 장악하였으되, 이론 체계의 논리적 완결성이나 당파적 지향을 제시하지 않고 구인회가 움직였기 때문에 명확한 논점을 흡수해 버린 양상이 되었다는 것이다. 구인회의 당파성을 둘러싼 논란은 그래서 제기되었다. 예컨대 『동아일보』에서 기획한 '문단타진즉문즉답기(文壇打診卽問卽答記)'에서 이태준이 밝힌 입장을 보면 평론계의 흐름에 대한 비판은 있지만, 이를 대신할 수 있는 내용은 나타나지 않는다.[30] 1937년 『조광(朝光)』 9월호에 실린 '작가(作家)와 비평가(批評家)의 변(辨)'을 보더라도 원칙적인 진술을 하고 있을 뿐 전면적인 대립은 피하는 인상이다. "作家 對 評論家로 論爭은 되지 안습니다. 評家는 論爭이 理論的이고 作家는 自己의 內心을 한꺼번에 말해버리는 感情家이기 때문에 이러니저러니 하고 오래동안 論爭이 成立되지 안습니다."[31]

이태준의 논리가 어렴풋하게나마 드러나는 것은 신남철(申南澈)과의 논쟁을 통해서이다. 이태준은 1937년 5월 25~26일자 『조선일보』에 「근감수제(近感數題)—누구를 위해 쓸 것인가?」를 발표하였다. 이상과 김유

---

29) "'신흥예술파'란 『思潮』의 편집장 中村武羅夫을 중심으로 '13인구락부'(1929), '新興藝術派俱樂部'(1930.4)의 결성을 보았으나, '신사회파문학'(1932)의 제창 무렵에 분열 해체되어 비교적 단명에 그친 모더니즘 집단이다. 中村의 「누군가? 화원을 망가뜨리는 자는!」(『思潮』, 1928.6)이 그 성립과정에서 기폭제 역할을 하였는데, 그 글의 부제가 '이즘의 문학보다는 개성의 문학으로'였다. 그러니까 반마르크스주의를 표방하는 예술주의의 옹호를 목표로 했던 것인데, 이들의 활동은 이론적 깊이가 없어 일과성에 그쳤다고 할 수 있다."(김홍식, 「안회남 소설 연구—신변소설을 중심으로」, 『한국 현대문학의 근대성 탐구』, 새미, 2000, 295면)
30) 李泰俊, 「'휴매니즘' 云云은 評論을 爲한 評論」, 『東亞日報』, 1937.6.4.
31) 李泰俊, 「'人格 尊重' 批評을 待望」, 『朝光』, 1937.9, 60면.

정 추도회를 가진 이후에 쓴 이 글에서 그는 신인 옹호론을 펼친다. "最近 數三年 內에 우리 文學은 刮目할만치 자랏다 하겟다. 내가 읽은 範圍 內에서도 裕貞의 「봄봄」, 李箱의 「날개」와 「倦怠」, 崔明翊의 「비오는 길」, 金東里의 「巫女圖」, 李善熙의 「計算書」, 鄭飛石의 「城隍堂」 다 그 以前에 보지 못하던 燦然한 作品들이다. 「비오는 길」이나 「巫女圖」 「計算書」 「城隍堂」 等은 군데군데 推敲해야 데가 잇으면서도 大體로는 過去의 다른 新人들이나 또 어느 旣成作家들의 初年作에서는 차즐 수 업는 快作들이엿다. 新人들이 이만한 作品을 내여던지면 旣成作家들은 新聞小說에서는 別 問題거니와 아직 正統藝術의 舞臺인 斷篇界에서는 서뿔이 붓을 잡을 勇氣가 업슬 것이다. 痛快한 일이엇다."32)

　　그렇다면, 이태준이 이러한 주장을 펼치는 근거가 무엇인가. 사회와 독자·민족이 요구하는 바에 앞서서 작가 자신에 대한 파악을 제대로 해내었다는 것이다. "裕貞과 李箱을 바라보며 또 以上의 新人들을 생각하며 共通的으로 내가 느껴진 바는 그들의 '自信'이다. (…중략…) 가튼 다름박질이라도 百米와 千米와 또 마라손이 다를 것이다. 마라손이 人氣 잇다하여 百米에 適當한 自己의 體質을 無視하고 마라손에 나서면 거기에 남는 것은 무엇일 것인가? 裕貞이나 李箱은 다 自己 體質에 맞는 種目을 띈 사람이다. 그래서 그들 作品에는 自信이 잇다. 氣質에 맞는 것을 쓴 作家에게는 常識, 혹은 學問 以上의 創造가 잇다. 그러나 氣質에 맞지 안는 것을 쓴 作家에게는 기껀해야 常識이요 學問 정도다."33)

　　이 글에 대한 신남철의 비판이 「작가(作家) 심정(心情)의 문제(問題)—'누구를 위(爲)하야 쓸 것인가'」이다. 신남철이 문제 삼는 것은 작가의 사회적인 측면으로 파악된다. 그러니까 작가의 개성을 강조하는 이태준에게 그것이 사회·역사적인 측면과 어떻게 만나는가를 따져 물었다는 것이다.

---

32) 李泰俊, 「누구를 위해 쓸 것인가?」, 『朝鮮日報』, 1937.5.25.
33) 위의 글, 『朝鮮日報』, 1937.5.25~26.

"누구를 위하여 쓸 것인가?" 作家는 自己便安을 爲하야 쓸 것도 아니고 또 大衆小說 或은 通俗小說같이 低級한 趣味에 迎合하라고 쓸 일도 아니다. 獨逸의 어떤 作家가 말한 것과 같이 '人間은 自己를 所有하고 잇지 안타. 自己라는 것은 外部로부터 불려(吹)서 오는 것이다.'(호프만스탈). 自己를 살리기 爲하여서도 먼저 眞實한 感動을 萬人에게 줄 作品을 쓰지 안흐면 아니 된다. 이것이 참으로 自己探求라는 것이다. 作品은 發表된 以上 公의 것이다. 眞實한 感動을 萬人에게 주는 程度가 높고 클수록 그것은 時代의 것이고 歷史의 것이다. 그 社會의 思想과 感動의 눈인 것이다.34)

따라서 이태준으로서는 자신이 강조하는 작가 나름의 개성이 어떻게 '시대(時代)의 것이고 역사(歷史)의 것'이 될 수 있는가를 해명하면 된다. 그렇지만 이태준은 그 부분에 대하여 제대로 답변하지 못하였다. 신남철에 대한 반론인 「평론태도(評論態度)에 대하야」를 보면 이는 명확하게 드러난다. 「평론태도(評論態度)(上) : 평필(評筆)의 초조성(焦燥性)―먼저 책임감(責任感)을 가지라」의 내용을 보면 신남철이 자신의 주장을 제대로 파악하지 못했다는 입장만이 누차 반복된다. 절반 이상의 분량을 「누구를 위하여 쓸 것인가」의 재인용으로 채우고 있는 것은 바로 그 때문이다. 이태준이 정말 신남철의 비판에 대해 "申氏의 文章을 읽어보면 내가 그 「누구를 위하야 쓸 것인가」란 글에서 마치 '독자야 關心해 무엇하랴 너 自身이 조흔대로만 쓰면 고만이다' 이렇게 말한 듯이 보여진다"35)라고 파악했는가의 여부는 알 수 없다. 논리의 빈곤으로 그런 궁색한 대응 방식을 취하였을 수도 있고, 진실로 신남철의 논리를 파악하지 못했을 수도 있기 때문이다. 그렇지만 두 가지 어느 경우라 하더라도 이태준의 문학관이랄까 논리가 그다지 체계적이지 못하다는 사실을 방증하는 데는 무리가 없다.

---

34) 申南澈, 「作家 心情의 問題―'누구를 爲」하야 쓸 것인가」, 『東亞日報』, 1937.6.23.
35) 李泰俊, 「評論態度에 대하야(上) : 評筆의 焦燥性―먼저 責任感을 가지라」, 『東亞日報』, 1937.6.27.

「평론태도(評論態度)에 대하야(下) : 작가가 바라는 평론가─평자(評者)도 자기(自己)부터 찾기를」에서는 신남철 부분은 쏙 빠져 있고, 작가와 평론가에 대한 일반론과 화려한 수사만이 전면을 채우고 있다. "아모리 新人이라도 그는 第一作을 내어노키 爲해서 적어도 一, 二篇 만흐면 數十篇의 習作을 거친 사람들이다. 理論의 燈臺가 미치지 못하는 더 멀고 깊은 바다에서 千波萬波와 싸운 사람들이다. 그런데 이미 그들도 읽고 난 流行思潮나 方法論 따위를 척 읽어가지고 그들의 難産品을 輕輕히 論理만으로 整理해 버리려는데 어째서 不平과 不安이 없을 것인가?"36) 그러면서 소설가로서 자신이 바라는 평론가의 요건을 세 가지 꼽고 있다. "첫재 創作에 잇어 自己以上의 經驗者일 것, 둘재 人生觀에 잇어 남의 것도 尊重히 아는 紳士일 것, 셋재, 天才的인 感性의 所有者이기를 바라는 것이다."37)

이태준의 이러한 수준과 대응 방식이 기성 평론가들의 비판을 잠재우기에 역부족이었던 것은 당연하다. 그러니 기성 평론가들의 비판은 꾸준히 이어질 수밖에 없었다. 예컨대 임화는 「방황(彷徨)하는 문학정신(文學精神)─정축문단(丁丑文壇)의 회고(回顧)」(『동아일보』, 1937.12.12~15)에서 김동리와 정비석을 "진짜 낭만적 반동"으로 규정했는가 하면, 「문단시감(文壇時感)」(『朝鮮日報』, 1938.7.17~23)에서는 "오늘날의 文學的 世代란 이 아무 것도 缺如된 空間을 할 수 없이 차지하고 있는 불쌍한 '에어 포캡'이나 아닌지"라는 야유를 퍼붓고 있다. 세대 논쟁이 전면적으로 벌어지기 시작할 즈음에는 『비판(批判)』 1939년 2월호에 게재한 「신인론(新人論)─그 서장(序章)」을 통해 신진작가들을 이태준의 에피고넨으로 폄하하기도 하였다. 세대 논쟁의 과정에 이태준이 「문예시평(文藝時評)─비평(批評)과 비평정신(批評精神)」(『조선일보』, 1939.5.31 · 6.2), 「문예시평(文藝時評)─

---

36) 李泰俊, 「評論態度에 對하야(下) : 作家가 바라는 評論家─評者도 自己부터 찾기를」, 『東亞日報』, 1937.6.29.
37) 위의 글, 같은 면.

근대비평정신(近代批評精神)의 추이(趨移)」(『조선일보』, 1939.6.4·6.6)를 발표하기도 했지만, 그의 논리가 상대편 논자들의 수준을 압도하기에는 힘이 부쳤다. "批評에 대한 作家의 不足感(不平이 아니다)은 이리 하야 所謂 '文壇 主流의 喪失'이나 '批評 基準의 喪失'에서 오는 것이 아니라 이러한 批評 精神의 缺如에서 오는 것임을 오늘의 評家는 알어야 할 것이다"38)의 선에 머물렀기 때문이다. 평론가로서는 유독 김환태(金煥泰)만이 신진작가의 편에 서서 논리를 펼쳤으나, 그 또한 논리가 허술하기만 하였다.39) 1939년 1월호 『조광』의 기획특집 「신진작가 좌담회(新進作家 座談會)」에 참여하여 논쟁을 촉발시킨 신진작가들의 입장 또한 이태준의 수준을 뛰어넘는 것은 못 되었다.

그런 가운데 우뚝 솟은 이가 바로 김동리이다. 「문자우상(文字偶像)—'우상론(偶像論)' 노트의 일절(一節)」(『朝光』, 1939.4)에서 「'순수(純粹)' 이의(異議)」(『文章』, 1939.8), 「신세대(新世代)의 문학정신(文學精神)—신인(新人)으로서 유진오씨(兪鎭午氏)에게, 세대(世代)에 대(對)한 의견(意見) 교환(交換)」(『每日新報』, 1940.2.21~22)으로 이어지는 유진오와의 대결에서 뚜렷한 우위를 점하였기 때문이다. "新人의 文學世界가 金氏의 所論과 같다면 나는 당초부터 그런 글을 쓰지도 않았을 것이다"라거나 "내가 말하는 所謂 '純粹'의 世界에 新人은 비교적 자연스레 到達할 수 있음에 反하여 過去에 一次 政治的 偏向에 빠졌던 사람은 非常한 政治的 葛藤 없이는 到達할 수 없음을 強調하는 것에 불과하였다"라는 유진오의 「대

---

38) 李泰俊, 「近代批評精神의 趣移」, 『朝鮮日報』, 1939.6.6.

39) 기성에 속하는 평론가 김환태가 신진작가의 편을 들었다는 이유로 세대 논쟁이란 틀은 허구라는 관점도 있다(『한국 근대민족문학사』, 한길사, 1993). 하지만, 문학—제도의 변화 차원에서 파악하자면 이는 너무나 단순한 접근이라 할 수 있다. 또한 김환태의 「純粹是非」(『文章』, 1939.11)를 보면 김동리가 쓴 「'純粹' 異議」의 논리를 자의적으로 해석하여 이에 편승하고자 하는 태도가 명확히 드러난다. 그 한계는 너무도 분명해서 같은 해 『文章』 12월호에 실린 이원조의 「純粹는 무엇인가」를 통해 쉽게 지적되고 있다. 김환태의 「新進作家 A君에게」(『朝光』, 1939.5)에도 논쟁과 관련된 별다른 내용은 없다.

립(對立)보다는 협력(協力)을 요망(要望)」 대목을 보건대 논쟁이 김동리의 승리로 끝난 것은 분명해 보인다.[40] 그리고 김동리의 이러한 입장은 「나의 소설수업(小說修業)—'리얼리즘'으로 본 당대작가(當代作家)의 운명(運命)」(『文章』, 1940.3)과 「신세대(新世代)의 정신(精神)—문단(文壇) '신생면(新生面)'의 성격(性格), 사명, 기타(其他)」(『文章』, 1940.5)를 통하여 완결적 논리 체계로 안착하게 된다. 해방 이후 좌파 평론가들과의 대결에서도 그대로 이어졌던 이러한 논리의 배경에는 맏형 범보가 자리 잡고 있다.

4. 백산 안희제와 이태준 그리고 다솔사의 김동리

과연 이태준은 신남철과 논쟁을 벌일 당시의 문학관을 이후에도 그대로 유지하고 있었을까. 여기에 대해서는 신중한 접근이 필요하다. 따라서 자세한 논의는 차후의 연구로 돌리기로 한다. 다만, 백산 안희제의 활동과 관련지어 생각해 볼 수 있는 이태준의 작품에 대해 잠깐 살펴보기로 하자. 「참다운 예술가(藝術家) 노릇 이제부터 시작(始作)할 결심(決心)이다」(『조선일보』, 1938.3.1)를 쓸 즈음하여 이태준의 인식 변화는 어느 정도 감지된다. 예컨대 다음과 같은 대목을 보라. "내 趣味에 맞는 人物을 붓들어 가지고 스케치나 공부하면서 製作 生活을 할 수 잇는 時間을 기다려 왔다. 그래 不遇先生, 황수건(달밤의 主人公), 안영감(아담의 後裔의 主人公), 색시, 孫巨富, 福德房 영감들 따위 思想的 思考라거나 現實 探究와 關聯한 事項이라거나 그런 것을 避할 수 잇는, 이미 運命이 決定된 人物들을 選擇 거이 詩를 쓰는 卽興 氣分으로 쓴 것이다. 나의

---

40) 兪鎭午, 「對立보다는 協力을 要望—金東里氏에게 答辯하여」, 『每日新報』, 1940.2. 23.

作品에 哀愁는 잇고 思想이 업다는 것은 가장 쉽고 또 正確한 指摘들이다. 그러나 이 作家는 이런 範圍 內에서만 完成할 수 잇다는 것은 續斷이다."[41]

「참다운 예술가 노릇 이제부터 시작할 결심이다」의 앞에는 "履霜堅氷至"—'서리가 오거든 그 뒤에 얼음이 올 것을 각오하라'를 중얼거리며 마음을 다잡는 「패강냉(浿江冷)」(『三千里文學』, 1938.1)이 있고, 뒤로는 「영월영감(寧越令監)」(『文章』, 1939.2~3)과 「농군(農軍)」(『文章』, 1939.7)이 자리한다. 「영월영감(寧越令監)」에 나타나는 금광 채굴이라든가 「농군」의 창작 배경에는 백산의 그림자가 어른거린다. 『중외일보』를 그만두고 난 후 백산은 만주로 건너갈 결심을 굳히는데, 그의 넷째 아들 안상두는 당시의 상황을 이렇게 기록하고 있다.

> 선친의 결심은 이미 김 태원(金台原)과의 다각적인 의논 끝에 이루어진 것이다. 김 태원은 당시 금(金) 광산의 발굴을 위해 전국 각지를 탐사(探査)하고 있었는데, 선친은 부산 백산 상회(白山商會) 시절부터 이 김태원을 물심양면으로 원조하여 그의 금광 발굴의 집념을 이루게 하였다. 그는 결국 경북 봉화군(奉化郡) 금정(金井) 광산을 개광(開鑛)하여 일약 거부(巨富)가 되었다. 선친은 김 태원을 만나 여러 가지로 앞일을 상의한 결과, 만주에서 농토를 개간하여 농장을 경영하는 한편, 우리 농민을 그 곳으로 이주시키는 데 의견을 모았다.[42]

이렇게 하여 건설된 것이 바로 '발해농장'이다. 그러니까 이태준의 소설 「영월영감」에서와는 달리 백산은 금광에 손을 대어 성공을 거두었고, 이를 발판으로 하여 구국독립운동을 지속할 수 있었다. '영월영감'의 꿈이 어느 정도 실현된 것이다. 이태준이 1931년 7월 2일 일어난 만보산사건(萬寶山事件)을 취재하여 『조선일보』에 1938년 4월 8일부터

---

41) 李泰俊, 「참다운 藝術家 노릇 이제부터 始作할 決心이다」, 『朝鮮日報』, 1938.3.1.
42) 안상두, 「발해 농장 시절의 백산—만주를 거점으로 한 구국 독립 운동」, 『나라사랑』 제19집, 외솔회, 1975, 133~134면.

21일까지 「이민부락 견문기」를 게재하고, 다시 「농군」을 썼던 것은 이와 연관해서 파악할 수 있다. 즉 백산이 만주 지역을 배경으로 그렸던 커다란 밑그림과 같이 나아갈 수 있는 시기가 비로소 되었던 것이다. 백산이 구상했던 '자작농창제(自作農創制)', 중국 구국군(救國軍)과 이태준 산문의 상관성에 관한 논의는 차후로 미루고, 독립운동을 벌여나갔던 백산의 노력만을 잠시 소개하면 다음과 같다. "밀산(密山) 방면에서 종교인으로 가장하고 있던 선친은 대종교(大倧敎) 총본사(總本司)를 동경성으로 옮기게 하는 한편, 3세 교주로서 도사로 가장하고 있는 단애(檀崖) 윤세복(尹世復)과 그의 아들인 윤필한(尹弼漢)을 비롯한 모든 대종교 간부마저 대동 청년단에 입당케 하고, 앞으로 다가올 무력 봉기를 목표로 착착 준비를 진행해 가고 있었다. 또 서일(徐一) 장군의 유족과 최관(崔冠)을 농장 지배인격으로 삼아 당시 목단강을 사이에 두고 발해 농장의 건너편 와룡둔(臥龍屯)에 숨어 준동하고 있던 중국 구국군(救國軍; 세칭 馬賊)과 비밀리에 횡적 교섭을 가졌고, 우리 독립군과도 극비리에 연락을 취하고 있었다."43)

　한편, 다솔사를 생활의 터전으로 삼았던 김동리 또한, 그는 전혀 의식하지는 못 했지만, 백산의 사상으로부터 동떨어졌던 것은 아니다. 백산이 만주로 떠난 이후 다솔사는 영남에서 독립자금을 모아 만주로 전달하는 역할을 하였고,44) 독립운동의 근거지로 이용되기도 하였던 것이다.45) 이때 백산과 다솔사를 잇는 중심에 김동리의 사상적 버팀목이라고 할 범보가 자리하고 있었으니, 김동리가 백산의 사상과 동떨어지지 않았다는 주장은 무리가 아니라고 할 수 있겠다.

　식민지 말기 상황에 대응하는 일련의 문단 분위기는 이태준과 김동리의 이러한 공통지반을 염두에 두고 파악할 수 있다. 김재용의 연구에

---

43) 위의 글, 135면.

44) 김태신, 『어머니를 그리다』 1, 이른아침, 2004 참조.

45) 최범술, 「청춘은 아름다워라―최범술」, 『국제신보』, 1975.1.26~4.6 참조.

따르면 친일의 내적 논리는 두 가지로 나누어진다. 첫째, 1938년 10월 일본군에 의해 중국의 무한 삼진 지역이 함락되자 강하게 제기된 근대 완성의 논리. 전근대(중국)와 근대(일본)의 대결에서 근대의 완성으로 나아가자는 주장이다. 둘째, 1940년 3월 중국 왕정위 정부의 수립과 더불어 맹위를 떨치게 된 근대 초극의 논리. 동양에 대한 관심이라든가 서구 근대의 한계 비판, 일제의 대동아공영론·신체제론은 이런 정세와 무관하지 않다.46) 그런데 친일에 동조하든 거부하든 간에 이태준·김동리와 가까운 문인들은 근대 초극의 논리를 의식의 중심에 두고 있다.

예컨대 구인회 출신의 김기림은 폐간호인 『문장』 1941년 4월호에 「'동양(東洋)'에 관(關)한 단장(斷章)」을 발표하고 절필에 들어갔는데, 직전에는 「동양(東洋)의 미덕(美德)」(『文章』, 1939.9), 「조선문학(朝鮮文學)에의 반성(反省)－현대조선문학(現代朝鮮文學)의 한 과제(課題)」(『人文評論』, 1940.10)와 같은 글들을 발표하였다. 박태원이 친일로 들어서며 가장 처음 발표하였던 중편소설 「아세아(亞細亞)의 여명(黎明)」(『朝光』, 1941.2)은 왕정위 정부의 수립 과정을 다룬 내용이다. 일제강점기에 다솔사 주위를 맴돌았으며 훗날 한국문인협회의 중심세력이 된 서정주·조연현도 마찬가지다. 「시의 이야기」(『매일신보』, 1942.7.13~17)를 시작으로 친일 행위를 저지른 서정주야 워낙 잘 알려졌으니 덧붙일 필요가 없겠고, 조연현의 경우 「동양에의 향수」(『동양지광』, 1942.5)·「아세아 부흥론 서설」(『동양지광』, 1942.6) 등 제목만 보더라도 그 성격은 충분히 감지된다.

그렇다면, '근대 초극의 논리'를 중심으로 하는 이들 작가들은 어떠한 의식의 편차를 보이며 각자의 세계를 만들어 나가는가. 여기에 대한 연구는 이후의 과제로 미룬다.

---

46) 김재용, 『협력과 저항』, 소명출판, 2004 참조.

근대적 민족국가와 4·3소설

제주 언어·신화·역사의 특수성을 중심으로

1. 4·3소설이 놓인 자리―근대(近代)와 전근대(前近代) 사이의 공백

1935년 1월 2일 충청남도 아산군에서 표준어사정위원회(標準語査定委員會)가 열렸다. 표준어를 확정하기 위해 모여든 위원회의 인원은 모두 40명이었는데, "경기도 사람을 전수의 반으로, 각도별로 매도에 두사람 이상을 참석하게 하여"[1] 조직되었다. 경기도 출신을 절반 배정한 까닭은 이미 발표된 한글맞춤법통일안의 '표준말은 대체로 현시 중류 사회에서 쓰는 서울말로 한다'라는 규정에 따랐기 때문이고, 각 지방의 말을 참고하기 위하여 나머지 지역에 절반의 인원을 배정한 것이다. 이 모임에 전라도 대표로 참석한 인물은 이병기(李秉岐)와 김형기(金炯基) 2

---

1) 「標準語査定委員會─會議經過畧記」, 『한글』 제3권 제2호, 1935.2, 19면.

인으로 모두 전북 출신이다.[2] 따라서 제주도(濟州島)의 상황과 입장은 표준어사정위원회에서 전혀 고려되지 않았다고 봐도 무방하다.

기실 표준어사정위원회에서 진행된 논의와 결정된 사항은, 역사적인 상징성을 제외한다면, 그렇게 큰 의미가 있으리라고는 볼 수 없다. 식민지 상황에서 결정된 내용이었기 때문이다. 제국으로 치달았던 선발민족주의(先發民族主義)의 경우에는 불균등하게 발달한 사회의 결합을 위해 한 지역의 언어를 기준으로 삼을 필요가 있었고, 그 언어를 중심으로 통일된 근대적 민족국가는 내부 구성원들에게 경제적 이익을 제공하면서 나름의 정당성을 확보해 나갔다. 다시 말해서, 제국주의국가의 초기 민족의식(民族意識)은 경제적 번영을 보다 효율적으로 추구하려는 지향 위에서 형성되었으며, 단일한 언어란 바로 그것을 가능케 하는 도구이자 근거였던 것이다. 이때의 표준어(標準語)는 경제의 측면에서 지배적 영향력을 행사할 수 있었던 지역·계층의 방언이었다.

그렇지만, 후발민족주의(後發民族主義)의 경우에는 상황이 다르게 나타난다. "자본주의가 성장함에 따라, 새로운 민족으로 형성되어야 할 사람들 사이에 존재해야 할 하나의 지배적 언어나 방언이 거의 존재하지 않았던 것이다. 따라서 민족주의자들은 하나의 언어를 새로운 민족언어로 공표함으로써 인민의 일부로부터 지지를 얻을 수 있었지만, 그것은 곧 다른 집단과의 대립을 초래하게 되었다."[3] 이미 식민지로 전락한 조선의 경우에서는 표준어 선정 시 후발자본주의에서 일반적으로 초래되었던 대립조차 나타나지 않았다. 일제에 대한 저항의식이 개별 집단·지역의 주도권 문제보다 더욱 크게 작용했기 때문이다. 그런 점에서 "억압민족에 속하는 노동자들의 민족주의는 자신들을 지배자에게 얽매이게 해 자신들에게 해를 끼치지만, 피억압민족의 민족주의는 그들의 지배자에 대항한 투쟁으로 인도할 수 있다"[4]는 지적은 기억해 둘 만하

---

2) 위의 글 참조.
3) 크리스 하먼, 배일룡 역, 『민족문제의 재등장』, 책갈피, 2001, 42면.

다. 저항적(抵抗的) 민족의식(民族意識)이 한글의 표준어 확립에서 집단간 대립을 흡수해 버린 블랙홀이었던 것이다.

표준어사정위원회가 역사적 상징성만을 가진다는 것은 이를 가리킨다. 민족주의적 성향의 작가·학자·언론인·종교인의 입장에서는 한글을 갈고 닦는 일이 중요할 수밖에 없다. 그것이 민족의식을 가다듬는 하나의 방편이기 때문이다. 하지만 일본의 지배 아래 있는 한 이는 명백하고 결정적인 한계를 내포하게 된다. 표준어의 확립만으로는 근대적 민족국가(민족의식)로의 이행을 동반할 수 없기 때문이다. 근대국가에서 표준어가 강조되는 까닭은 인민대중(人民大衆)의 의식을 단일하고 통일된 민족국가의 개념 속에 묶어 두기 위해서이다. 즉 '인민대중(人民大衆)'은 표준어를 통하여 비로소 단일한 지리적 실체에 충성을 바쳐야 하는 의무를 지닌 '국민(國民)'으로 거듭나는 것이다.5) 그렇지만 식민지 조선에는 이를 가능케 하는 주권국가가 없었다. 과거에도 국가가 존재했다고는 하지만, 그것은 '근대적 국가'가 아니라 '전(前)근대적인 국가'였다. '근대적 국가'와 '전근대적 국가'의 차이는 매우 크다.

"자본주의 발흥 이전에 존재한 (…중략…) 국가는 징세와 약탈을 통해 인민대중을 수탈했고, 강제와 매수를 통해 그들을 군대로 징집했다. 그러나 국가는—소량의 생산물이 거래되기는 했지만 주로 자급자족식 농업을 통해 이루어지는—생활유지를 위한 인민대중의 기본적인 일상 활동에는 간섭하지 않았다."6) 이러한 전근대적인 국가가 근대적인 국가로 진입하기 위해서는 근대적인 경제 관계, 교육제도, 언론기관의 물리

---

4) 위의 책, 49면.

5) 베네딕트 앤더슨은 '백성(subjects)'과 '시민(citizen)'이란 단어를 통하여 그 차이를 설명한다(베네딕트 앤더슨, 윤형숙 역, 『상상의 공동체—민족주의의 기원과 전파에 대한 성찰』, 나남출판, 2004, 41면). 여기서 강조되는 것은 주권(主權)의 소재이다. 그렇지만 이러한 대조는 언어의 문제를 중요하게 동반하고 있다. 따라서 같은 맥락에서 이해하여도 무방하리라 판단된다.

6) 크리스 하먼, 배일룡 역, 앞의 책, 12면.

력이 필요하다. '인민대중의 기본적인 일상'에 스며들어 개인의 주체 구성에까지 개입할 수 있어야 하기 때문이다. 표준어는 이를 가능케 하는 조건인 동시에, 경제·교육·언론의 물질적 근거를 통해 꾸준히 영향력을 강화해 나간다. 표준어가 강화되는 과정에서 근대적인 민족의식 또한 고양된다. 표준어로써 하나가 되는 인민대중들은 그래서 통일된 근대민족국가의 국민일 수 있는 것이다.

표준어사정위원회에서 표준어를 확정하였지만, 전근대 상태의 조선인들은 근대적인 조선인이 될 수는 없었다. 표준어가, 하나의 상징으로 존재하며 민족적 의분을 가다듬는 데는 유효했을 테지만, 시민의식(市民意識)이라든가 근대적 국민의식을 창출하는 데는 그다지 커다란 효과를 꾀할 수 없었기 때문이다. 이러한 맥락에서, 1945년 8월 15일 빼앗긴 나라를 되찾았다고는 하더라도, 1945년에 되찾은 나라가 아직 근대적 의미의 민족국가가 아니었다는 사실을 명확히 할 필요가 있겠다. 외세의 영향에 이끌려 격렬한 좌우의 대립에 쉽게 빠져들었던 까닭도, 김구(金九)의 민족주의가 나름의 길을 개척하지 못한 까닭도 여기서 말미암는다. 임화(林和)가 "民族文學은 한民族을 統一된 民族으로 形成하는 民主主義的改革과 그것을 土臺로한 近代國家의 建設없이는 樹立되지 아니할뿐 아니라 (…중략…) 民族에 對한 自覺과 用語에 있어서 母語로 도라가는 '르네상스' 없이 民族文學은 建設되지 아니하는것이다"[7]라고 주장했던 이유도 바로 여기에 놓인다. 일제에 대한 저항 속에서 하나일 수는 있었지만, 근대적인 국가 만들기를 향해 나아가가기에는 '근대적인 민족의식'이 아직 제대로 정착되지 못했던 것이다.

굳이 해방기(解放期) '근대적인 민족국가/근대적인 민족의식'의 공백을 강조하는 까닭은 격렬했던 이념의 대립을 가로질러 존재하는 4·3 소설의 성격을 살펴보기 위해서이다. '근대적인'이라는 제한이 함의하

---

7) 林和, 「朝鮮民族文化建設의 基本課題에 關한 一般報告」, 『建設期의 朝鮮文學』, 朝鮮文學家同盟 中央執行委員會 書記局, 1946.6.28, 30면.

는 바의 중요성은 소설 「계명(戒命)의 도시」의 다음 부분을 통해 쉽게 파악할 수 있다. "일제시대에는 서른다섯 명의 일본인 관리와 칠십여 명의 순사만으로 다스려졌던 제주도였습니다. 그런데 사삼사건 진압과 정에는 연인원 5개 연대 병력 외에도 백골대니, 아리랑부대니, 독수리부대니 하는 많은 독립중대와 대동청년단, 민보단 등의 보조 군대를 조직했었는데도 일구오사년이 돼서야 한라산 금족령이 해제되었다는 것은 시사하는 바가 많습니다."8) 식민지 시절 제주도라고 해서 다른 지역에 비해 반일의식(反日意識)이 약했을 리 없다.9) 그러니 4·3항쟁을 둘러싼 일련의 과정은 근대국가의 체계를 만들면서 야기된 혼란이 지리적 변방에서 격렬한 양상으로 발발한 것이라고 파악해야 한다.

주지하다시피 제주도 방언은 표준어와 아주 다르다. 다른 지방의 방언들은 그나마 서로 의사소통이 가능한 반면, 제주도의 방언은 의사소통이 불가능할 정도이다. 4·3항쟁을 진압하러 제주도에 들어왔던 서북청년단원이 우리말로는 불가능했기 때문에 일본어로 제주도민과 대화할 수밖에 없었다는 이야기가 남아 있기도 하다. 이는 당대의 조선(한국)이 아직 근대의 지표에 한참 미달해 있다는 사실을 보여 준다. 4·3소설은 바로 그러한 사실을 적극적으로 드러낸다는 점에서 주목을 요한다. 그리고 제주도의 이러한 언어적 변별성은 지역의 고립으로 그대로 이어지는 양상이다. 이는 좌(左)와 우(右)에 의해 제주도민이 억울하게 약탈과 죽음을 당했다는 사실의 강조로 나타나거나, 본토로부터 비교적 독립적이었던 제주도의 역사를 환기시키는 데로까지 나아간다. 4·3소설의 이러한 두 가지 특징은 최근 활발한 관심을 끌고 있는 '민족(주의) 담론(談論)'을 살피는 데 중요한 시사점을 제공한다. 민족(주의) 담론에 입각하여 4·3소설의 특징을 살펴보는 이유는 바로 이 때문이다.

---

8) 고시홍, 「계명(戒命)의 도시」, 『깊은 적막의 끝』, 각, 2001, 186면.
9) 濟州道誌 編纂委員會의 『濟州抗日獨立運動史』(濟州道, 1996) 참조.

2. 탐라공화국(耽羅共和國) 건설의 열망과 좌절

　일반적으로 "민족 혹은 민족주의에 대한 논쟁은 크게 민족을 고대로부터 존재해 온 원초적인 실체로 보는가, 아니면 근대 자본주의 발전과정에서 생겨난 역사적 구성물로 보는가로 나뉜다."[10] 그렇지만 유럽의 역사적 경로와는 다른 길을 밟아온 동아시아의 경우에도 이런 논의가 그대로 들어맞는가에 대해서는 의문이다. 중세적 질서에 입각한 민족(주의) 개념이 우리 역사에서 전혀 없었다고 보기는 어렵고, 그렇다고 그러한 민족(주의) 개념이 근대적인 범주와 일치한다고 파악할 수도 없기 때문이다. 예컨대 베네딕트 앤더슨이 언급하는 서구의 중세적 질서는 우리의 상황과 너무나 다르다.

　베네딕트 앤더슨은 중세의 "일상적인 삶이 대체로 조그마한 지역 안에서 이루어졌을 사람들이 어떻게 자신들의 마을이나 지역공동체를 뛰어넘는 방대한 종교공동체에 속한다는 의식을 가질 수 있게 되었을까?"라는 물음에 대해 세 개의 문화적 매개자를 제시한다. 첫째, 교구(敎區)의 목사다. 라틴어로 되어 있는 성서를 일상생활에 적합한 언어로 번역해 주는 역할을 하였다. 둘째, 교회(敎會)의 여러 가지 장식에 나타나는 형상적 이미지들(figural images)이다. 성서(聖書)에 나오는 인물들이 중세의 특정 지역민의 모습으로 재현되는 이미지를 통해 성서의 사건들은 현재에 재현되는 삶을 구성하였다. 셋째, 성지 순례(聖地巡禮). 성지를 향하는 경험 속에서 사람들은 진정한 삶이 성스러운 중심부를 향하고 있다는 의식을 발전시켰다.[11]

　4·3소설을 이해하기 위해서는 베네딕트 앤더슨의 방법을 참조할 필요가 있다. 유럽과 동아시아의 역사적인 경로 차이를 확인하는 일도 중

---

10) 베네딕트 앤더슨, 윤형숙 역, 「역자 해설」, 앞의 책, 264면.
11) 위의 글, 266~267면 참조.

요하겠지만, 그가 민족(의식)의 기원과 전파를 논의하면서 왜 근대 이전 삶의 방식까지 언급하는가를 주목하자는 것이다. "사회적 실재는 진공에서 생겨나지 않는다. 사회적 실재는 이전의 문화적 범주와 의미들에 의해 구성되기도 하고 이들을 대체하기도 한다. 그러므로 민족의 문화적 기원을 이해하기 위해서는 이전에 어떠한 형태의 공동체가 존재하였으며 이들이 왜 더 이상 의미 있는 사회적 실재로서 기능하지 못하게 되었는가를 살펴보는 것이 필요하다."12) 따라서 4·3항쟁이 벌어지기 이전 제주도에는 어떠한 성격의 공동체가 존재했는가를 민족(주의)과 연관하여 파악할 필요가 있으리라 생각된다.

1105년(고려 숙종 10년) 고려(高麗)의 중앙집권제(中央集權制) 밑에 들어가서 탐라군(耽羅郡)이 된 이래 제주도(濟州島)는 줄곧 고려·조선의 한 지역으로 역사를 이어 왔다. 그렇지만 지리적으로 변방이었던 까닭에 중앙 권력의 영향력으로 완전히 포섭되지는 않았던 것으로 보인다. 김석희는 「땅울림」이라는 소설에서 그러한 분위기를 다음과 같이 간략하게 요약하고 있다.

나중에 확인한 것이지만, 제주섬이 육지에 복속된 이래 이곳에서 일어난 민란은 수도 헤아릴 수 없을 만큼 여러 차례였다. 고려조에는 수량(守良)의 난, 번석(煩石)-번수(煩守)의 난 등 열 손가락을 헤아릴 정도의 모반이 이어졌고, 김통정(金通精)이 이끄는 삼별초가 여몽(麗蒙)연합군에게 쫓겨 입도하자 섬백성들이 이에 합세하여 항전을 벌이다 항파두리땅을 피로 붉게 물들이기도 했다. 조선조에 들어와서는 선조때의 문충기, 순조때의 양재하가 "제주도는 제주인으로 자주하자"고 반란을 도모하다 적발된 적이 있었고, 조선 말에 이르러서는 임술년(1862)의 난, 무술년(1898)의 방성칠(房星七)난에 이은 신축년(1901)의 이재수(李在守)난이 20세기의 벽두를 장식하기도 했다. 물론 이 난들은 대개 중앙정부에서 파견되어 온 탐관오리들의 학정과 세폐(稅弊), 혹은 외세를 등에 업고 행패를 일삼는 세력에 저항하여 터뜨린 울분이기도 했겠으나,

---

12) 위의 글, 265면.

난에 가담한 섬사람들의 흉중에는 육지로부터 독립하여 옛날의 탐라왕국 시절로 돌아가고픈 복고적 이상주의가 면면히 흐르고 있었을 것이다.13)

제주도의 역사를 환기시키는 「땅울림」이 흥미를 끄는 까닭은 '현용직(玄容稷)'이라는 인물을 통해 '탐라공화국'의 건설을 향한 노력과 좌절이 드러나기 때문이다. "내가 정작 관심을 가졌던 것은, 전혀 보도되지 않았지만(또 그럴 수도 없었지만), 4·3사건과 관련된 그의 행적이 뜻밖의 사실에 뿌리를 내리고 있었다는 점이다. 탐라공화국. 이 한 마디로 요약되는 당시의 그의 활동은, 아직까지 한번도 알려진 바 없었던 사실의 드러남이며, 그렇기 때문에, 그 전개과정에 대한 사적(私的) 확인에 앞서, 그 발상만으로도 나에게는 자못 충격이었다."14)

식민지 경성의 H전문을 중퇴한 현용직이 4·3의 혼란한 상황 속에서 탐라공화국 건설을 꿈꾸었던 까닭은 무엇인가. "그는 제주도의 현실을 한반도 역사의 한 축도로 보았을 뿐만 아니라, 나아가 제주도를 한반도에 예속된 땅이 아닌, 일본에 점령당했다가 해방된 다른 국가들과 마찬가지의 국립단위로 생각했다는 것이다. 다시 말하면, 서울·한복판에 내걸린 성조기가 제주읍내 한복판에 나부끼는 성조기와 등가물이라면, 한반도와 제주도는 똑같은 입장에서 자신의 해방을 맞이해야 한다—이것이 그가 떠올린 생각의 실마리였다."15)

'탐라공화국(耽羅共和國) 건설투쟁(建設鬪爭)'이라는 측면에서 4·3항쟁을 다루고자 하는 김석희의 상상력(想像力)이 강렬하기는 하지만, 이것을 평지돌출의 관점에서만 이해해서는 곤란하다. 직접적으로 제시되지는 않았으나 한림화의 「매고일지」 또한 같은 방향으로 이어지고 있기 때문이다. 1947년 3월 1일 기념식에 참가했다가 피범벅이 되어 나타난

---

13) 김석희, 「땅울림」, 『깊은 적막의 끝』, 각, 2001, 114면.
14) 위의 소설, 101면.
15) 위의 소설, 109면.

'명완'은 경찰이 쏜 총에 맞아 사람이 죽었다고 말을 전한다. 이때 작가는 하나의 물음을 제기한다. "해방된 우리 땅에서 우리 사람끼리 총을 쏴대며 싸움을 했단 말인가. 왜?"16) 그렇지만 소설은 민족적인 관점에서 답을 하지 않는다. 그저 좌(左)와 우(右)의 격렬한 대립 속에서 제주도 공동체가 여지없이 파괴되고, 개인이 비참하게 희생당하는 모습을 그리고 있을 따름이다. 이와 함께 부서져 내리는 것이 "제주 사람이 살아갈 도리"다. 결국 죽음에 이르고 마는 '돌통이'가 "사상에 물들지 않았고 어느 한 편에 가담한 적도 없"는 벗들과 함께 "제주 사람이 다 잘사는 그런" 세상을 이룩하기 위해서 입산했기 때문이다.

> 나는 어디까지나 사상가가 아닌 담에야 실로 좌·우 어느 편이 사람살기에 좋도록 되어먹은 사상인지 모르네. 한편으로 신학문을 한 사람들, 선각자들이 주장하는 좌도 아니노라 우도 아니노라는 사회주의 사상이란 무엇인지 더구나 짐작도 못하는 판일세. 그럼에도 불구하고 나는 벗들이 있는 곳으로 가서 뭘 하든 젊은 놈이 할 수 있는 일을 할 참이네. 사람이 제 푼수대로 떳떳이 살 수 있는 세상을 이룩하는 데 내 힘을 쓸 참이네. 빌네, 사모하는 사람이여. 너무 꿈이 허황되다고 비웃지 마시오.17)

「땅울림」의 현용직이 지식인인 반면, 「매고일지」의 돌통이는 평범한 농사꾼이다. 그러한 차이가 '탐라공화국 건설투쟁'이라는 명확한 지향의 유무를 나누고 있다. "당시 좌익의 무장게릴라는 고작 300명에 불과했으나, 이 사태가 완전히 종결되기까지에는 수만 명에 이르는 인명의 희생과 7년의 세월이 필요했다"18)라는 사실에 비추어 보면 좌익(左翼)과 우익(右翼) 사이에서 제주도민들이 나름의 탈출구를 모색할 수밖에 없었던 것은 당연하다고 봐야 한다. 그리고 여기에는 제주도민의 역사적 경

---

16) 한림화, 「매고일지」, 『깊은 적막의 끝』, 각, 2001, 10면.
17) 위의 소설, 14면.
18) 김석희, 앞의 소설, 119면.

험이 그대로 겹쳐서 작용하기도 했다. 즉 지리적으로 변방에 머물렀던 탓에 중앙 권력으로부터 철저하게 소외되어 과도한 불평등과 수탈을 당했던 기억이 이러한 순간에 되살아났던 것이다. 현기영의 「순이 삼촌」은 이를 보여 준다.

> "성님, 서청이 잘했다는 말이 절대 아니우다. 서청도 참말 욕먹을 건 먹어야 헙쥬. 그런디 이 섬 사람을 나쁘게 본 건 서청만이 아니랐우다. 육지사람치고 그 당시 그런 생각 안 가진 사람이 없어서 마씸. 그렇지 않아도 육지사람들이 이 섬 사람이랜 허민 얕이 보는 편견이 있는디다가 이런 오해가 생겨부러시니…… 내에 참."
>
> "맞는 말이라. 그땐 왼 섬이 육지것들 독판이랐쥬." 하고 큰당숙어른이 혀를 찼다.
>
> "그때 함덕 지서주임이 본도 사람이랐는디 부하들한티 명령 없이 도피자를 총살 말렌 당부했는디도 그 육지것들이 자기 주임이 제주사람이라고 얕이 보안 함부로 총질했쥬."[19]

베네딕트 앤더슨은 "민족은 공동체로 상상된다. 왜냐하면 각 민족에게 보편화되어 있을지 모르는 실질적인 불평등과 수탈에도 불구하고 민족은 언제나 심오한 동료의식으로 상상되기 때문이다"[20]라고 단언한다. 여기서의 민족이 근대 자본주의의 발전과정에서 생겨난 역사적(歷史的) 구성물(構成物)로 규정된 것이라는 사실을 염두에 둘 필요가 있다. 다시 말해서 베네딕트 앤더슨의 민족 규정은 근대적인 관점과 닿아 있다는 것이다. 이러한 입장에서 판단한다면 4·3소설에 나타난 민족의식은 근대적인 수준에 미달해 있는 것이 분명하다. 민족(의식)의 강화로 나아가는 것이 아니라 오히려 그 반대편으로 향하는 것처럼 보이기 때문이다.[21] 그렇지만 4·3소설 작가들의 한계라기보다는 현실의 한계 혹은

---

19) 현기영, 「順伊 삼촌」, 『順伊 삼촌』, 창작과비평사, 1996, 63면.
20) 베네딕트 앤더슨, 윤형숙, 역, 앞의 책, 27면.
21) 제주에는 육지와의 대결 구도에 입각한 전설이 많이 남아 있다. 예컨대 중종 10년

비극성으로 파악해야 합당할 것이다. 4·3항쟁에 대한 작가의 인식은 아직 근대적 국가 수준에 도달하지 못한 당시의 상황에서 기인하기 때문이다.

대부분의 4·3소설에서는 좌익과 우익의 격렬한 대립 사이를 비집고 제주도의 독립적 자리를 마련하고자 하는 시도가 드러난다. 다만 그 시도가 방어적으로 제시되기 때문에 두드러지게 부각되지 않을 따름이다. 즉 좌익과 우익의 대립 사이에서 억울하게 겪은 역사적 기억이 소설의 전면에 드러나며, 그렇게 무고하게 당하는 자리에 제주도의 독립성이 겹쳐진다는 것이다. 4·3항쟁의 기억을 현재의 시간 속에 풀어내더라도 양상은 마찬가지로 나타난다.

「땅울림」의 내용을 이끌어 가는 인물 김종민(金鍾珉)은 다음과 같이 말하고 있다. "아니, 40년이 지난 오늘의 제주도는 그때와 무엇이 달라졌는가? 겉으로 드러나 있지만 않을 뿐 한은 한대로 깊숙이 박혀 있을 것이고, 땅이며 문화며 생활에 이르기까지, 외지인의 침식을 피해 제주도적인 순결로 남아 있는 게 과연 무엇인가? 그런데도 지금 제주도는 자신의 순결을 지키고 가꾸기 위해 무엇을 하고 있는가?"22) 「계명(戒命)의 도시」에서 과거와 현재를 잇고 있는 '양국장'의 태도 역시 유사하다.

(1515) 판관으로 부임한 서린은 뱀굴[金寧蛇窟]에 사는 커다란 뱀을 죽였다. 크기가 굴의 반이나 되며, 큰 귀를 가지고 있었던 이 뱀이 끼친 해악을 생각한다면 서린의 행적은 당연히 칭송받을 만하다. 그런데도 서린은 벌을 받는 것으로 전설은 남아 있다. "이 뱀은 갖은 요망스러운 짓으로 마을 사람들을 괴롭혔으므로 마을에서는 해마다 술과 떡을 차려 제사를 지내야 할 뿐만 아니라 15세 되는 예쁜 처녀를 제물로 바쳐야 했다. 만약 그렇지 않으면 일년 내내 풍우의 재앙이 그치지 않았다. (…중략…) 그들은 죽은 뱀을 불태우고 관아로 돌아오기 시작하였다. 도중에 뒤에서 노인인 듯한 목소리가 부르기에 서린이 돌아본 즉, 금방 처치한 뱀이 구름을 타고 쫓아오고 있는 게 아닌가! 서린은 관아에 돌아온 후로 의식 불명으로 신음하다가 죽고 말았다."(진성기, 「뱀굴[金寧蛇窟]」, 『제주도전설』, 백록, 1992, 175~176면)

4·3소설이 민족(의식)의 약화로 나타난다고 이야기하는 것은 전설에서 파악되는 제주와 육지 간의 공공한 대결구도가 그대로 이어지고 있다는 사실을 가리킨다.

22) 김석희, 앞의 소설, 139면.

양국장이 보기에 4·3항쟁 당시 벌어졌던 좌익과 우익의 대결은 그 해석을 매개로 하여 다시 좌익과 우익의 대결을 낳고 있다. 이러한 대결 사이에서 제주도민의 설 자리는 사라진다. 그래서 그는 4·3사건 진상 규명을 위한 세미나에서 난감함을 다음과 같은 방식으로 밝혀 나갔다.

> 사삼사건은 우선 호칭에서부터 좌익과 우익 쪽 입장의 견해가 다릅니다. 우익 입장에서는 사삼폭동, 무장반란, 사삼사건 등으로 명명함에 반하여, 그 반대의 입장에서는 민중항쟁, 인민항쟁, 무장투쟁, 인민전쟁 등으로 호칭되고 있습니다. 희생자 숫자만 해도 그렇습니다. 정부측 자료는 축소되고, 이른바 민중항쟁측 자료는 확대된 감이 있습니다. 사천이백여 명에서부터 십만 명까지 거론되는 희생자 수에 비례하여 그 당시 제주도 인구도 이십칠만 육천 단위에서 삼십삼만까지 들쭉날쭉입니다. 그 다음은 문제는 사삼사건은 누구에 의해서, 무엇 때문에, 그리고 어떻게 진행되었느냐는 점입니다. 한 쪽에서는 제주도민 팔십 퍼센트 내지 팔십오 퍼센트가 빨갱이였다고 주장하고, 또 한쪽에서는 도민의 팔십오 퍼센트가 궐기했던 민중항쟁이라고 하고 있습니다. 양쪽 입장의 차이는 빨갱이들에 의한 폭동이었느냐, 외세에 항거한 민중항쟁이냐 하는 것뿐입니다.[23]

「땅울림」의 '김종민'은 『제주매일』 사회부 기자이며, 「계명(戒命)의 도시」의 '양국장'은 잡지사의 국장이다. 함승보의 「적(敵)을 찾아서」의 주인공 '김갑동' 또한 잡지사를 경영하는 한편 잡지에 글을 연재하는 언론인이다. 4·3항쟁 당시 잠깐 나타났던 탐라공화국 건설의 시도를 추적하기 위해 「땅울림」의 작가는 '김종민'의 직업을 그렇게 설정하였고, 상반된 두 가지 주장으로부터 벗어나서 4·3항쟁에 접근하기 위해 「계명(戒命)의 도시」를 쓴 고시홍은 언론인 직함을 '양국장' 위에 얹어주었으며, 베일에 가려지고 왜곡된 형태로만 전하는 4·3 당시의 학살 실상을 추적하기 위해 함승보는 주인공을 언론인으로 제시하였다. 그렇지만 이

---

23) 고시홍, 앞의 소설, 185면.

런 설정의 뒤에는 작가의 무의식이 개입하고 있다. 한 인간의 무의식 분석에서 주장되는 '억압된 것은 귀환한다'라는 프로이드의 명제가 제주도 공동체의 역사에서도 적용이 가능해지는 장면이다. 한국의 근대는 이 장면 위에서 균열을 드러내기도 한다.

"소설과 신문은 민족과 같은 상상의 공동체를 '재현'하는 기술적 수단을 제공"24)한다고 하지만, 「땅울림」, 「계명(戒命)의 도시」, 「적(敵)을 찾아서」의 언론인들에게는 전혀 해당되지 않는다. '신문의 심오한 허구성'에 가담하지도 않고, 인쇄자본주의(印刷資本主義, print-capitalism)의 한가운데로 걸어 나가지도 않기 때문이다. 오히려 반대의 선택을 하는 양상이라고 해야 올바를 것이다. 신문의 1면을 보면 다양한 사건들로 장식되어 있다. 다양한 사건들을 서로 연결시켜 주는 것은 무엇일까. "분명히 그 사건들은 행위자들이 서로 알지 못하거나 다른 사람들이 무엇을 하는지 알지 못한 채 독자적으로 일어난다. 그들을 신문기사에 넣고 나란히 싣는 자의성은 그들 사이의 연관이 상상의 산물임을 보여준다."25) 4·3소설에 등장하는 언론인들은 이러한 상상에 관심이 없다. 상처의 근원을 찾아 나설 뿐이다. 그러니 '신문의 심오한 허구성'이 이들에게 작용하고 있을 리 만무하다.

상처의 '근원'을 찾아 나섰기 때문에 정보의 변화에 민감할 필요도 없다. 정보의 '속도'보다는 상처의 '깊이'가 오히려 그들에게는 중요한 것이다. 따라서 다음과 같은 신문(잡지)의 속성은 4·3소설에 나타나는 언론과는 거리가 멀기만 하다. "신문은 엄청나게 팔리지만, 하루살이 같은 인기를 누리는 '극단적인 형태'의 책이었다. 1일 베스트셀러 책이라 말할 수 있을까? 신문이 인쇄된 바로 그 다음날에 폐품이 된다는―일찍부터 대량 생산된 상품의 하나인 신문이 현대 내구재의 내재적 폐품화를 예고한다는 흥미로운―바로 이 사실은 픽션(fiction)으로서의 신문

---

24) 베네딕트 앤더슨, 윤형숙, 역, 앞의 책, 48면.
25) 위의 책, 58~59면.

을 거의 동시에 소비하는('상상하는') 이 엄청난 대중의례(mass ceremony)를 창조한다."26)

4·3소설에 나타난 상처는 이처럼 깊다. 그리고 역사의 무게에 묶여 억압된 양상이다. 억압된 것이 마치 유령처럼 귀환하여 현재의 시간 위에 배회하고 있다. 근대적인 민족국가/민족의식에 대한 일반론으로 4·3소설을 이해할 수 없는 까닭은 바로 이 때문이다. 따라서 4·3소설을 통해 현실에 대한 한 가지 질문이 가능하겠다. 지금 이 나라는 과연 근대적 민족국가의 내실을 얼마나 다져놓고 있는가. 다르게 표현한다면, '민족국가'를 해체(解體)하자거나 탈근대(脫近代)로 나아가자는 논의가 학계에 분분한 가운데 4·3소설의 이러한 특징은 어떤 의미를 가질 수 있을까. 이는 곧 최근의 학술적 논의와 우리 민족의 현실 사이의 거리를 가늠하는 일인 동시에 우리 민족의 현실과 4·3소설 사이의 거리를 확인하는 일이 된다.

3. 제국(帝國)의 언어 이후―제주의 신화와 방언

'육지 것들'이 '이 섬의 사람들'을 무시했다는 사실은 현기영의 「순이 삼촌」을 통해 앞에서 잠깐 살펴보았다. 지리적으로 변방인 데다가 척박하기만 한 땅 위에 펼쳐졌던 제주의 경제 수준이 이러한 상황을 야기했으리라 생각된다. 그렇지만 이러한 사실보다 더욱 중요하게 영향을 끼친 것은 언어의 문제라고 파악해야 한다. 탐라국(耽羅國)이 고려에 합병된 이래 언어의 문제는 정치문화적인 범주에서 작동하였기 때문이다.

---

26) 위의 책, 60~61면.

동아시아에서 중세의 한문[中國文字]은 진리언어(truth-language)의 가치를 가졌다. 그렇기 때문에 정치문화적인 우열은 한문[漢民族] 세계와의 거리에 따라 정해지곤 했다. 일본에 대한 조선의 자부심은 이를테면 그러한 거리와 연관이 있다. 베네딕트 앤더슨은 이러한 현상을 흥미롭게 기술하고 있다. 먼저 그는 "모든 위대한 고전적 공동체들은 자신들이 우주의 중심으로서 신성한 언어라는 매개체를 통해 초현실적 힘의 질서에 연결되어 있다고 생각했다"[27]고 전한다. 그런데 이러한 자신감은 근대의 각 민족들이 자신의 언어에 대해 가지는 자부심과는 구별된다. "중요한 차이의 하나는 자기네 언어가 유일하게 신성하다는 옛 공동체들의 자신감과 누구를 구성원으로 인정할 것인가에 대한 그들의 개념이었다. 중국의 만다린(mandarin; 중국의 관리)들은 중국의 상형문자를 힘들게 배운 야만인들을 인정해 주었다. 이 야만인들은 완전 흡수로의 길로 벌써 반은 들어선 것이었다. 반(半)문명화된 것은 야만적인 상태보다 훨씬 나았다."[28]

중국 중심의 중세적 동아시아 질서에 입각하여 판단한다면, 제주는 단순한 지리적 변방일 뿐만이 아니라 문화적으로도 변방일 수밖에 없다. 제주도의 한문학 역량이라고 해 봐야 귀양 왔던 충암 김정(沖庵 金淨), 규암 송인수(圭庵 宋麟壽), 동계 정온(桐溪 鄭蘊), 청음 김상헌(淸陰 金尙憲), 우암 송시열(尤庵 宋時烈)을 '오현(五賢)'으로 떠받들고 근근이 명맥을 유지하는 형편이었기 때문이다. 제주도가 1만 8천의 신(神)들이 사는 '신들의 고장'일 수 있었던 것도 공자(孔子)·주자(朱子)의 세계와 그만큼 멀었기 때문에 가능하였다. 그런데 동아시아의 중세적 질서가 허물어지면서 권력을 결정하는 가치의 원근법 또한 바뀌게 되었다. '이재수의 난'을 소재로 한 문무병의 서사시 「날랑 죽건 닥밭에 묻엉 ……」은 그러한 양상을 보여 준다.

---

27) 위의 책, 34면.
28) 위의 책, 같은 면.

남학(南學)의 교리(敎理)를 중심으로 방성칠이 일으켰던 무술년 난리(戊戌年 亂離, 1898), 이재수가 장두가 되어 이끌었던 신축년 난리(辛丑年 亂離, 1901)는 동아시아의 중세적 세계관이 종말을 고한 시기에 일어났다. 중세적 세계관이 파탄하면 근대적 민족국가가 그 뒤를 잇는다고 하지만, 조선은 열강의 침탈 한가운데 내던져진 채 운명을 맞이하였다. 한반도의 경우 청일전쟁(淸日戰爭, 1894)이 그러한 사실을 상징적으로 보여 준다면, 제주도에서는 프랑스를 배경으로 한 천주교의 득세가 이에 상응한다. "주권을 빼앗긴 땅에 / 성교는 바야흐로 성시를 맞는다. / 구 신부는 법국 공사의 세력을 믿고 / 치외법권, 영사재판권을 내걸고 / 모든 교인은 법국인이다. / 조선왕은 모든 법국인을 '나와 같이 대우하라.' / 하였다."29) '조선왕'은 유명무실하며, 서양의 종교와 권력이 제주도를 위협하는 양상이다. 불량배들은 외국인 선교사의 치외법권(治外法權)을 이용하기 위하여 성교(聖敎)꾼이 된다.

당시 이러한 상황에 맞섰던 방식에는 제주의 신화가 개입해 있다. 이재수가 난을 일으키기 이전에 비밀결사가 만들어지는데, 그들은 "하로영주산 산신또 한집님"30) 이하 여러 신들이 신목 아래 좌정하자 비로소 하나가 된다. "이제 신들은 강림하여, 백성들은 신들의 / 마흔 여덟 상단골, / 서른 여덟 중 단골 / 스물 여덟 하 단골 자손이 되었다. / 굿은 끝난 것이 아니었다. / 어디서나 싸울 것을 맹세하였다. / 단골들아 들으라. 내 너희들에게 / 한 화살에 일만군사를 눕힐 힘을 주겠다."31) 이러한 신화적 세계는 근대적 민족국가의 방향과는 거리가 멀다. 신화가 벌써 합리적 이성을 중심으로 하는 근대적 사유체계에 들어맞지 않을 뿐만이 아니라, 신화를 통해 확인하는 정체성 또한 '민족'이 아닌 '제주인'이기

---

29) 문무병, 「날랑 죽건 닥밭에 묻엉…」, 『날랑 죽건 닥밭에 묻엉…』, 각, 2000, 51면.
30) '하로영주산'은 한라 영주산, '산신또'는 한라산을 떠돌며 사냥하던 수렵신('–또'는 신의 존칭), '한집'은 마을의 수호신인 당신(堂神)을 의미한다.
31) 문무병, 앞의 책, 61면. '단골'은 신앙민 집단을 의미하며, '상단골'·'중단골'·'하단골'은 나이에 따른 분류이다.

때문이다. 이렇게 제주의 근세역사를 살핀다면, 동아시아의 중세적인 질서가 해체된 이후 언어를 통한 근대적 민족국가의 성립은 제주도와 특별한 관계가 없었다는 것을 알 수 있다. 서구의 민족국가 형성에서 언어가 어떤 역할을 하였는가와 비교하면 한층 쉽게 이해할 수 있을 것이다.

유럽의 경우, 진리언어로서의 라틴어가 위세를 잃어 갈 즈음 그 역할을 대체하기 시작한 것이 활자어(活字語)이다. "활자어는 3가지 특별한 방식으로 민족주의 의식을 위한 기초를 놓았다. 첫째, 무엇보다도 활자어(print-languages)는 라틴어 밑에, 그리고 구어 지방어 위에 교환과 커뮤니케이션의 통일된 장을 만들었다. (…중략…) 둘째, 인쇄자본주의는 언어에 새로운 고정성을 부여하였다. 그것은 장기적으로 민족이란 개념에 매우 중요한 고대성의 이미지를 심는 데 도움을 주었다. (…중략…) 셋째, 인쇄자본주의는 옛 행정 지방어와는 다른 종류의 세력어(languages-of-power)를 창조했다. 어느 방언들은 불가피하게 어떤 활자어와 '더 가까웠으며' 활자어의 최종적인 형태를 지배했다. 그렇지 못한 말들은 여전히 활자어에 동화될 수 있지만 자기 자신의 인쇄형태를 별로 관철시키지 못했기 때문에 사회적 지위를 잃었다."32)

구한말(舊韓末)과 식민지 조선에서는 베네딕트 앤더슨이 이야기하는 활자어를 가지지 못하였다. 애국계몽기에 활자어를 갖추기 위해 노력을 기울인 바 있으나 결국 실패로 돌아갔다. 그러니 '구어 지방어'는 '교환과 커뮤니케이션의 통일된 장' 속으로 들어갈 수 없었다. 이에 따라 '구어 지방어'가 '자기 자신의 인쇄형태를 별로 관철시키지 못했기 때문에 사회적 지위를 잃'는 일은 발생하지 않았다. '구어 지방어'의 모습은 과

---

32) 베네딕트 앤더슨, 윤형숙 역, 앞의 책, 73~74면. '고대성의 이미지'라는 표현에서 오해가 빚어질 수 있으므로 베네딕트 앤더슨의 예를 덧붙인다. "(15세기 사람인) 빌론이 12세기 조상들의 말에 접근하는 것이 가능하지 않았으나 우리가 17세기 우리 조상들의 말에 접근하는 것은 가능하게 되었다."

거 그대로 유지되었던 것이다. 그 상태로 제주는, 조선은 해방을 맞이하였다. 4·3항쟁과 4·3소설을 이해하기 위해서는 유럽과는 다른 이러한 상황을 염두에 둘 필요가 있다.

4·3소설의 한 축을 이루는 것은 '제주도 방언'과 '서북 방언(西北 方言)' 사이의 긴장이다. 활자어·민족어에 매개되지 못한 '구어 지방어' 끼리의 충돌인 셈이다. 표준어(서울 방언)는 긴박한 상황이 종료되고 다시 시간이 지난 후 역사성이 탈각된 가치중립적 언어로서 개입하게 된다. 여기에 대한 자세한 논의는 생략하도록 하겠다. 이명원이 이미 현기영의 「순이 삼촌」을 대상으로 하여 설득력 있는 연구를 내놓은 바 있기 때문이다. 그는 「4·3과 제주 방언의 의미 작용」에서 '서울 방언'을 역사성이 탈각된 가치중립적 언어, '제주 방언'과 '서북 방언'을 역사적 기억이 침전된 언어로 나누어 분석하였다. 여기서 다시 '제주 방언'은 근원적 공동체를 상상할 수 있게 하는 한편 '나'에게 해방의 의미로 다가서는데, '서북 방언'은 적대적 상징체계를 이루며 반공(反共)이데올로기를 드러낸다고 대조하여 설명하였다.33) 이명원의 이러한 관점은 「순이 삼촌」뿐만이 아니라 4·3소설 일반에 대해서도 적용할 수 있다. '제주 방언', '서북 방언', '서울 방언'의 이러한 관계는 4·3소설의 기본적인 틀인 것이다. 예컨대 '서북 방언'의 상징은 다음 인용된 두 내용에서 쉽게 드러난다.

　㉠ 주민들은 밤새 가누지 못한 공포에다 또 다른 불안의 무게를 더하면서, 무장한 군경들이 둘러서 있는 팽나무 아래로 모여들었다.
　─잘 들으시라요 우리레, 간밤에 폭도간나새끼들이 다녀갔단 소식을 듣고 달려 왔수다레.
　군경을 인솔하고 온 지휘자인 듯한 사내가 **역겨운 서북사투리**를 내뱉었다.

---

33) 이명원, 「4·3과 제주 방언의 의미 작용─현기영의 「順伊 삼촌」을 중심으로」, 『역사적 진실과 문학적 진실』, 각, 2004 참조.

─작전상 하는 일이니까네 적극 협조해 주기 바라오. 만약에 숨기거나 거짓 말했다가 들통이래두 나믄 가차없이 즉결처분하갔시오.34) (고딕 강조─필자)

ⓛ─그때 날 쫓아다닌 한 사내, 그는 토벌대로 온 청년이었는데, 끈덕지고 절절한 구애이긴 했지만, **사투리가 어쩐지 역겨워**, 멀리한 것이, 소문에 따른 것이다만, 배를 탄 네 아버질 붙잡고, 조사고 뭐고, 이 빨갱이는 자신이 안다 며, 참혹하게 죽인 다음, 오히려 우리에게 밀어닥쳐, 폭도를 내놓으라고, 다 죽 여 씨를 말리겠다고, 친정과 네 아버지 집안을 쑥밭으로 만들고, 피도랑을 파 고, 그 가멸던 가세가, 그래서 하루아침에, 폭삭 주저앉아 버렸단다. 홀로 남은 내게, 그 사람, 좋은 말 갖은 위협으로 다가왔지만, 네 아버지 생각, 짧으나 불 꽃 같던, 그 어둠의 기억을 떨칠 수 없어, 너를 낳고, 여태껏 근근이, 아버지 기억이나 쫓으며 살아왔어. 잃어버린 한 생, 위안이라면 오직 너 하나, 거침없 이 살아갈 수 있게 하는 것이었는데, 하지만, 하지만……
격앙된 어머니는 벅찬 숨결을 가누기 위해 한참이나 말을 끊었다가,
─요령좋은 그 사람, 우리 재산도 몽땅 차지하고, 섬땅과 도회를 오가며, 사업인가 뭔가 일구어, 유지로 행세했는데, 순정인지 후안무치인지, 간혹 돌보 아주겠다고, 그, 그 손을 디밀기도 했단다.35) (고딕 강조─필자)

4·3항쟁에서의 상처를 드러내고 객관화시키기 위해서는 '서울 방언' 의 세계로 나아가야만 한다. '구어 지방어'에 머무르는 '제주 방언'을 통해서는 다른 지역과 의사소통이 불가능하기 때문이다. 「땅울림」에서 현재의 화자가 "대화를 표준어법으로 고친 것은 제주도인이 아닌 독자 들을 염두에 둔 불가피한 수고였다"36)라고 밝힐 수밖에 없는 이유도 여 기서 파생한다. 「어둠의 입술」에 등장하는 화자의 어머니가 제주도인임 에도 불구하고 '서울 방언'을 사용하는 까닭도 마찬가지다. 그렇다면 앞 에서 인용한 베네딕트 앤더슨이 강조했던 활자어의 역할을 이제 4·3

---

34) 김석희, 앞의 소설, 128면.
35) 이석범, 「어둠의 입술」, 『깊은 적막의 끝』, 각, 2001, 164~165면.
36) 김석희, 앞의 소설, 97면.

소설들이 담당하고 있다고 할 수 있겠다.

이와 함께 염두에 두어야 할 것은 아직까지도 변하지 않는 '서북 방언'의 상징체계이다. 예컨대 「땅울림」의 '그 사람'('로사'의 아버지)은 화자의 어머니와는 달리 시간이 흘렀어도 '서북 방언'을 버리지 못하고 있다. "기 말이레, 지나치다이! 내레 월남해가지구서리 그 섬으로 간 거이, 다아 빨갱이 때문 아니가서? 반공한대문 빨갱이 멫 놈 해치워야지 어케 당하고만 있갔네."37) 이러한 현상은, 같은 '구어 지방어'이기는 하지만, '서북 방언'의 경우 '제주 방언'과는 달리 다른 지역과 의사소통의 가능성이 상대적으로 열려 있으며, 4·3항쟁 당시 겪은 상처가 여전히 강렬하게 남아 있기 때문이라고 할 수 있다. 여기서 역사의 무거움이 드러난다. 상처를 가뿐하게 치유하고 다음 단계로 이행하는 것이 아니라, 상처를 끌어안고 상처를 통하여 비로소 앞으로 나아가는 역사의 면모가 펼쳐지는 것이다. 4·3소설의 언어는 그러한 장면을 보여 준다. 이 또한 4·3소설의 독특한 의미라고 할 것이다.

4. 피억압민족의 현실과 상상의 무게

민족은 과연 상상의 공동체인가. 민족국가의 틈을 비집고 올라오는 4·3소설의 내용을 살펴보면, 민족이 상상의 공동체라는 사실을 확인할 수 있다. 탐라공화국(耽羅共和國) 건설의 열망은 근대적 민족국가, 즉 상상의 공동체 바깥을 지향한다. '제주 방언'과 '서북 방언'의 대립, 역사성이 탈각된 가치중립적 언어로서의 '서울 방언(표준어)'은 공동체가 애

---

37) 이석범, 앞의 소설, 167면.

초에 어떻게 갈라져 있는가를 드러낸다. 소설에 등장하는 언론인들 역시 근대적인 성격을 강화시키기보다는 약화시키는 성격을 보여 주는 실정이다. 그러므로 4·3소설은 근대적 민족국가의 빈틈을 보여 주기에 적절한 텍스로도 꼽을 만하다. 「순이 삼촌」의 다음과 같은 대목은 제주도가 얼마나 강제적인 방식으로 민족국가의 일부로 편제되는가를 암시하기도 한다.

> 그 무렵 뒤늦게 초토작전을 반성하게 된 전투사령부는 선무공작을 펴서 한라산 밑 동굴에 숨은 도피자들을 상당수 귀순시켰는데 현모형도 그중에 끼여 있었던 것이다. 때마침 6·25가 터져 해병대 모병이 있자 이 귀순자들은 너도 나도 입대에 자원했다. 그야말로 빨갱이 누명을 벗을 수 있는 더없이 좋은 기회였다. 그래서 그들은 그대로 눌러있다간 언제 개죽음당할지도 모르는 이 지긋지긋한 고향을 빠져나갈 수 있었다. 그러니까 현모형은 인천상륙작전에 참가한 해병대 3기였다. '귀신 잡는 해병'이라고 용맹을 떨쳤던 초창기 해병대는 이렇게 이 섬 출신 청년 3만 명을 주축으로 이룩된 것이었다. 그러나 그 용맹이란 과연 무엇일까? 그건 따지고 보면 결국 반대급부적인 행위가 아니었을까? 빨갱이란 누명을 뒤집어쓰고 몇 번씩이나 죽을 고비를 넘긴 그들인지라 한번 여봐란 듯이 용맹을 떨쳐 누명을 벗어 보이고 싶었으리라. 아니, 그것만이 아니다. 어쩌면 거기엔 보복적인 감정이 짙게 깔려 있지 않았을까? 이북사람에게 당한 것을 이북사람에게 돌려준다는 식으로 말이다. 섬 청년들이 6·25동란 때 보인 전사에 빛나는 그 용맹은, 한때 군경측에서 섬 주민이라면 무조건 좌익시해서 때려잡던 단세포적인 사고방식이 얼마나 큰 오류를 저질렀나를 반증하는 것이 된다.[38]

그럼에도 불구하고 이러한 폭압적 양상은 곧잘 잊히곤 한다. 대표적인 예로 김철을 꼽을 수 있다. 김철은 '대한민국'이라는 국가가 건설되는 데 일제강점기 내면화된 체험이 매끄럽게 이어진다고 파악한다. 이 순간 일장기가 내려간 자리에 성조기가 내걸렸다는 사실은 배제된다.

---

38) 현기영, 앞의 소설, 64~65면.

김석희의 「땅울림」에 따르면 제주읍내 한복판에서도 성조기가 나부끼는 양상이었다. 미국과 소련 즉 자본주의와 사회주의가 근대를 작동하는 두 가지 기본원리였다면, 민족국가로서의 질을 따지기 위해서는 이런 전제를 간과해서는 곤란하다. 예컨대 1944년 일본의 편에 서서 중국 공산군과 마주했던 김기진은 1951년 미국의 세력을 배경으로 하여 중공군과 대치하였다. 김철은 여기서 미국의 부분을 배제하는 방식으로 온전한 국민국가의 성립과 김기진의 내면을 손쉽게 읽어 내려간다. "20세기 이래 한반도에 거주하던 주민들이 자신을 근대 '국민 국가 nation state'의 구성원으로 지각하는 경험과 방식이 무엇이었는가, 하는 질문과 연관되는 것이다. 말을 바꾸면, 김팔봉의 저 '무심함'은 그의 도덕적 무감각에서 나온 것이 아니라, 그가 최초로 대면한 근대 국민 국가의 경험, 즉 그 자신을 국민으로 호명했던 최초의 국민 국가의 형태로부터 온 것이다."[39]

민족이 상상의 공동체라고 하더라도, 상상이 현실의 조건 위에서 펼쳐지는 한 나름의 무게를 가질 수밖에 없다. "민족을 '상상의 공동체'라고 말하는 것은 어떤 사람들이 머리 속에서 마음대로 상상하거나 꾸민 것이라는 뜻이 아니다. '상상의 공동체'는 특정한 시기에 사람들의 경험을 통해서 구성되고 의미가 부여된 역사적 산물이다."[40] 따라서 '민족은 상상의 공동체'라고 주장하는 것은 그리 현명한 일이라고 할 수 없다. 오히려 그러한 '상상의 공동체'를 지향하도록 하는 역사적·물질적 조건을 분석하는 일이 논의의 중심에 놓여야 할 것이다.

4·3소설에 나타나는 탐라공화국 건설의 열망은 근대적 민족국가 건설의 실패에서 빚어졌다. 다시 말해서 전근대적 민족국가와 근대적 민족국가 사이의 공백을 이념(外勢의 論理)이 가득 메우면서 비극이 발생하였고, 비극에 대응하는 4·3소설의 상상력이 탐라공화국 건설로 나아갔

---

39) 김철, 「'국민'이라는 노예」, 『'국민'이라는 노예』, 삼인, 2005, 20면.
40) 베네딕트 앤더슨, 윤형숙 역, 앞의 글, 264면.

다는 것이다. 물론 '탐라공화국 건설' 자체를 새로운 단위의 민족국가로
파악할 수도 있겠지만, 좌익과 우익의 대립으로부터 벗어나고자 하는
노력에 불과하다는 점에서 본다면, 근대에 들어맞는 기획력을 찾아내기
는 어렵다는 문제를 피할 수 없다. 또한, 공동체를 지탱하는 바탕에 종
교적인 일체감이 내장되어 있었다는 4·3 이전의 제주도 전사(前史) 또
한 충분히 고려해야 한다.

'제주 방언'과 '서북 방언'의 대립 또한 마찬가지다. 한문을 중심으로
구축되었던 동아시아의 중세적 질서가 허물어지기는 하였지만, 이를 대
체할 근대적 민족국가를 우리는 만들어 내지 못하였다. 언어의 문제로
이야기하자면, 단일한 민족의식을 이끌어 낼 민족어(표준어)가 없었다는
말이 된다. 이로 인하여 제주도에서는 제주의 신화(神話)를 통하여 나름
의 정체성을 확립하고자 하는 시도가 나타났으며, 4·3소설의 언어 특
징을 결정짓는 방향으로 이어지기도 하였다. 그런 점에서 "해방된 우리
땅에서 우리 사람끼리 총을 쏴대며 싸움을 했단 말인가. 왜?"라는 물음
은 제기되지만, 여기에 대답을 하지 못하고 제주도 공동체의 붕괴 묘사
로 나아가는 『매고일지』의 내용을 상기할 필요가 있다.

상상의 공동체에 불과한 민족(국가)을 해체하자는 학계의 목소리가 높
다. 제주도에서 '영어공용화(英語公用化)'를 실시하자는 주장은 그런 흐
름과 궤를 함께 한다. 이는 지난 2000년 '제주도국제자유도시개발 기본
계획'이 발표된 이후 많은 논란을 낳기도 했다. 하지만, 상상의 공동체
라고 하더라도 상상의 공동체를 요구하는 데에는 나름의 이유가 있게
마련이다. 억압민족이 아닌 피억압민족의 경우에는 그 이유를 곰곰이
되새겨볼 필요가 있다. 국제주의(사회주의)를 지향한다고 하더라도 마찬
가지다. "피억압민족과 억압민족 사이에는 차이점이 있다는 사실을 사
회주의자들은 이해해야 한다. 우리는 억압민족에 대항해 피억압민족의
부르주아나 쁘띠부르주아 지도자들과 일시적으로 같은 편에 서서 싸울
수 있다. 그러나 우리는 피억압민족에게 적대적인 억압민족과는 절대

같은 편에 설 수 없다. 국제주의는 이것과 저것 사이에서 균형을 맞추는 것을 결코 의미하지는 않는다."41) 4·3소설은 이러한 주장의 이유를 선명하게 보여 준다.

---

41) 크리스 하먼, 배일룡 역, 앞의 책, 133면.

제4장

김동리와 조연현

문학 권력

1. 문학을 바라보는 김동리의 이중성

문학제도의 관점에서 김동리(金東里)를 이해하는 일은 난감할 수밖에 없다. 문학의 범주에 대한 김동리의 입장이 일관되지 못한 까닭이다. 먼저 해방기에 벌어졌던 조연현(趙演鉉)의 김동리 비판과 이에 대한 김동리의 대응을 살펴보자. 조연현은 1948년 『백민(白民)』 5월호에 발표한 「문학(文學)의 영역(領域)─종교(宗敎)와 철학(哲學)과 문학(文學)의 기초적(基礎的) 내용(內容)」을 통해 다음과 같이 김동리를 비판한 적이 있다. "金東里氏는 究竟의 生의 形式에 對한 共同의 意慾을 갖었다는 同一한 目的意識에 眩惑되어 觀念과 信仰을 思想과 混同함으로써 文學을 宗敎나 哲學의 領域에까지 誘導해 가고 있지 않은가."[1] 김동리가 문학(사상)과 종교(신앙)와 철학(관념)의 영역을 혼동하고 있다는 내용의 비판이다. 이에 대해 김동리는 「문학(文學)하는 것에 대(對)한 사고(私考)」(『文學과 人間』, 1948)를 통해 자신의 입장을 이렇게 정리하고 나섰다.

> 내가 '문학하는 것'을 '구경적 생의 형식'으로 보는 것이 문학의 자율성을 침해하지 않음은 이상과 같거니와 여기서 특히 내가 한 가지 경고하고자 하는 것은 서양인의 관념적 체계가, 그것도 더구나 근대에 와서 문학이니 철학이니 종교니 정치니 과학이니 수학이니 하는 것을 너무나 직업적으로 분업화 내지 분열화시켰다는 사실이다. 우리는 그 어느 부문도 다른 부문에 의하여 예속되고 지배됨을 용인할 수 없는 동시 또 그 어떠한 부문도 그 구심적 위치에 '구경적 생'을 거부해서는 안 된다고 생각하는 것이다.2)

김동리의 대응 방식은 한 문장에 집약되어 있다. "내가 한 가지 경고하고자 하는 것은 서양인의 관념적 체계가, 그것도 더구나 근대에 와서 문학이니 철학이니 종교니 정치니 과학이니 수학이니 하는 것을 너무나 직업적으로 분업화 내지 분열화 시켰다는 사실이다." 여기에는 근대주의에 맞서고자 하는 김동리의 기획이 드러나 있다. 이 기획에 따르면, "문학(사상)과 종교(신앙)와 철학(관념)의 영역을 혼동하고 있다"라는 조연현의 비판은 서양 근대주의의 분업화·분열화 경향에 오염되었기 때문에 가능해지는 것일 따름이다. 이를 통해 김동리는 조연현이 비판했던 "구경적 생의 형식에 대한 공동의 의욕"을 한 번 더 강조하는 데로까지 나아가고 있다. 따라서 「문학하는 것에 대한 사고」를 통해 파악한다면, 김동리는 '문학'을 한 개 독립된 영역으로 따로 떨어뜨려 생각하는 입장에 반대한다고 생각할 수 있을 것이다.

하지만, 김윤식의 「김동리의 유고 「미정고」론」3)을 읽어 보면 문제가 그렇게 단순하지 않다는 사실을 깨닫게 된다. 「김동리의 유고 「미정고」

---

1) 조연현, 「文學의 領域—宗敎와 哲學과 文學의 基礎的 內容」, 『白民』, 1948.5, 77면.
2) 김동리, 「문학하는 것에 대한 사고」, 『문학과 인간』, 민음사, 1997, 74면.
3) 김윤식, 『미당의 어법과 김동리의 문법』, 서울대 출판부, 2002.

론」에서 김윤식은 "해방 후의 첫 작품인 「윤회설」(『서울신문』, 1946.6.6~
26)의 경우는 문학사적 개입을 가능케 할만큼 사건성을 띤 것이기도 하
였다"라는 평가를 내리고 있다. 그런데 여기에는 "어떤 이유인지 김동
리는 이 해방 후의 첫 작품이자 신예 경연작인 「윤회설」을 그의 어떤
창작집에도 수습하지 않고 버렸던 것이다"4)라는 의문이 뒤따른다. 그러
니까 김윤식은 「윤회설」은 문학사적인 의미가 충분한 작품인데, 작가가
그것을 버렸을 때에는 나름의 어떤 이유가 있지 않겠느냐고 물음을 던
지는 것이다. 문학가동맹 서기장 이원조의 비판5)과 구카프계의 비평가
홍효민의 평가6)를 염두에 두고, 김윤식은 다른 글에서 그 이유를 이렇
게 추론한 바 있다. "마르크스주의에 대한 그 빈정댐이라든가 시국 문
제가 깃든 국민대회 등을 제거한 자리에서 쓰여진 김동리의 작품이 있
다면, 그러니까 김동리 문학의 본령이 송두리째 드러난 작품이 출현한
다면 그때 비로소 이른바 순수문학의 강점이 좌익측 문학의 강점과 어
느 수준에서 공평하게 비교될 수 있을 것이다. 김동리의 창작은 과연
그런 쪽으로 열렸던가. 물을 것도 없이 부정적이다."7)

　　하지만, 「윤회설」에 대해 "엄청난 정치소설을 썼다"라는 이원조의 주
장은 다소 과장된 바 있다. 김윤식이 적절하게 정리하였듯이, 발표되었
을 당시의 평가는 "김동리의 「윤회설」이 '정치소설'과 '문학적 소설'의
중간 형태로 제시되었던 것으로 요약할 수 있"기 때문이다.8) 이러한 평
가는 민간설화에 나오는 '두꺼비 설화'의 차용에 힘입은 바 크다. 설화
를 소설 창작의 모티프로 끌어들이는 김동리의 장점이 이 대목에서도
여전히 빛을 발하는 것이다. 그리고 그 설화는 어떤 측면에서 보자면
김동리가 꾸준히 다뤄온 운명 타개의 주제에 속한다. 그렇다면 김동리

---

4) 김윤식, 「김동리 문법의 존재방식―숭고의 정체」, 위의 책, 57~58면.
5) 李源朝, 「虛構와 眞實」, 『서울신문』, 1946.9.1.
6) 洪曉民, 「解放以後 小說界의 回顧와 展望」, 『新文學』 4호.
7) 김윤식, 『해방 공간 문단의 내면 풍경』, 민음사, 1996, 185면.
8) 위의 책, 184면.

가 굳이 「윤회설」을 버려야 할 까닭은 없는 것이 아닐까. 「두꺼비」(1939)의 연작으로 '운명 타개'에 대한 탐구가 어느 정도는 녹아 있기에, 근대주의에 맞서는 김동리의 입장에서라면, '정치소설'이냐 '문학적 소설'이냐 하는 논란은 부차적일 수밖에 없기 때문이다. 더군다나 당시는 "문학 행위는 곧 정치 행위요 정치 행위는 곧 문학 행위라는 사실"9)이 선명하게 드러나는 시대였다. "정치소설이냐 문학적 소설이냐" 하는 논란은 근대주의에 오염된 이들이나 할 수 있는 것에 불과하다. '김동리 문학의 본령', '이른바 순수문학의 강점'을 중심에 두고 추론하는 김윤식의 입장도 마찬가지이다. 이는 문학과 정치를 별개로 나누었을 때에야 비로소 성립되는 관점이다. 이것은 "근대에 와서 문학이니 철학이니 종교니 정치니 과학이니 수학이니 하는 것을 너무나 직업적으로 분업화 내지 분열화시켰다"고 판단하는 입장에서 보자면 수긍하기 힘든 비판이라고 볼 수 있다.

그런데 김동리가 「문학하는 것에 대한 사고」에서 밝혔던 문학관을 꾸준히 유지했던 것은 아니다. 「윤회설」을 둘러싸고 논쟁이 벌어진 지 삼십여 년이 지난 뒤 발표된 김동리의 에세이를 보면 알 수 있다. 윤리적 충동과 미적 충동을 대립적으로 파악하는 관점이 이를 보여 준다.

> 작가가 작품을 쓴다는 것은 작품 속에 자아를 투입하는 일이다. 사회를 대상으로 자아를 개방한다는 것은 작가가 작가임을 포기하는 거나 같은 행위가 아닌가. 왜냐하면 작가가 사회를 대상으로 참회를 한다는 것은 심한 윤리적(倫理的)인 충동의 발로라고 보아야 하는데, 윤리적 충동으로 쏠린 삭사의 자아가 미적 충동이란 이중 임무(二重任務)를 겸행한다는 것은 원칙에 있어 모순된 일이며, 가능하다 하더라도 예외적인 일이며 부차적인 것이라고 볼 수밖에 없는 것이다.10)

---

9) 「문제적 시대와 개인의 재능」, 위의 책, 5면.
10) 김동리, 「聖者도 神도 아닌 것을」, 『끝나지 않는 氷河―孤獨의 에세이』, 眞文出版社, 1976, 73면.

이러한 관점에 따르면 김동리의 평론 행위는 한낱 "예외적인 일이며 부차적인 것"에 머무를 뿐이다. 해방기에 그가 펼친 평론 활동은 좌파와 맞서면서 우파의 입지를 마련하는 행위로 귀결될 터인데, 이는 결국 자신이 옳다고 믿었던 세계를 향해 나아가는 '윤리적 충동'에서 기원하기 때문이다. 더군다나 평론에 대한 이러한 평가도 '가능하다 하더라도'라는 조건 아래서만 비로소 성립한다는 사실에 주목해야 할 것이다. 김동리는 평론을 문학(작가)의 범주에서 생각할 수 없다는 쪽으로 나아갔던 것일까. 이러한 변화는 「문학하는 것에 대한 사고」에서 보여 주었던 근대와의 대결 의지를 철회했을 때만이 가능해진다고 봐야 한다. '윤리(선·정치)'와 '미(예술)'를 나누어 생각하는 것은 진/선/미 영역을 기계적으로 나누어 접근하고자 하는 근대적 사고의 결과임이 명백하기 때문이다. 따라서 이 순간 "내가 한 가지 경고하고자 하는 것은 서양인의 관념적 체계가, 그것도 더구나 근대에 와서 문학이니 철학이니 종교니 정치니 과학이니 수학이니 하는 것을 너무나 직업적으로 분업화 내지 분열화 시켰다는 사실이다"라는 진술은 허공 속으로 사라져 버리는 형국이라고 볼 수 있다.

그렇다면, 다시 물을 수 있다. 김동리는 과연 서구가 주도하는 근대와의 대결을 포기했던가. 불교의 화엄사상을 집어넣어 형상화시킨 「까치 소리」(『현대문학』, 1966.10)와 무속을 통해 서구 기독교와 맞서고자 했던 『을화(乙火)』(『문학사상』, 1978.4)의 존재에서 알 수 있듯이 김동리가 그러한 대결의식을 포기했던 것은 결코 아니다. 그러면 대체 이를 어떻게 이해해야 할까. 여기에 대한 해답은 다시 김동리가 '윤리적 충동'과 '미적 충동'을 변별하여 대립시키는 지점으로 되돌아가야 얻을 수 있다. 즉 「까치 소리」나 『을화』를 미적 충동의 결과물로 본 김동리는 이로써 서구와의 대결을 이어나가되, 윤리적 충동이라든가 여타의 영역들은 도저히 미적인 범주에 다가갈 수 없는 것으로 묶어 대결이 불가능한 부분으로 이해해 버렸던 것이다. 이에 따라 미적 충동에서 빚어지는 소설과 시 정도가 김동리의 관심의 대상으로 온전히 남게 되었고, 문학정신과 사회를 매개하는 평론을 포함한 문학제도는 고려의 대상에서 제외되었다.

근대를 중심에 두고 보자면, 김동리가 파악한 문학정신과 문학제도의 관계는 극단적으로 분열되어 대립하는 양상으로 드러난다. 「문학하는 것에 대한 사고」를 쓸 당시 김동리로서는 문학정신과 문학제도에 대한 고민을 할 필요가 전혀 없었다. 자본주의와 사회주의를 '근대주의'로 한데 묶어 내심 그 이후를 모색하고 있었기 때문이다. 이럴 때 문학정신의 추구도 문학제도의 구축도 근대 너머를 지향하는 방향에서 하나로 통합될 것은 당연하다. 하지만, 자본주의와 사회주의를 '근대주의'로 한데 묶을 수 없을 때라면 문제가 달라진다. 자본주의냐 사회주의냐의 선택 위에서 문학제도는 구축될 것이고, 문학정신은 그러한 제도와 어떤 방식으로 관계를 정립해야 할 것인가라는 문제에 직면하는 것이다. 김동리가 「문학하는 것에 대한 사고」에서 나타내었던 문학관을 그대로 가져갈 수 없었던 까닭은 여기에 존재한다.

이러한 상황에서 김동리가 택한 방식은 무엇이었던가. 바로 문학정신과 문학제도의 대립적 규정이다. 즉 문학정신을 이전부터 자신이 추구해 오던 '문학'으로 파악하는 한편, 자본주의와 맞댈 수밖에 없는 문학제도는 '문학 밖'의 영역으로 규정하기에 이른 것이다. 이를테면 근대의 틀 내에서 근대주의와 맞서는 김동리 나름의 방식인 셈이다. 문학정신과 문학제도에 대한 김동리의 대립저 사고를 간략히 정리하면 다음과 같다.

김동리는 문학을 통해 근대주의와 맞서는 세계를 꾸준히 지향하였다. 이를 충족시키는 문학을 가리켜서 김동리가 내세운 것이 바로 '순수문학(본격문학)'이다. 이때 '구경적 생의 형식' 탐구가 순수문학의 중심에 놓이는 것은 주지의 사실이고, 김동리가 구경적 생의 형식 탐구를 주장했던 까닭은 '제3휴머니즘'을 창출하기 위해서였다. 따라서 김동리가 평생 순수문학을 주장하고 지향했다는 **사실은 문학정신**(창작)**의 차원에**서 끊임없이 근대주의와 맞서고 있었다는 증거가 된다.

그런데 제3휴머니즘이 "자본주의 사회의 모순과 **결함을 근본적으로** 시정하는 일방 마르크시즘 체계의 획일적 공식적 메카니즘을 **지양**"11) 하는 지점에서 비로소 가능해진다는 사실은 눈 여겨봐야 한다. (문학)정 신적으로만 따진다면야 그러한 지양이 가능할 수 있다. 하지만 문학제 도는 자본주의와 사회주의를 극복한 데서 구축될 수는 없는 일이었다. '자본주의/사회주의'라는 근대의 쌍생아 중 하나의 체제를 선택한 위 에 비로소 문학제도는 그 물질성을 획득할 수 있기 때문이다. 그러한 사실로 인해 문학제도는 근대주의에 맞서고자 하는 김동리의 기획에서 배제될 수밖에 없다. 김동리가 문학정신과 문학제도를 대립적으로 파악 한 이유가 여기에 있다. 평론이 김동리에게 "예외적인 일이며 부차적인 것"으로 남게 되는 까닭도 문학제도의 흔적을 떨쳐낼 수 없는 장르인 탓이다. 이렇듯 근대주의와의 대결을 포기하지 않는 한 문학제도는 그 에게 문학 이외의 영역으로 치부될 따름이었다.

김동리가 순수문학 혹은 본격문학을 주장할 때 그것은 오로지 창작 의 영역에만 해당한다. 평론이라든가 문학제도 속에서의 활동(문단 활동) 은 그가 말하는 문학의 범주에 포함되지 않는다. 이러한 사실을 바탕에 깔고 남한에서 문학제도의 구축되는 과정을 김동리를 통해 살펴보고, 이와 함께 발생하는 문단 주도권의 향방을 추적해보고자 한다.

---

11) 김동리, 「본격문학과 제3세계관의 전망」, 『문학과 인간』, 민음사, 1997, 93면.

2. 한국문학가협회의 양 날개 『문예(文藝)』와 『신천지(新天地)』

　해방기 김동리의 활동은 상당 부분 저널리즘과 관련이 있다. 정치적 혼란기였던 탓에 누구든 나름의 입장을 천명하기 위해서는 저널리즘을 이용하지 않을 수 없었을 것이다. "1945년 말까지 창간된 신문만도 40종 이상이 되었다. 1947년 미군정의 발표에 따르면 일간지 85개(서울에 40개), 주간지 68개, 격주간지 12개, 월간지 154개에 이르렀다."[12] 김동리의 근거도 이러한 상황과 무관하지 않았다. 『민주일보』·『민중일보』·『민국일보』에서 일을 보거나 1947년 『경향신문』 문예부 차장에 취임했던 이력은 그러한 맥락에서 이해할 수 있다.

　하지만, 『문예(文藝)』의 주간·편집고문 경력이나 『서울신문』에 몸을 담았던 일들은 그렇게 단순하게 이해하고 넘어가기에는 너무도 중요한 사항이다. 이 두 가지 사실은 남한의 문학제도 형성에 커다란 영향을 끼치고 있기 때문이다. 예컨대 『문예』는 훗날 한국문학사의 한 축을 담당하는 『현대문학』의 모태가 된다. 조연현이 실질적으로 움직였던 『현대문학』은 잡지가 표방하는 바나 조직의 운영 방식은 『문예』의 예와 동일했으며, 김동리 역시 이러한 사실로 인해 『현대문학』을 『문예』의 후신으로 인정하고 있다.[13]

　　『현대문학』이 출발했을 때 많은 사람들은 『문예』의 후신이라 했다. 그럴만한 이유가 있었다. 『문예』와 『현대문학』의 발행인은 달라도 문예지의 성격은 거의 같았다. 『문예』에서 내걸었던 순수 문학 지향, 민족주의 문학 표방이 같았고, 편집 책임자가 바로 『문예』를 이끌던 조연현 선생이기 때문이다. 조연현 선생이 실제로 한국 문학가 협회의 중추적인 역할을 했기 때문에 자연 모여든 문인들도 그러하였다. 또 여기에다 『문예』의 추천 심사 위원들이 『현대

---

12) 강준만, 『카멜레온과 하이에나—한국 언론 115년사』, 인물과사상사, 1998, 106~107면.
13) 김동리, 「新人推薦二〇年記」, 『思索과 人生』, 일지사, 1973, 118면.

문학』 추천 심사 위원을 그대로 맡은 데에서도 그러한 말을 듣게 되었다.[14)

『서울신문』은 『매일신문』을 전신으로 한다. 해방 후 『매일신문』이 좌익 계열과 밀접한 관계를 가진 데 따라 미군정은 1945년 11월 10일 정간 명령을 내렸고, 이에 대응하는 방편으로 『매일신보』는 11월 23일부터 제호를 『서울신문』으로 바꾸게 된 것이다. 이러한 『서울신문』이 정부의 기관지로 변질되어 친이승만계로 자리하게 되는 계기는 1949년의 정간 처분을 통해서 마련되었다. "우익지라도 정부에 대해 비판적인 신문은 용납되지 않았다. 1949년 5월 3일 정부는 뚜렷한 이유 없이, 이승만에 대해 비판적인 『서울신문』에 대해 정간 처분을 내렸다. 6월 20일 속간시 간부를 친이승만계로 바꾸었는데, 서울신문 주식의 48.8%가 귀속재산이었으므로 그러한 인사로 『서울신문』은 사실상 정부의 기관지로 변신하게 되었다."[15) 변신을 이룬 『서울신문』의 사장으로 들어선 이가 월탄 박종화(1949.6.15~1954.4.18 사장 재임)다. 박종화 사장 체제에서 김동리는 『문예』 주간이란 자리를 버리고 『서울신문』 출판국 차장으로 들어가게 된다. 『문예』의 주간과 『서울신문』의 출판국 차장 자리를 두고 볼 때 김동리와 조연현의 위상 차이는 두드러지게 표가 난다.[16)

---

14) 이성교, 「1950년대 『현대문학』 출신들과 명동 풍경」, 『文壇遺事』, 월간문학 출판부, 2002, 72면.

15) 강준만, 앞의 책, 116면.

16) 좌파와의 대립 구도가 해소될 무렵부터 조연현은 김동리를 의식하고 공격적으로 분석해 나아간다. 대표적인 평론이 앞에서 살폈던 「文學의 領域—宗敎와 哲學과 文學의 基礎的 內容」(『白民』, 1948.5)과 「枯渴한 批判精神—眞正한 價値判斷을 爲하여」(『白民』, 1948.3)이다. 「枯渴한 批判精神」에서 조연현은 "나는 元來 評論이라는 한 개의 文學形式에 對하여 不信任해 온 者다. 그것은 評論이라는 것이 正確해 보이면서도 至極히 曖昧한 論理라는 方法에 依據해 있을 뿐 아니라 評論이란 創作과 달라 作者가 얼마든지 그 곳에서 自己를 속일 수 있게 마련되어 있기 때문이다. 그러므로 最近에 가장 많이 活動하고 있는 金東里氏의 여하간 評論的 文字도 나에겐 氏의 가장 低劣한 作品의 어느 한 句節보다도 無價値하게 생각되는 것이다"라고까지 써 나가고 있다.

한편, 김동리는 평론집 『문학과 인간』에 실은 「문학하는 것에 대한 사고」를 통해 답

『문예』는 1949년 8월 창간된 월간지이다. 발행인 모윤숙은 건물과 자금을 대는 한편 미국공보원으로부터 용지의 무상 지원을 끌어들이면서 나름의 역할을 톡톡히 해 낸다. 발행 당시 주간은 김동리였으며, 편집장은 조연현이었다. 이에 따라 창간호의 「편집후기」는 모윤숙·김동리·조연현의 차례로 실려 있다. 김동리가 조연현보다 한 단계 위에 자리한 격이다. 『문예』 9월호가 나올 때부터 조연현은 주간의 자리로 올라앉게 된다. 김동리가 『서울신문』으로 자리를 옮겼기 때문이다. 이후 김동리는 '편집고문'이라는 직함을 통해 『문예』와의 관계를 유지하게 된다.

김동리는 『문예』 창간호의 「편집후기」를 통해 "解放以後 四年間 내가 하루같이 되풀이하여 온 口號는 '權威있는 純文藝誌를 發行해야 한다'는 것이었다"라고 말하고 있다. 그런 그가 『문예』의 주간 자리를 버리고 『서울신문』의 출판국 차장으로 옮기게 되었던 까닭은 무엇일까. 『서울신문』에는 출판국에서 발행하는 문학 중심의 종합지 『신천지』가 있었기 때문이다. 즉, 『문예』 외에도 몇 개의 잡지를 통해 우익의 영향력을 확보하는 것이 나으리라는 판단이 개입했던 것이다. 상황이 그러했으므로 '『신천지』의 실질적 책임을 맡기에 누가 적임자인가' 하는 문제는 김동리 개인의 판단 수준을 넘어선 곳에 자리하게 된다. 이를테면 문단 구조의 정착에 관련이 있는 이들의 관심사로 떠올랐던 사안이었던 셈이다. 이 대목에서 김동리와 조연현은 경합을 벌이게 되며, 이번에도 역시 김동리의 승리로 끝난다.

『신천지』의 실질적 책임자를 누구로 정할 것인가. 신념이 강하고 배짱도 두둑한 인물이어야 한다는 중론에 따라 김동리가 내정됨으로써 이 문제는 일단

변에 나섰다. 김동리가 『백민』 1948년 3월호에 실린 「文學하는 것에 對한 私考―文學의 內容的(思想的) 基礎를 爲하여」를 평론집에 묶으면서 '나의 문학 정신의 지향에 대하여'로 부제를 바꾼 것은 조연현을 의식했기 때문이다. 또한 내용을 가다듬어서 "서양인의 분업적 관념 체계"를 비판하는 데 주안점을 두었던 것도 영역을 따져 물었던 조연현에게 반박하기 위한 장치였다.

락 지어졌다. 곧 김동리는『문예』지의 편집 고문으로 조연현이 편집인(주간)으로 되어 5권 2호로 마감될 때까지 그 소임을 다하였다.『신천지』냐『문예』지냐의 선택 앞에 노출된 김동리, 조연현 두 사람 중 결국 김동리가『신천지』쪽으로 기울었다는 것은 어떤 의미를 갖고 있을까. "다른 유능한 사람들이 그 당시에도 우리 주변에 많이 있었지만 웬일인지 그때의 분위기는 김동리씨나 나나 둘 중의 누가 맡지 않으면 안 된다는 방향으로 고정되어 있었다."고 조연현이 말해 놓았지만 결과는, 김동리가 선택된 것이라면 우익 저널리즘의 문단적·문학적 세력의 정상에 김동리가 올라섰음을 단적으로 말해주는 사건이라 하는 것이다. 이로써 정부 수립과 더불어, 우익 문단의 기틀이 완전히 잡혔으며, 그 실세의 정상에 김동리가 군림하였음이 확연히 드러난다.17)

『문예』와『신천지』를 바탕으로 하여 청문협은 조직의 외연 확장으로까지 나아간다. 1949년 12월 창립된 한국문학가협회가 그것이다. 김윤식은 그러한 사실을 이렇게 정리하고 있다. "문협의 창립총회는 1949년 12월 17일이었고(김동리·조연현의 기록은 9일이나 이는 착오이다), 회장에 박종화, 부회장에 김진섭, 소설 분과 위원장에 김동리, 시 분과 위원장에 서정주, 희곡에 유치진, 평론에 백철, 아동문학에 윤석중, 외국문학에 김광섭, 고전문학에 양주동, 사무국장에 박목월이었다. 이 인원구성으로 보면 청년문학가협회가 중심권이었음이 일목요연하게 드러난다.『서울신문』을 장악한 세력이 그 실세였던 셈이다. 훗날 중앙문화협의회 측이 문총을 지속시키면서 김동리를 제명하는 사건을 일으키게 되어 문총파와 문협파로 갈라지는 것도 이로써 어느 정도 설명될 수 있다.18)

『문예』의 폐간으로 이어지는 문총파와 문협파의 대립은 '예술원 파동'을 계기로 불거졌다. 1952년 8월 부산에서 '문화보호법'이 통과되었고, 이에 따라 1954년 3월 25일 예술원이 창설되었다. 이때 예술원 회원으로 뽑힌 문학계 인사는 염상섭·박종화·오상순·유치환·윤백남·

---

17) 김윤식,『해방 공간 문단의 내면 풍경』, 민음사, 1996, 172~173면.
18) 위의 책, 219면.

김동리·서정주·조연현 등이다. 40대 초반, 30대 중반의 김동리·서정주·조연현이 뽑혔던 데 반해 김광섭·이헌구·이하윤·박계주·모윤숙 등 문단의 원로급 인사들이 탈락해 있는 사실이 특징적이다. 이런 결과가 나타난 배후에는 김법린(金法麟)19)과 김동리가 존재한다. "문교부 장관 김법린과 김동리 둘이 짜고, 예술원 회원을 선거한 예술가들의 인선까지도 모두 김동리 가까운 사람들로만 등록해 놓았기 때문에 그게 자기들의 낙선의 원인이라고 분개하고 있다."20) 그러니 예술원 회원 선거에서 탈락한 문단의 원로급 인사들이 반발했던 것은 당연하며, 김동리를 주된 공격 대상으로 삼았던 것도 이해할 수 있는 일이다. "예술원 선거 바로 다음에 있는 전국문화단체 총연합회(지금의 예술문화단체 총연합회의 전신) 그 총회에서 한바탕 되게는 벌인 일인데, …… 제일 많이 공격의 대상이 된 건 김동리씨였다. '문단에 섹트(sect)를 구성해서 정실로 자파의 이익만을 일삼은 사람—모모를 핀셋으로 집어내라!'"21)

김동리가 '문단에 구성한 섹트'는 당연히 문협파를 가리키는 것이다. 따라서 이런 갈등은 '예술원 회원'이라는 명예직의 선출 문제를 넘어 문단 주권 쟁탈전으로까지 확대하게 되었다. "문총을 장악하고 있던 이들은 예술원 회원이 된 현제명을 친일파로 규정하고 김동리를 제명하는 한편 문협을 문총 산하단체에서 제명하고 예술원 회원 선거 결과에 강력하게 저항하였다. 언론도 이들 '문총계' 입장에 동정적이었다. 조연현이나 김동리 등의 입장에서 보면 이러한 김광섭 등의 저항이 합법적 선거 결과를 거부하고 민주적 절차를 무시한 폭거였겠으나 '문총계'의 입장에서 보면 이는 단순히 예술원 구성이라는 문제를 넘어서는 보다

---

19) 프랑스 소르본에서 베르그송의 지도로 공부를 마친 김법린은 귀국 후 동국대학교 전신인 중앙전문(中央專門)의 교수로 있다가 다솔사로 내려가서 생활한 바 있다. 김법린 역시 김동리와 마찬가지로 '해인사 학파'의 일원인 것이다. 서정주가 김법린과 관련을 맺은 것도 1936년 봄, 여름 해인사(다솔사)에서였다.
20) 서정주, 「명천옥 시대」, 『미당자서전』 2, 민음사, 1994, 349면.
21) 위의 책, 348면.

근원적인 위기, 즉 문단 내에서의 주도권의 결정적 박탈이라는 위기의 명백한 현실화였다."22)

　이러한 갈등을 겪으면서 문단의 주도권은 김동리·조연현·서정주 등의 문협파에게로 넘어간다. 김광섭·이헌구·이하윤·모윤숙 등 문총계 인사들이 문협을 탈퇴하여 1955년 6월 자유문학자협회(자유문협)을 결성하는 과정은 이를 보여 준다. 이로써 문총파와 문협파는 대립하게 되는데, 그 결과 모윤숙의 지원에 의해 발행되던 『문예』가 폐간으로 이어진 것은 당연하다고 하겠다. 『문예』의 폐간 이후 문협파는 『현대문학』을 통해 결집하고, 문총파는 『자유문학』을 통해 자신들의 목소리를 내게 된다. 『현대문학』이 창간되는 때는 1955년 1월이고, 『자유문학』은 1956년 5월부터 발행되기 시작하였다.

3. 『현대문학』과 『자유문학』의 대결

　조연현이 혜화전문 동창생인 김영태(金永泰)로부터 자금을 빌려 『예술부락』을 창간했던 것은 1946년 1월이고, 『문예』의 주간으로 올라선 때는 1949년 9월이다. 그리고 1955년 1월에는 『현대문학』 창간호를 만들었다. 대한교과서주식회사 사장이자 문화당출판사 사장인 우석 김기오(愚石 金琪午)로부터 후원을 받아내고, 창간 후 2년 동안 미국의 '아세아재단(亞細亞財團)'으로부터 무상용지 지원 약속을 이끌어 내면서 『현

---

22) 김명인, 앞의 책, 88면.
　필자는 '문단내 주도권'이란 관점에서 접근하는 김명인의 관점에 동의하지만, 과연 조연현이나 김동리가 '합법적 선거 결과'와 '민주적 절차'를 내세울만한가에 대해서는 이견이 있다.

대문학』은 든든한 물적 토대를 마련했다. 『현대문학』의 전권은 단연 조
연현에게 있었다. 잡지 창간에 앞서 "한 가지 청이 있습니다. 모든 일은
제 마음대로 하게 해 주시는 것입니다"라고 조연현은 부탁을 했고, 이
에 대해 김기오는 "일을 하는 데에는 그러한 氣槪와 責任이 있어야 한
다"면서 "좋소. 죽이 되든, 밥이 되든 마음대로 하시오. 큰일은 그래야
만 성공하오. 나도 어느 편이냐 하면 그런 태도를 좋아합니다"라고 수
락함으로써 가능해진 것이다.23) 『현대문학』이 『문예』의 후신이었던 만
큼 '문협파'가 이를 통해 결집했던 것은 당연한 현상이다.

　이즈음까지만 해도 문협파의 대표를 김동리로 파악해도 무방할 듯하
다. '예술원 파동'의 와중에 김동리가 문총에서 제명당하고, 문협 역시
문총 산하단체에서 제명당하는 데서 '문협 대표=김동리'라는 상징성이
명확히 드러나기 때문이다. 문협 내부에서도 그러한 분위기는 포착된
다. 1955년 제5차 정기총회를 통해 종전의 위원장제가 집단지도 체제로
바뀌는데, 상징적으로 존재하는 수석대표위원 박종화를 제외한다면, 김
동리가 가장 윗자리를 차지하고 있는 것이다. 당시 개편된 임원진은 다
음과 같은데, 사무국장이 곽종원에서 박용구와 이종환으로 바뀐다는 사
실만 제외하고는 1961년 5월 15일까지 그대로 유임되었다.

　　수석대표위원 : 박종화
　　대표위원 : 김동리, 서정주, 황순원
　　시 분과 위원장 : 박두진
　　소설 분과 위원장 : 오영수
　　희곡 분과 위원장 : 이광래
　　아동 분과 위원장 : 강소천
　　평론 분과 위원장 : 조연현
　　외국문학 분과 위원장 : 원응서
　　고전 분과 위원장 : 구자균
　　사무국장 : 곽종원

---

23) 조연현, 「내가 살아온 韓國文壇」, 『趙演鉉文學全集』 1, 語文閣, 1977, 317~331면.

『현대문학』이라는 매체를 거느리게 된 조연현은 상당한 의욕에 넘쳤던 듯하다. 세계를 파악하는 인식은 물론 작품을 평가하는 기준까지 현격하게 달라졌기 때문이다. 비극적인 세계관에서 낙관적인 의식의 고취로 나아갔으니 정반대로 바뀌었다고 해도 무방할 정도이다. 김명인은 그 변화를 이렇게 정리하고 있다. "1948년에서 1950년까지 쓰여진 글들과 전쟁이 끝난 이후인 1955년 무렵부터 쓴 글들 사이에는 그의 문학에 대한 두드러진 단층이 엿보인다. 즉 전자에 속한 글들이 전반적으로 비극적인 정조가 두드러진 세계인식 속에서 근대의 초극이라든가 인간의 구원이라는 주제를 다루고 있는 데 반하여 후자에 속한 글들은 비극적 세계인식의 흔적이 말끔히 가신 상태에서 작가들에게 부단히 건전하고 낙관적인 의식을 요구하고 있다."24) 그만큼 『현대문학』은 조연현에게 각별한 의미로 다가섰던 것이다.

이러한 비평관의 변화는 김동리에 대한 평가의 변모까지 동반하게 된다. 이를 보여 주는 평론이 『현대문학』 1958년 6월호에 발표한 「무대의 확대와 사상의 심화—김동리 제4창작집 『실존무(實存舞)』」이다. 1948년 나름의 비평관 정립기가 지난 후 조연현은 「허무에의 의지—『황토기(黃土記)』를 통해 본 김동리」(『국제신문』, 1949.1.30)를 발표한 바 있다. 조연현은 이 글에서 "허무가 人類의 運命이라면 이것을 타개하는 것은 人類의 課題"라고 주장하며, 김동리는 종교가 허무를 해결하는데 가장 유력한 능력을 담당해 온 사실을 알았기 때문에 자신의 문학을 허무를 해결하려는 인간의 노력 표현으로 자처했다고 보았다. 여기서 더 나아가 허무에 대한 김동리의 의지는 강렬한 정신에서 유래된 것이기에 서구의 니힐리즘이나 노자의 허무주의와는 근본적으로 다른 것이라고까지 주장하고 있다.25)

그런데 「무대의 확대와 사상의 심화」에 이르면 논리는 정반대로 바

---

24) 김명인, 앞의 책, 113~114면.
25) 조연현, 「김동리 ①」, 『趙演鉉文學全集』 6, 語文閣, 1977, 16~20면.

뀐다. 동일한 대상의 인물군에 대하여 "非生産的인 落伍者(黃進士)거나 無敎養한 耽欲者(宋旦祥)거나 삶의 보람을 쏟을 때가 없는 虛無的 群像 (득보나 억쇠)들이거나 그렇지 않으면 자기가 낳은 아이를 빼앗기고 살아야 하는, 혹은 수탉 한 마리를 안고 친정어머니 생일에 가는 것이 유일한 즐거움인 순녀(「洞口앞길」)와 같은 인생이다. …… 非生産的인 것은 결코 創造的인 것이 못된다"라고 평가하는 것이다. 이는 해방 이후 "虛無的 絶望的 色調가 意志的 樂觀的인 방향으로" 바뀐 김동리의 세계를 옹호하기 위한 포석이다.26) 굳이 조연현의 이러한 변화가 없더라도 김동리의 작품세계 변모에 대한 긍정은 충분히 가능하다. 비슷한 인식의 변모를 보이고 있는 그 시기 발표된 조연현의 다른 평문들도 마찬가지이다. 따라서 이는『현대문학』이란 막강한 매체를 장악한 조연현이 그만큼 세상을 낙관적으로 보고 싶어 했던 흔적이라고 파악할 수 있다. 김명인은 그 변화에 대해 "갑자기 많은 사회적 특권과 기득권이 주어지고 문단에서의 위치도 공고해지고 유수한 문예잡지의 주간이 되고 하면서 그는 절망과 비극을 사는 문학인의 위치에서 기득권을 유지해야 하는 지배집단의 지식귀족의 위치로 옮겨간 것이다"라고 분석하고 있는데, 이 외에는 조연현의 변모에 대한 다른 설명이 힘들 듯하다.27)

　『현대문학』의 반대편에는 '자유문협'의『자유문학』이 존재했다. 1956년 5월 창간되어 1963년 폐간된『자유문학』은 시인 김광섭의 주도로 운영되었다. 김광섭은 정부 수립 후 초대 대통령 공보비서를 역임했으며,『자유문학』발간 당시 자유당 서울시 위원장, 경희대 교수, 문총 대표 최고위원, 자유문협 위원장, 세계일보 사장을 겸임하고 있었다. 김광섭의 막강한 정치적 배경과 사회적 지위, 문단에서의 영향력을 바탕으로 하여『자유문학』은『현대문학』과 팽팽한 긴장 관계를 유지할 수 있는 정도에 이르렀다. "대한교과서라는 인쇄 매체를 배경으로 간행되는『현

---

26) 조연현, 「김동리 ②」, 위의 책, 21~24면.
27) 김명인, 앞의 책, 126면.

대문학』(주간 조연현)에 비해 『자유문학』의 생존 자구책은 가히 필사적이었다고 할 만했다. 창간 3년만에 1만2천 부를 자랑하던 『현대문학』 발행 부수를 따라잡는 것만으로도 그 노력을 짐작할 만하다."28) 『현대문학』이 문협이라는 조직을 배경으로 하고 있었다면, 『자유문학』은 기관지로 창간되었던 만큼 자유문협과 분리하여 생각할 수는 없다. 문협에 맞서 1955년 4월 1백 32명의 명의로 발기 대회가 열린 후 출범한 자유문협의 임원진은 다음과 같다.

> 위원장 : 김광섭
> 부위원장 : 이무영, 백철
> 시 분과 위원장 : 모윤숙
> 소설 분과 위원장 : 김팔봉
> 희곡 시나리오 분과 위원장 : 서항석
> 평론 분과 위원장 : 이헌구
> 외국문학 분과 위원장 : 이하윤
> 아동문학 분과 위원장 : 정홍교

『현대문학』과 『자유문학』의 문단 양분 체제는 1960년 4월혁명을 계기로 붕괴하게 된다. 잡지를 운영하였던 조연현·김광섭이 이승만 정권으로부터 자유롭지 않았으며, 이들에 대한 비판이 4월혁명 이후에 거세게 제기되었기 때문이다. 단적인 예를 들자면 조연현의 경우 1958년 12월 국가보안법 개악이 논의되자 국회 공청회에 나가 보안법 개정지지 연설을 했는가 하면, 이기붕을 지지하는 원고지 8매 분량의 글을 써서 당시로서는 거금인 5만 원의 원고료를 받기도 했다. 그러니 4·19혁명으로 불어 닥친 변화의 분위기 속에서 조연현이 느꼈을 두려움은 충분히 짐작할 수 있다. 박정희의 5·16쿠데타를 어둠 속 한 줄기 빛처럼 파악했던 것은 바로 그 때문이 아닌가.

---

28) 김시철, 「『자유문학』과 김광섭 시인」, 『文壇遺事』, 월간문학 출판부, 2002, 211~212면.

5월 16일 새벽, 朴正熙 將軍의 指揮로 한강을 넘어온 一群의 軍隊는 무능과 혼란 속에서 어디로 가고 있는지도 알 수 없는 위험한 우리의 祖國과 現實 앞에 하나의 秩序와 方向을 던져 주는 신호가 되었다. 革命의 성공으로 祖國의 새로운 建設은 촉진하게 되었고, 混亂은 秩序를, 分裂은 統一을 가져왔다. 이것이 비록 軍에 의한 他律的 要素가 더 많이 개입된 결과라 할지라도 그렇게 될수밖에는 다른 도리가 없을 정도로 4·19 이후 過政民主黨執權 등을 겪는 동안의 이 나라의 모든 형편은 모든 分野가 위험한 混亂 속에 있었던 것이다. 革命의 成功에 의한 이러한 새로운 現實的 條件은 다른 모든 분야에 있어서도 그러했던 것처럼 文壇에도 새로운 질서를 가져오게 했다. 그 새로운 질서란 文化界의 모든 派閥과 英雄主義를 해소시키는 各分野別 單一團體의 구성이었다."29)

물론 4·19혁명 이후 『현대문학』과 『자유문학』이 폐간된 것은 아니다. 『현대문학』은 지금까지도 발간되고 있으니 더 이상 말할 필요가 없겠고, 『자유문학』은 1963년까지 발간되었다. 하지만 4·19혁명 이후의 『자유문학』은 별다른 의미를 갖지 못한다. 권력으로부터 밀려난 김광섭 개인의 문학지에 불과하기 때문이다. 『자유문학』의 제3대 편집장을 역임했던 김시철의 진술은 이를 증명한다. "『자유문학』 초대 주간은 김용호 시인이고, 편집장은 소설가 박연희, 2대 주간은 소설가 김송, 편집장은 시인 한무학, 3대 편집은 필자(김시철)가 맡았는데, 사실상 『자유문학』 전성 시대는 김광섭 발행인에 김송 주간, 김시철 편집장이 맡은 4년간이었다. …… 필자가 손 뗀 후 그러니까 4·19 직후 자유문협이 문총의 자진 해체와 더불어 해산된 후 『사유문학』은 자유 문협 기관지에서 벗어나 순전히 김광섭 개인 문학지가 된 것이다."30) 반면, 『현대문학』은 문협이란 조직적 힘을 배경으로 하여 5·16쿠데타가 성공할 때까지 버티어 냈기 때문에 생명력을 유지할 수 있었다.31)

---

29) 조연현, 「내가 살아온 韓國文壇」, 『趙演鉉文學全集』 1, 語文閣, 1977, 342~343면.
30) 김시철, 앞의 글, 211~212면.
31) "'문학 단체는 전부 해체되어야 한다'는 여론이 우리 문단에 큰 파장을 일으켰다. 그

　5・16쿠데타로 정권을 잡은 군사정부는 1961년 6월 17일 포고령 제6호를 공포하여 기존의 모든 정치·경제·사회·문화·예술 단체들을 해산시켰다. 그리고 나서 12월 5일 공보부와 문교부 초청으로 해체 이전의 각 단체 대표 30여 명을 불러 모아 문화예술 단체의 단일화를 강력하게 촉구한다. 이러한 과정을 거쳐 12월 30일 수도여자사범대학(현 세종호텔 자리) 강당에서 한국문인협회의 결성대회를 개최하게 되었다. 이 자리에서 선출된 임원진은 다음과 같다.

> 이사장 : 전영택
> 부이사장 : 김광섭, 이희승, 김동리
> 상임이사 : 이종환
> 시 분과 회장 : 서정주
> 소설 분과 회장 : 황순원
> 희곡 분과 회장 : 이광래
> 평론 분과 회장 : 이철범
> 아동 분과 회장 : 김영일
> 수필 분과 회장 : 조경희
> 번역 분과 회장 : 이하윤

　이미 문단을 떠나 문단 파벌과 무관한 76세의 고령목사 전영택이 이사장을 맡고, 자유문학자협회 회장이던 김광섭과 한국문학가협회 대표위원 김동리가 부이사장에 선출된 대목이 눈에 뜨인다. 한국문인협회는 혁명정부가 내건 통합의 취지에 이끌려서 기계적으로 결합한 문인단체였던 까닭이다. 또 한 명의 부이사장 이희승은 정치색 짙은 문단을 비

여파로 자유 문협은 해산을 즉각 단행했고 한국 문협도 그러한 여론에 의해 임시 총회를 소집하기에 이르렀다. 한국 문협의 임원진은 사의를 표명하고 단체의 해산을 표명했다. 그러나 총회에 참석한 회원 다수는 '해산을 해야 할 아무런 이유가 없다'고 단정하고, 임원진이 제출한 사표를 반려하고 한국 문협을 그대로 존속시키기로 의결했다." (윤병로, 「한국문인협회가 창립되기까지」, 『文壇遺事』, 월간문학 출판부, 2002, 171면) 덧붙이자면, 자유문협이 총회를 소집하여 해체를 결의한 날은 1961년 5월 21일이었다.

판적으로 바라보며 학문에만 전념하던 상태였다. 이러한 이희승은 문협 부이사장직 취임을 강력하게 거부하여 마지막까지 문학제도에 거리를 두었기에 문단 권력으로부터 거리를 유지할 수 있었다. 하지만, 1964년 3대 임원진 구성에서부터는 한국문학가협회 출신의 세력이 한국문인협회 전체를 장악하고 있음을 확인할 수 있다. 바야흐로 문협이 문단을 주도하는 시대가 도래한 것이다.

4. 이사장 박종화가 물러난 이후 한국문인협회의 지형도

김동리는 자신이 서정주나 조연현보다 앞서 있다고 생각했던 듯하다. 문단정치로부터 비교적 초연했다고 평가받는 김현승은 김동리에 관한 이런 에피소드를 남기고 있다. 김현승은 전체적인 문맥에서 '생리적 연령', '문단의 연조(年條)' 따위를 제시하며 김동리의 합리성을 부각시키고 있으나, 그 이면에서 짙게 배어 나오는 것은 서정주·조연현에 대한 김동리의 우월감이다.

내가 朝鮮大學校에 있을 때의 일이었다. 당시 서울에서 著名한 文人들을 招請하여 學生들의 士氣를 북돋아 주기 위하여 서울에서 金東里씨와 徐廷柱씨 그리고 趙演鉉씨를 招聘하여 왔다. 어느 地方에서고 그러하거니와 이 특별한 손님들을 特別招請하여 光州의 名門校인 全南女子高等學校에서 文學講演會가 開催되었다. 講演에 들어가기 전에 한 文學擔當敎師가, 演士로 나와 앉은 세 文人을 紹介하고 있었다. 맨 먼저 詩人 徐廷柱씨를 소개하고 다음은 金東里씨를 紹介할 차례였다. 그러나 金東里씨는 의자에 앉은 채로 일어나지도 않고 演壇으로 나가려 하지도 않았다. 얼굴에는 氣分이 좋지 않은 表情이 역력하였다. 나는 그 순간 누구보다도 그러한 그분의 氣分을 直感

하고 있었다. 찬물을 마시는데도 위아래가 있다는 우리네 俗談과 같이 演士를 紹介할 바에는 生理的 年齡으로 보나 文壇의 年條로 보나 세文人중에는 金東里씨가 으뜸인데, 그 전날밤 세文人의 市中講演 때에도 司會者의 不察로 徐廷柱씨를 먼저 紹介하여 버렸는데 이번에도 같은 司會者의 不察로 紹介의 順序가 뒤바뀌었으므로 金東里씨의 自尊心은 傷하고 말았던 것이다. 당시 光州에는 서울文壇의 事情을 잘 아는 사람은 나 밖에 달리 없었는데 그것은 文壇에 어두운 無知가 낳은 失手였었다.[32]

1934년 시 「백로(白鷺)」를 통해 『조선일보』로 등단하고, 이듬해에는 『조선중앙일보』에 소설 「화랑(花郎)의 후예(後裔)」가 당선했으며, 1936년에는 소설 「산화(山火)」로 『동아일보』 신춘문예를 장악한 김동리로서는 그럴 만도 하다. 당시 3대 민간신문을 모두 석권했을 뿐만 아니라, 등단연도로 보아도 서정주보다 2년 앞서며, 조연현과는 비교조차 할 수 없을 정도이기 때문이다. 나이로 보더라도 1913년생인 김동리는 1915년 출생의 서정주나 1920년 태어난 조연현보다도 앞서는 양상이다. 하지만, 이러한 사실 외에도 이러한 자존심의 배경에는 문단 내 영향력도 한몫 했을 것이다.

해방 이후 문단 내 김동리의 영향력은 날이 갈수록 확대되는 양상이었다. 이를 살피기 위해서는 먼저 김동리의 매체 장악력에 관심을 기울일 필요가 있다. 주지하다시피 『신천지(新天地)』, 『서울신문』, 『주간 서울』, 『문예』, 『현대문학(現代文學)』 등 굵직한 매체를 쥐고 있었던 만큼 신인의 심사·추천을 통한 영향력의 확대가 가능했기 때문이다. 김동리가 남긴 「신인추천이십년기(新人推薦二〇年記)」[33]를 보면 신인 추천에 대한 그의 영향력이 어느 정도였는가를 짐작할 수 있다. 이 글은 "내가 문단(文壇)에 신인(新人)을 천거하기 시작했던 것은, 一九四七년부터가 아닌가 기억된다. 그러므로 그것은 지금으로부터 十九년 전의 일이 된다"

---

32) 金顯承, 「내가 아는 人間 金東里」, 『서라벌文學』 8집, 서라벌藝術大學, 1973, 194면.
33) 김동리, 「新人推薦二〇年記」, 『思索과 人生』, 일지사, 1973, 109~119면.

로 시작된다. 그러니까 대략 1966년까지의 추천 상황이 이 글에 나타나
는 셈이다. 구구절절한 사연을 접고 김동리를 통해 등단한 사람의 면면
만 정리한다면 다음과 같다. 참고적으로 덧붙인다면, 1961년 한국문인
협회가 '사회단체등록신청서'를 제출했을 때 임원진 10명을 제외한 회
원 수는 3백 7명이었다.

> 시 : 김윤성(金潤成), 김춘수(金春洙), 김구용(金丘庸)
> 소설 : 홍구범(洪九範), 이상필(李相弼), 강신재(康信哉), 오영수(吳永壽), 정
> 한숙(鄭漢淑), 정지삼(鄭芝三), 김성한(金聲翰), 권선근(權善根), 장용학(張龍
> 鶴), 서근배(徐槿培), 임상순(任相淳), 박신오(朴信吾), 손창섭(孫昌涉), 정병우
> (鄭炳禹), 박상지(朴常志), 이범선(李範宣), 추식(秋湜), 정구창(鄭求昌), 박경리
> (朴景利), 한말숙(韓末淑), 손장순(孫章純), 송숙영(宋肅瑛), 최미나(崔美娜),
> 오지영(吳知英), 백인빈(白寅斌), 이문희(李文熙), 이채우(李彩雨), 이광숙(李光
> 淑), 오영석(吳榮錫), 정종화(鄭鍾和), 천승세(千勝世), 곽학송, 최일남(崔一男)

김동리의 문단 영향력을 다른 한 축에서 담당했던 것은 '문인 제조공
장'으로 불렸던 서라벌예술대학 문예창작과(이하 문창과)다. 1953년 초급
대학으로 신입생을 선발했던 서라벌예대 문창과는 당시 서울시 미아리
에 위치해 있었으며, 1964년 4년제 예술대학으로 발전하였고, 1972년 6
월 서울시 흑석동에 자리 잡고 있던 중앙대와 합병함으로써 정규 4년제
로 개편되어 발전적 기반을 마련하였다. 1982년에는 흑석동 시대를 마
감하고 안성군 대덕면으로 옮겼고, 그 역사가 오늘에 이른다. 2002년 12
월 현재까지 서라벌예대·중앙대 문창과 출신의 문인들은 어림잡아 4
백 20명으로 알려져 있다. 매년 평균 7~8명씩 문인을 배출한 셈이다.
서울 흑석동에서 안성으로 캠퍼스가 이전한 뒤 문인의 배출이 다소 느
슨해졌다는 점을 염두에 둔다면, 1980년대 이전 그 영향력은 더욱 대단
했으리라 짐작할 수 있다.[34]

---

34) 신승철, 「49년 전통의 문예창작과의 효시-'서라벌예대'의 맥을 이은 중앙대」, 『문

　서라벌예대, 중앙대 문창과의 혁혁한 전통 가운데 1950년대 후반~
1960년대 초반은 서라벌예술대학 문창과의 분위기가 절정에 이르렀던
시기이다. 당시 '서라벌예술대학 문예창작과에 입학만 하면 누구나 문
인이 될 수 있다'는 소문이 나돌 정도였다. 그만큼 서라벌예대 문창과의
활약은 대단했던 것이다. 예를 들어 당시 서라벌예술대학 문예창작과
교수진의 대표격이었던 김동리의 회고에 따르면 58년 입학생 42명 가운
데 무려 93%에 육박하는 39명이 문단에 진출했다고 한다. 소설의 유현
종(劉賢鍾)·천승세(千勝世)·김문수(金文洙)·송상옥(宋相玉)·김주영·오
찬식(吳贊植), 시의 박경용(朴敬用)·이근배(李根培)·박이도(朴利道)·김사
림(金思林)·김민부(金敏夫)·조상기(趙商箕), 평론의 홍기삼(洪起三), 희곡
의 윤혁민(尹赫民), 아동문학의 조장희(趙壯熙) 등이 그 면면이다.35) 1953
년 개교 당시부터 강의를 담당했던 김동리가 바로 이 '문인 제조공장'의
공장장 격이었으니 서라벌예대를 거느리고 있던 그의 문단 영향력은 가
히 짐작할 만하다.

　김동리의 「신인추천이십년기」(1966)의 반대편에서 묘하게 비교 욕망을
일으키는 글은 조연현의 「『현대문학(現代文學)』의 기적(奇蹟)」36)이다. 『현
대문학』의 역사를 정리하고 있지만, 어찌 보면 『현대문학』의 세 과시라
는 느낌도 들기 때문이다. 창간한 지 "14년째 들어서고 있다"라는 문장
에 따른다면 이 글은 1969년 상반기에 쓰였을 것이다. 『월간문학』이 『현
대문학』에 맞서 창간된 것이 1968년 11월이니 「『현대문학』의 기적」에서
세 과시가 느껴지는 것도 무리는 아닐 것이다. 「『현대문학』의 기적」은
제목 그대로 "『現代文學』은 하나의 기적을 이루어 놓았다"라고 주장하
는 평론이다. 이런 주장은 "한때 '라인江의 奇蹟'이라는 말이 성행했었
다"라는 사실 위에 포개진다. 조연현은 열 가지 사항에 걸쳐 『현대문학』

학사상』, 2003.1.
　35) 정규웅, 「미아리의 '문인 제조공장」, 『글동네에서 생긴 일』, 문학세계사, 1999.
　36) 조연현, 『조연현전집』 1, 語文閣, 1977, 359~365면.

의 기적을 설명하고 있다.

그 가운데 가장 관심을 끄는 것은 네 번째 부분 "다수의 新人을 文壇에 등장시킨 사실과 매년 新人文學賞을 施賞해 온 사실"을 강조하는 내용이다. 이 대목은 김동리가 쓴 「신인추천이십년기」에 정면으로 맞서는 형국으로 다가온다. 이 부분만 놓고 따진다면 조연현의 위세가 「신인추천이십년기」의 김동리에 비해 한층 두드러진 모양을 하고 있다. "지금까지 通卷 160여 호가 나오는 동안 詩에 105명, 小說에 45명, 評論에 30명, 戱曲에 4명, 총 184명의 새로운 新人을 발굴하여 文壇에 내보냈으며, 每年 1, 2명 내지 3, 4명에게 新人文學賞을 施賞한 것이 이미 34명에 달하고 있다"라며 조연현은 그 위세를 자랑하고 난 후, 열병식을 하듯 분야별로 나누어 그 명단을 하나하나 나열한다. 이쯤 되면 『현대문학』이란 매체 하나를 가지고 조연현이 어떠한 영향력을 행사할 수 있었는가를 짐작하게 된다. 1970년대에 이르러서도 조연현은 『현대문학』을 통해 자신의 영향력을 확대재생산 시킨다. 예컨대, 1978년에 이르러 『현대문학』의 추천을 통해 등단한 문인들은 오유권을 비롯한 소설가 78명, 김관식을 비롯한 시인 196명, 김양수를 비롯한 비평가 43명이며, 신인문학상을 수상한 작가도 손창섭 등 66명으로 늘어나는 상황은 이를 드러낸다.37) 서라벌예대, 중앙대 문창과를 통해 김동리가 문단 영향력을 줄기차게 이어가는 장면에 포개어 바라볼 수 있는 사실이다.

1960년대 후반에 이르러 문단의 실력자는 단연 김동리와 조연현으로 압축된다. 이러한 사실은 김동리와 조연현의 대결 상황이 언젠가 도래할 것을 암시한다. 1964년부터 문협의 이사장으로 피선되었던 박종화는 다분히 상징적인 의미를 획득하고 있었다. 연령이나 문단 경력으로 파악했을 때 박종화는 한국문단의 최고원로였으며, 당시의 문인들은 이를 존중했던 것이다. 따라서 상징적인 존재 박종화의 퇴장 시기가 임박하

---

37) 조연현, 「현대문학 출신 문인들」, 『남기고 싶은 이야기들』, 부름, 1981, 211~212면.

면 그 자리를 누가 차지하게 되는가는 상당 수 문인들의 관심사일 수밖에 없었다. 그러한 관심은 수면 아래서 세력을 가다듬던 양상의 '김동리 사단'과 '조연현 사단'의 수장들에게 쏠리는 분위기로 표출되었다. 그러한 대결 가능성이 현실로 드러난 것은 1968년이다. 1월 27일 열린 한국문인협회 제7차 총회에서 힘겨루기가 벌어졌던 것이다. 상징적으로만 존재하던 문협 이사장을 대신하여 모든 실무를 담당하던 부이사장단의 구성을 둘러싸고 사건은 터지기 시작하였다.

5. 1968년 한국문인협회 제7차 정기총회

당시 사건의 발단 원인과 전개 과정에 대해서는 진술들이 엇갈린다. 먼저, 김명인은 '김동리 사단'과 '조연현 사단'의 대결을 이렇게 요약하고 있다. "1967년 문협 사무국에서 공금유용 사건이 발생하여 일부 젊은 문인들이 문협지도부를 탄핵하기에 이른 일이 있었다. 그 결과 1968년 이사장 선거에서는 반박종화 계열의 대표인 김동리가 당선되고 친박종화 계열, 즉 조연현 계열에서 내세운 서정주가 낙선하였다. 이때 선거 결과에 불만을 품은 조연현과 그 일파들은 문협을 탈퇴하기에 이른다."38)
김동리 사단의 일선에서 활동했던 김상일의 회고는 김명인이 정리하는 바와 상당 부분 다르다. "당시 작품 발표지는 『현대문학』밖에 없었다. 주간은 유명한 조연현 선생이다. 유명하다는 뜻은 몇 가지 있지만, 하나만 소개하면, 문인들의 생사 여탈권(!)을 장악하고 있는 염라대왕의 위력을 가지고 있지 않았는가 싶다. 그도 그럴 것이 선생 눈에서 벗어

---

38) 김명인, 앞의 글, 142~143면.

나기라도 하면 원고 발표 기회는 영원히 소실될 것이기 때문이다. 그러한 조연현 선생께서 월탄 이사장을 지지하고 나선 것이다. 사정이 이렇게 되고 보니 우리들 7인(이동주·이형기·송영택·성춘복·이성교·김상일·실명씨—인용자 주)은 바야흐로 광대무변한 황야에서 모진 황사를 한 몸에 받으며 전전긍긍하지 않을 수 없었던 것이다. 우리는 동리 선생을 업었지만(새 이사장으로) 외로웠다. 천하는 조연현 주간이 몽땅 장악하고 있었으니 우리는 고전 분투하지 않을 수 없었다. 그런데 이게 어찌된 영문이냐. 선거전에서 우리가 이긴 것이다. 5백 명쯤 되는 문협 회원이 겉으로는 『현대문학』 주간에게 굽신굽신했지만 속으로는 염라 대왕이 아주 미웠지 뭐야.”39)

김명인의 논문에 따르면, 김동리는 이사장 선거에서 서정주와 맞서 승리한 것이 된다. 여기에는 조연현이 문협 이사장 후보로 서정주를 내세웠다는 전제가 깔리고 있다. 반면, 김상일은 당시 이사장 선거를 김동리와 박종화의 경합으로 회상한다. 조연현이 박종화를 지지했다는 것이다. 하지만 여러 자료를 종합해 보면, 1968년 문협 이사장으로 선출된 이는 박종화이고, 김동리는 부이사장으로 맨 앞머리에 이름이 올라 있다. 그러므로 이사장 선거에 관한 부분은 김명인의 정리나 김상일의 회고가 부정확하다고 할 수 있겠다. 그리고 문협 사무국의 ‘공금유용 사건’이 문협에서 전면적으로 불거진 것은 1968년 3월 3일 개최된 임시총회를 통해서이다. 임시총회에서 이를 폭로한 사람은 제7차 정기총회에서 부이사장으로 선출된 서정주였고, 이를 밝혀낸 이는 ‘황야의 7인’ 중 한 사람인 김동리 계열의 새로운 상임이사 이형기이다. 그러니 조연현과 서정주가 손을 잡았다기보다는 김동리와 서정주가 연대했다고 접근하는 것이 올바른 판단이라고 생각된다. 이러한 관점에서 당시 상황을 기술하는 이는 『중앙일보』 기자를 역임했던 정규웅이다. 정규웅의 『글

---

39) 김상일, 「황야의 7인과 『월간문학』의 창간」, 『文壇遺事』, 월간문학 출판부, 2002, 175~176면.

동네에서 생긴 일』의 「한국문인협회의 주도권 다툼」을 바탕으로 당시
의 상황을 정리하면 다음과 같다.

　김동리 사단과 조연현 사단의 대결은 문협 부이사장 선출을 둘러싸
고 야기되었다. 조연현 계열의 문인들이 평론분과 회장이던 조연현을
부이사장으로 추대하기 위해 안간힘을 썼으나, 김동리·서정주 계열의
반대로 무산되었던 것이다. 선거 결과 박종화 이사장은 유임되고, 부이
사장으로는 김동리·서정주·모윤숙이 선출되었으며, 분과회장으로는
시에 이동주, 소설에 황순원, 평론에 곽종원, 희곡에 이광래, 아동문학
에 장수철, 수필에 조경희, 외국문학에 양원달이 뽑혔다. 이사장단 선거
에서 수적 우세를 확인한 김동리·서정주 계열의 문인들은 운영상의
이유를 몇 가지 들어 상임이사의 선임 방식의 규약을 개정하기에까지
이르렀다. 종래 이사회 선출 방식에서 총회 선출 방식으로 바꾼 것이다.
이렇게 하여 조연현의 가까운 측근이자 상임이사인 이종환이 물러나고
김동리 계열의 이형기가 새로운 상임이사로 들어서게 되었다. 제7차 문
협 정기총회는 이렇게 막을 내렸다.

　정기총회가 끝난 후 조연현 계열은 그 결과에 반발하여 이를 무효화
시키고자 세 규합에 나선다. 무효화의 근거는 다음 세 가지였다. 첫째,
규약개정은 참석인원의 3분의 2의 찬동을 얻어야 하는 것이 통상관례
인데 과반수로 통과시켰다는 점, 둘째 회원 아닌 사람들이 회의에 많이
참석했고 이사에 선출되기까지 했다는 점, 셋째 이사 수를 늘리자는 동
의가 두 번이나 폐기되었음에도 불구하고 억지로 이사의 수를 배나 늘
렸다는 점. 조연현 계열의 방기환·이종환·문덕수·김우종·윤병로·
원형갑 등 중견문인들이 주도하여 이런 움직임을 이끌었다. 조연현은
이들의 권유를 받아들여 임시총회 소집을 호소하는 연판장을 돌려 소
기의 목적에 달성한다.

　하지만, 3월 3일 열린 임시총회 역시 김동리·서정주 계열에 의해 진
행이 주도되었다. 인수인계 과정에서 전상임이사 이종환이 공금 50만

원을 횡령한 사실을 신임 상임이사 이형기가 발견했고, 이 사실을 부이사장 서정주가 임시총회에서 폭로하였기 때문이다. 김동리·서정주 계열의 이러한 계산이 주효하여 임시총회는 혼란을 거듭하게 되었는데, 이때 박종화 이사장이 절충안을 제시하기에 이르렀다. "지난 번 정기총회에서 상임이사 선출 방식을 총회 직선으로 바꾼 것을 종전대로 환원, 이사회에서 선출토록 한다"는 것이 절충안의 내용이다. 이에 따라 상임이사 이형기의 총회 선출은 무효로 처리되고, 대신 곽종원이 상임이사로 새롭게 선출되었다.

임시총회는 이렇게 어렵게 폐회에 이르렀지만, 조연현 사단의 문인들이 그 결과에 승복한 것은 아니었다. 정태용·원형갑·최일수·문덕수·김우종·신동한·장백일·윤병로 등 20여 명 비평가들이 문협을 탈퇴하여 '비평문학연구회'를 발족시킨 사건은 단적인 예이다. 당시 비평문학연구회의 발족은 문협의 한 분과가 이탈한 것으로 간주될 정도의 충격을 몰고 왔었다. 조연현의 『현대문학』 역시 민감한 반응을 보였음은 물론이다. 『현대문학』 4월호에 실린 「무소속문인(無所屬文人) 정담(鼎談)」, 5월호의 좌담회 「문학활동과 단체활동」, 김현승의 「문학단체 무용론」, 그즈음 연재된 조연현의 「세월의 앙금」 따위를 대표적 사례로 꼽을 수 있다.40) 하지만, 이런 분란에도 불구하고 조금 시간이 지나자 탈퇴 문인들은 슬그머니 문협 내부에 주저앉았고, 문협 내에서의 주도권 획득을 위한 동면에 들어가게 된다. 동면에서 깨어나 조연현이 문협 이사장에 오르게 되었던 때는 1973년이었다.41)

---

40) 정규웅, 「한국문인협회의 주도권 다툼」, 앞의 책, 256~269면.
　　임시총회를 전후하여 문협 사무실에 탈퇴서를 제출했다고 하여 모두 조연현 계열로 보기는 어려울 것이다. 문협의 조직 생리에 거부감을 느꼈던 인사도 있을 수 있기 때문이다. 또한 당시 『현대문학』 주최의 좌담회에 참석했거나 문학단체 비판 글을 게재했다고 해서 조연현 계열로 보기도 어렵다. 조연현이 문단 정치에 초연한 이들에게 『현대문학』의 지면을 제공하여 문협 비판의 분위기를 조성한 혐의도 뚜렷하기 때문이다.
41) 조연현이 김동리를 이길 수 있었던 것은 치밀한 준비가 뒷받침되었기 때문이다. 여

덧붙여서, 세부적 사실의 이해를 돕기 위해 문협의 역대 이사장과 부이사장단의 명단을 정리하면 다음과 같다.

1961~1963년(1~2대) : 전영택, 김광섭, 김동리
1964~1969년(3~8대) : 박종화, 김동리, 모윤숙, 서정주
1970년(9대) : 김동리, 김현승, 모윤숙, 서정주
1971년(10대) : 김동리, 조연현, 김현승, 서정주
1973년(11대) : 조연현, 김현승, 김요섭, 조병화
1975년(12대) : 조연현, 김요섭, 문덕수, 이동주
1977년(13대) : 서정주, 이동주, 김요섭, 박양균
1979년(14대) : 조연현, 이원섭, 조경희, 이범선, 박양균
1981년(15대) : 조연현(작고로 조경희 직무대행), 곽학송, 박양균, 황명
1983년(16대) : 김동리, 조경희, 김윤성, 황명, 이근배
1986년(17대) : 김동리, 조병화, 서정범, 구인환, 황명, 김양수
1989년(18대) : 조병화, 황명, 구인환, 원종성, 김시철, 김해성
1992년(19대) : 황명, 김해성, 성춘복, 홍승주, 구인환, 김시철
1995년(20대) : 황명, 성춘복, 신세훈, 함동선, 이유식, 이철호
1998년(21대) : 성춘복, 이철호, 신세훈, 구혜영, 이은방, 김원중

기에 대해서는 이근배의 기록을 참고할 수 있다.

"그(조연현―필자)의 선거 급수는 9단쯤이 아니었던가 싶다. 왜냐하면 그가 73년 김동리와 대회전을 치루기 위해서 71년부터 포석(布石)을 하고 있었던 것을 김동리는 까맣게 몰랐기 때문이다. 조연현은 정초 이석, 문덕수, 신세훈을 불러 시인 단체를 새로 만들라고 한다. 1957년 한국시인협회가 결성되어 잘 해오고 있는 터에 문예지 주간이 왜 시인 단체가 필요했을까. 그 까닭은 이렇다. 그때나 지금이나 문단인구에서 시인이 절반 이상을 차지하고 있는데 한국시인협회는 초대 대표간사 유치진에서 신석초, 조지훈, 박목월이 회장을 맡아오고 있었다. 목월은 김동리와 동향으로 조연현으로서는 움직여지지 않는다고 보고 시인 단체를 새로 만들어서 시인들의 표를 얻겠다는 것이었다. 둘째는 『시문학』의 창간이었다. 『현대문학』 하나로는 팽창하는 시단 인구를 다 감당할 수 없어서라면 설득력이 있겠으나 71년 8월에 창간하고 선거에서 이긴 뒤인 73년 9월에 내놓았으니 문협 이사장을 위한 득표 전략의 하나임이 명백해진다. 이것은 겉으로 드러난 큰 문단적 사건이지만 이럴진대 『현대문학』 주간의 칼자루를 쥐고 전국 방방곡곡의 문인들 하나하나에 어떤 당근과 채찍이 오고갔는가는 짐작할 일이다." (이근배, 「우리 문학의 순간들 : 문단을 두쪽 낸 두 거장의 충돌―김동리·조연현이 맞선 1973년 문협 이사장 선거」, 『대산문화』, 2003년 가을, 126~127면)

2001년(22대) : 신세훈, 홍문표, 최광호, 이수화, 장윤우, 엄기원
(앞은 이사장, 뒤는 부이사장)42)

6. 『월간문학』의 창간 배경

　김동리는 『월간문학』(1968.11)과 『한국문학』(1973.11)을 연이어 창간했다. 김동리가 그러한 수순으로 나갈 수밖에 없었던 까닭은 조연현과의 결별에서부터 비롯되었다. 그동안 김동리가 나름의 영향력을 행사할 수 있었던 근거 중 하나는 『현대문학』이라는 잡지였다. 『현대문학』이 전적으로 조연현의 의지대로 움직였다고는 하나, 『문예』의 후신이었던 만큼 김동리에 대한 배려가 어느 정도 있었던 것은 사실이다. 소설 분야에 대한 신인 심사의 권한이 김동리에게 부여되었던 장면은 이를 뒷받침한다. 하지만, 1968년 1월 27일 개최된 한국문인협회 제7차 정기총회 이후 상황은 완전히 달라졌다. 조연현과 완전히 등진 상황이었기에 『현대문학』으로부터 김동리가 기대할 것은 아무 것도 없었다. 오히려 자신의 사단으로 분류되는 문인들을 위해서라도 어떻게 해서든지 안정적인 발표 지면을 마련해야만 하는 처지에 이른 것이다. 김동리를 위해 전면에서 활동했던 김상일은 그 심각성을 이렇게 전달하고 있다. "경솔하게도 선기전에서 이기긴 했지만 정신을 차리고 보니, 우리는 큰 실수를 감행했다. 목숨과 견줄 수 없는 발표지가 없어진 것이다. 『현대문학』지는 우리를 불구대천의 원수쯤으로 여기지 않았을까. 왜냐하면 그 주간 얼굴에 똥칠을 했기 때문이다."43)

---

42) 임헌영, 「제도적 문학과 반제도」, 『한국적 문학 제도의 재인식』 Ⅰ(제21차 한국문학평론가협회 심포지엄 발제문), 2001.10.17, 41면.

문협 기관지『월간문학』의 창간에는 이런 절박함이 깔려 있었다. 이런 절박함은 김동리로 하여금 청와대로 향하게 만들었다. 김동리는 대통령 박정희와의 면담 결과에 승부를 걸었던 것이다.『월간문학』의 발간 배경을 살펴보기 위해서는 먼저 1968년 박정희 정권이 문인들에게 내린 두 가지 혜택에 주목할 필요가 있다. 하나는 정부수립 이후 최초로 문예활동기금을 마련하여 매년 대상자를 선정 창작기금을 보조한다는 것이고, 다른 하나는 문인들의 집합체인 한국문인협회에 기관지『월간문학』을 발행할 수 있도록 별도의 지원금을 지급한다는 것이다. 박정희 정권의 이러한 정책 뒤에는 김동리가 감행한 모험이 놓여 있다. 김동리의 모험이 성공했기에 박정희의 이런 혜택이 가능해진 것이다.

『현대문학』에 맞서는 잡지가 필요했던 김동리에게 가장 시급했던 것은 문학잡지 발간의 후원인이었다. 하지만, 그게 여의치 않자 김동리는 대통령을 찾아가 문학잡지를 내자고 호소해 볼 작정을 하기에 이르렀다. 김동리 사단의 비평가 이형기가 청와대 비서실에서 근무하는 친구를 두고 있었고, 김동리와 동향이자 등단 전부터 절친한 관계를 맺어오던 박목월이 영부인 육영수의 가정교사에 상당하는 자리를 차지하고 있었기에 가능한 구상이었다. 이들의 힘을 빌려 박정희 대통령과 김동리의 면담은 주선되었다. 당시 문협 사무국장이었던 김상일은 그 면담의 장면을 이렇게 기록하고 있다.

> 당일(날짜와 시간은 잊어버렸다), 필자는 동리 선생을 모시고(당시 나는 문협 사무국장) 택시를 잡아타고 청와대로 찾아갔다. 적어도 나는 죄지은 것도 없는데 가슴이 벌떡벌떡 뛰는 것이었다(나중에 알았지만 고혈압 때문이었다). 경비실에 들렀더니 벌써 알아차리고 안내자가 나와 여간 굽신거리는 게 아니었다. 흐뭇했다. 한편 여간 부러운 것이 아니었다. 권력이 좋긴 좋구나, 비서실에 들어서니 뜻밖에도 썰렁했다. 방 크기도 서너 평이 되는 둥 마는 둥 했고,

---

43) 김상일, 앞의 글, 176면.

실내 장식도 없었으며, 근무자도 우리를 상대하는 비서 하나 외에 눈에 띄지 않았다. 바라크에 든 기분이었다. 대통령이 진짜 질소 검박해서 그런 것일까? 연극을 하고 있겠지?

비서는 동리 선생만 대통령 집무실에 공손히 안내했다. 안에서 두 사람이 무슨 말을 나누었는지 나는 알지 못한다. 가끔 비서가 찻잔을 받쳐들고 문을 드나들며 고개를 갸우뚱거리더니 이렇게 귀엣말을 전해 주었다.

"두 분 도통 말이 없으시네요. 김동리 선생님의 얼굴은 벌겋게 달아 있구."

비서가 전해 준 후일담은 대충 이런 것이었다. 동리 선생은 수인사도 변변 치 않게 마치는 것 같았고, 얼굴만 붉히신 채 창 밖만 바라보았다고 한다. 문 단을 대표해서 전권 대사로 대통령을 방문한 이가 말 한 마디 없이 빈손으로 돌아오신 것이다. 우리는 이 사실을 어떻게 평가하고 있을까. 정녕 집무실에 들어서고 보니 별안간 구걸하러 찾아온 것 같아 아무 말도 못 하고 상기된 채 창 밖만 바라보았을 것이다.

나는 공상해 본다. 만약에 우리 동리 선생께서 선비로서 염치도 없이, 더구 나 난데없는(당시 대통령의 역할은 '기아선상에 허덕이는 민생고를 하루 빨리 해결하는' 데 있지 문화 사업 따위는 안중에 있을 턱이 없었다.) 문학 잡지 따 위를 발간할 테니 지원해 달라고 채신머리없이 굽실거렸다면 고지식하기로 이름난 박정희 씨(고명하신 한 시조 시인 유택에 조문 왔다 살던 저택을 보고 싹 돌아서서 그냥 나가 버린 것을 목격한 적이 있다)가 손수 앞장서서 광명인 쇄소(이른바 혁명 공약을 남몰래 인쇄했던 곳이다)에 발간을 위한 도급을 주 진 않았으리라(나중에 알았지만 정부 재정은 당시 바닥이 나 있었다. 유명한 혁명 후일담이다)고 상상해 보는 것이다.

박정희 대통령을 미워하는 사람들은 많지만 그러나 『월간문학』지는 그의 살신성인의 인정이 없었더라면 햇빛을 보지 못했을 것이다.

『월간문학』지는 생색을 낼 줄 모르는 박정희 대통령과 염치를 지키는 한국 마지막 선비 동리 선생이 피차 위신을 확보하며, 그러나 일은 성사시키자는 무언의 신사 협정에 따라 창간된 것이다.44)

『월간문학』의 창간으로 김동리는 잠깐 숨통을 틀 수 있었다. 그런데

---

44) 위의 글, 178~179면.

『월간문학』은 문협의 기관지 『월간문학』이었지 김동리의 『월간문학』이 아니었다. 문인들의 집합체인 한국문인협회에 정부가 지원금을 지급한 까닭이다. 그것이 조연현의 『현대문학』과 크게 다른 점이었다. 이 때문에 1973년 제11대 문협 이사장 선거에서 패배한 김동리는 『월간문학』에 대한 영향력을 전부 잃고 『한국문학』의 창간으로 나서게 된다. 반면 문협 이사장 선거에서 승리한 조연현은 한 손에 『현대문학』을, 다른 한 손에는 『월간문학』을 틀어쥔 양상이었다. 당시의 분위기가 어떠했는가는 「우리동네 촌장 이문구」라는 황석영의 글에 어느 정도 드러나 있다. 황석영이 김동리의 오른팔 이문구를 바라보는 시각에서 내용이 기술되어 있지만, 그 갈등의 분위기만은 생생하게 전달된다.

이사장으로 나올 사람도 정해져 있어서 조연현 김동리 양씨가 엎치락뒤치락했는데, 당시에 문예지도 별로 없던 시절에 조연현이 자리잡고 있던 『현대문학』이 막강했고 김동리가 이사장이 되면서 문협 기관지로 만든 『월간문학』이 있었다. 조연현측의 오른팔은 조정래였고 김동리측은 이문구였다. 기존의 문단에서 한 걸음 옆으로 비켜서 있던 사람들은 주로 젊은 사람들이었는데 나도 문협 선거에 참여한 적이 없어서 강 건너 불 보듯 하던 판이었다. 김동리가 낙마한 뒤에 이문구는 머리를 삭발하기까지 했다. 속 모르는 구경꾼들은 그러한 그의 열정과 울분에 민망스러워 했다. 나도 전화로 욕깨나 먹어야 했다. 선거날 투표하러 오지 않았다는 것이 그가 화를 낸 이유였다. …… 그 시절에 편집자들의 소심함으로 몇 군데 잡지들을 전전하며 되돌려 받았던 「낙타누깔」을 속없이 『월간문학』에 싣기도 해서 사실 선거에 참여하지 않은 나는 이문구 쪽에서 본다면 '의리 없는 놈'이었던 셈이다."45)

---

45) 황석영, 「우리동네 촌장 이문구」, 『창작과비평』, 2003년 여름, 204면.
　　이근배의 기록은 다음과 같다. "1973년 1월 27일, 서소문 명지대 대강당에는 6백53 명의 문인들이 운집해서 투표를 하고 있었다. 중풍으로 병석에 누운 칠순의 김광섭이 간신히 부축을 받아 투표장까지 나왔으니 얼마나 많은 문인들이 문단의 두 세력에 휘둘리고 닦달질을 당했을까. 이희승, 김팔봉, 부산의 김정한도 투표를 했다. 결과는 김동리 3백21표 대 조연현 3백12표, 9표차로 김동리가 앞섰으나 과반수 미달로 재선거를 치러야 했다."(이근배, 앞의 글, 127면)

제11대 문협 이사장 선거에서 조연현에게 패한 김동리는 권토중래를 꿈꾸었다. 1973년 11월 창간한 월간지 『한국문학』은 그 의지의 표상이다. 『한국문학』은 김동리의 부인 손소희가 곗돈으로 탄 3백만 원으로 창간할 수 있었다. 『한국문학』이 권토중래의 발판이었던 만큼 초대 편집장으로 김동리의 오른팔 이문구가 들어섰던 것도 당연하다. 하지만, 이런 준비에도 불구하고 김동리는 이후 조연현과의 대결에서 한 번도 이길 수 없었다. 문협의 역대 이사장 명단이 이러한 사실을 보여 준다. 김동리가 문협의 이사장으로 피선될 수 있었던 것은 1983년부터 가능했는데, 이때는 경쟁상대 조연현이 사망한 뒤였다. 조연현은 1981년 11월 28일 제15대 문협 이사장을 역임하던 중 일본 여행에서 심장마비로 사망하였다.

7. 문학정신과 문학제도의 괴리가 낳은 '사회주의적 사실주의 논쟁'

김동리가 평생 벌인 커다란 논쟁은 대략 네 번으로 기록된다. ① 유진오와 벌였던 1939년의 신세대 논쟁, ② 김병규·김동석을 상대로 했던 해방 직후의 좌우익 논쟁, ③ 김우종·이어령과 벌였던 1959년의 '실존성' 논쟁, ④ 1978년 구중서·임헌영·염무웅을 상대로 펼친 '사회주의적 사실주의 논쟁'이 그것이다. 이 가운데 ④의 논쟁은 엄밀한 의미에서 논쟁이라고 파악하기 어렵다고 판단된다.

1978년 9월 12일 태창출판부 주최의 문학강연회에서 행한 강연에서 김동리는 당시의 민중문학을 가리켜 '사회주의적 사실주의'로 분류하였다. "당시는 유신체제가 10·26의 총성과 더불어 무너지기 1년 전이었다. 그러니까 서슬 퍼런 긴급조치 9호가 한국 땅을 온통 내리누르며 한

창 공포분위기를 조성하고 있던 시기였다. 이런 시기에 김동리는 당대의 민중문학론자들을 가리켜 '당신들은 사회주의적 무엇무엇을 신봉하는 자들이다'라고 규정한 것이다."46) 『월간문학』 1978년 11월호에 게재된 김동리의 「한국적 문학사상의 특질과 그 배경─한국문학의 나아갈 길」이라든가 논쟁 과정에서 선보인 글들을 보면 김동리는 그러한 규정에서 한 발짝 더 나아간 논의를 진척시키지 못하고 있다. 필자가 '사회주의적 사실주의 논쟁'을 문학 논쟁이라고 파악하기보다는 정치적 공세로 이해하는 까닭이다.

사실 이것이 논쟁인가 아닌가의 여부는 부차적인 사항이다. 오히려 이 사건이 한국문학사의 가파른 굽이굽이를 거치면서 김동리가 마지막에 도달한 자리를 상징적으로 보여 준다는 점에서 더욱 문제적으로 파악된다. 문학정신과 문학제도를 통일된 관점에서 파악하지 못하고 나아가는 자의 한계를 여실히 드러내고 있기 때문이다. '사회주의적 사실주의 논쟁'에 이르면 김동리의 문학 논쟁은 정치 공세와 구분하기 힘들 정도가 아닌가. 논쟁의 직·간접적 상대들이 결국 침묵으로 맞서는 방식을 선택을 했던 이유도 바로 여기에 있다. "백낙청 구중서 염무웅, 그리고 박현채와 나 등 몇몇이 모여 이 혼탁해지는 논쟁의 대응 방안을 논의한 결과 더 이상 대꾸하지 말자는 결론이었는데, 마무리는 당사자가 아니었던 홍기삼이 『동대신문』을 통해 정리해 주었다."47)

김동리를 대타항 삼아 자신의 문학/문단 내 자리를 끊임없이 모색했던 조연현 역시 김동리의 이러한 모습으로부터 결코 자유롭지 못할 것이다. 김동리처럼 커다란 관심을 모으지 못했을 뿐이지, 그가 발표한 「참여주의 문학에 대하여」(『월간문학』, 1979년 1월호)라든가 「민족문학과 민중문학」(『현대문학』, 1979년 8월호)에는 그런 흔적이 다분히 드러나

---

46) 李東夏, 「한국 비평의 재조명 3─김동리와 '사회주의적 사실주의' 논쟁」, 『한국문학과 비판적 지성』, 새문사, 1996, 87면.
47) 임헌영, 「문학 논쟁 비화 두 가지」, 『文壇遺事』, 월간문학 출판부, 2002, 93면.

고 있기 때문이다. 김명인은 이 두 평론을 통해 종착역에 다다른 조연현의 비평세계를 읽어내고 있다. 「참여주의 문학에 대하여」를 통해 조연현은 '참여주의 문학'에 내재하는 '특정한 정치적 목적'이 사실상 '사회주의 혁명'이 아니겠는가 하는 함의를 노골적으로 드러내고 있으며, 「민족문학과 민중문학」에서는 민족문학론이 사실상 '사회주의 문학론' 아니냐 하는 혐의를 강하게 암시하고 있다는 것이다. 이를 바탕으로 김명인은 '파시즘적 문학관'으로 기울어지는 조연현의 모습을 비판하고 있다.48)

문학—제도의 관점에서 파악했을 경우 파악되는 김동리·조연현의 면모는 이러하다. 이는 결국 문협 정통파의 자화상이기도 한 것이다. 문학—제도를 둘러싼 자화상 위에서 그들이 주장하는 '순수문학(본격문학)'은 유령처럼 창백하게 떠돌고 있다. 문학제도를 둘러싸고 정치적 이전투구의 양상이 첨예해지면 첨예해질수록 '순수문학(본격문학)'이라는 문학정신은 더욱 더 신비한 관념의 영역으로 옮겨 가 버린다. 따라서 해방 이후 1970년대 말까지의 김동리·조연현의 문단 활동은 이를 선명하게 증명하는 과정이라고 할 수 있겠다.

---

48) 조연현, 앞의 논문, 148~150면.

되돌아보는 그 날의 흔적

기억은 멈추지 않는다
: 김학철·김사량 항일문학비 건립 행사 참관기

기억은 멈추지 않는다

김학철 · 김사량 항일문학비 건립 행사 참관기

1. 위대한 정신과의 맞대면

청소년기를 보낸 고향집 내 방 한쪽 벽면에는 연필 자국이 세로로 차곡차곡 줄 지어 새겨져 있다. 성급한 마음에, 얼마나 키가 컸을까, 다달이 남겨 놓았던 흔적이다. 물론 지금은 그런 식의 키 재기를 하지 않는다. 30대 중반에 이른 나이, 더 이상 키는 훌쩍 자라지 않고 있으며, 그러한 성급함에 대하여 조금이나마 여유가 생겼기 때문이다. 시간이 한 인간을 성숙시키는 계기가 되기 위해서는, 눈에 보이는 것에만 매달릴 것이 아니라, 위대한 정신과 맞대면하여 그 옆에 한번 서 보고 싶은 욕심을 가질 필요가 있다. 물론 여기에는 스스로에 대한 끊임없는 성찰이 요구된다. 위대한 정신과의 대면을 여는 길은 앎의 총량이 아니라, 삶의 깊이일 테니 말이다. 그래서 30대 중반의 나는 문학을 한다. 문학을 통

해 앞서 살아나간 인물들의 깊이랄까 향기에 접근하는 셈이다. 웃자라
는 키와는 달리 삶의 깊이나 향기를 수량화시켜 계측할 수 없지만, 문
학하는 재미는 제법 쏠쏠한 편이다. 마치 거울에 비춰보듯이, 나 자신의
안일한 삶이 그들을 통해 드러나며, 반성의 여지는 그 순간 솟아난다는
사실을, 30대 중반의 나는, 충분히 깨닫고 있다.

김학철(金學鐵)과 김사량(金史良). 범박하게 정리하자면, 이번 여행은
두 사람의 문학비 제막식에 참가하기 위해 기획되었다. 기행문을 시작
하기 전에 먼저 그 사실을 분명히 할 필요가 있겠다. 본래 여행의 의미
란 확정된 목적 바깥에서 빛을 발하는 법이다. 나는 여행에 대하여 그
렇게 생각한다. 가령 여행길에서 우리는 바깥에 펼쳐진 풍경을 바라보
지만, 그것을 통해 확인하는 것은 내 안에 깊숙하게 들러붙은 영혼의
상처이다. 거기서 우리는 풍경과 상처 사이의 거리를 확인하게 된다. 바
깥의 풍경이 내 안의 상처로, 내 안의 상처가 다시 바깥의 풍경으로 넘
나들면서 여행은 깊어진다. 그런 까닭에 나는 분명한 목적에서 미끄러
질 수 있는, 혹은 목적이 없는 여행을 선호하는 편이다. 정해진 시간에
반드시 따라야만 하는 빡빡한 여행의 일정을 혐오하는 이유도 마찬가
지다. 그런데도 불구하고 공식적인 행사가 중심에 놓인 이번 여행에 나
는 동참하게 되었다. 이유는 간단하다. 김학철과 김사량이 그만큼 매력
있는 인물들이기 때문이다.

김학철과 김사량은 제대로 알려져 있지 않다. 그렇지만 기행문을 쓰
면서 작가 설명을 늘어놓는 일은 참으로 답답한 일이다. 그러니 정치사
에 짓눌린 우리 문학사의 한계를 지적하는 선에서 그치는 것이 좋겠다.
김학철과 김사량은 소설가인 동시에 중국의 태항산을 배경으로 일본군
과 맞섰던 조선의용군이다. 이들이 제대로 조명을 받지 못하는 까닭은
바로 조선의용군 출신이기 때문이다. 남쪽에서는 조선의용군이 사회주
의 계열이었기 때문에 금기의 대상으로 여겨져 왔다. 1956년 김일성을
비판하였다가 종파분자로 찍힌 김학철은 북쪽에서도 논의가 철저히 배

제되었다(그는 『20세기의 신화』라는 정치비판소설을 써서 중국에서 문화혁명 기간 동안 10여 년 감옥살이를 하기도 했다). 상황이 이러하다면 그들을 기억하려는 노력의 방편으로 문학비의 건립은 나름의 의미가 있을 것이다. 여기서부터 그들에 대한 논의는 시작되어야 한다.

그렇다면, 조선의용군 출신인 그들이 우리 문학사에서 제대로 조명되지 못한 영역이라는 점이 먼저 내 호기심을 자극하였고, 그와 함께 자리를 잡은 조선의용군의 치열한 정신 또한 나의 발길을 잡아끌었던 셈이 된다. "그들은 일제의 파시즘이 최후의 발악을 하던 1940년대에도 줄곧 흔들림 없이 싸웠던 거의 유일한 무장투쟁 조직이었다. 그 당시 국내의 독립운동은 이미 지하로 다 들어간 뒤였고, 상해 임시정부 역시 남경을 떠나 겨우 명맥만 유지하고 있었다. 만주를 중심으로 강력한 투쟁을 전개하던 김일성의 동북항일연군 또한 1941년 이후 소련령으로 한걸음 물러섰다."[1] 수사적으로 치장되는 문학정신의 우뚝함은 이러한 대목에서 타락한 현실에 대한 물러섬 없는 저항으로 찬연하게 빛을 발한다. 언어가 무력해진 상황에서 그들은 삶으로써 문학정신을 이어나갔던 것이다. 일본의 명망 있는 아쿠다가와상 후보로까지 올랐던 김사량이었기에 모든 것을 버리고 태항산으로 들어갔다는 사실은 더욱 주목을 요한다.

위대한 정신(들). 작가의 언어가 멈춘 자리에서 우리는 그가 보낸 삶의 구체적인 모습으로 언어의 빈자리를 채울 수밖에 없다. 그래야 비로소 그를 이해할 수 있는 여지가 마련되기 때문이다. 일제의 회유와 압력을 피해 고향으로 돌아가 더 이상의 창작을 멈추고 침묵으로 나름의 자리를 지킨 이태준·김기림의 삶이 그러하고, 펜 대신 총을 들고 나섰던 김학철·김사량의 삶이 그러하다. 특히 김학철·김사량이 선택한 길이란 목숨까지도 내걸고 적극적인 투쟁으로 나섰던 방향이었기에 부지

---

1) 김남일, 「시계종이에 쓴 역사─김사량의 『노마만리』 행적을 따라서」, 『실천문학』, 2002년 겨울, 455면.

런히 발품을 팔아야만 한다. 아무리 부지런을 떤들 그들이 서 있던 자리에 가 닿을 수는 없겠지만, 그런 노력 없이는 그들의 삶을 조금이라도 추체험하기는 난망하기만 하다.

바쁜 일정을 물리치고 이번 여행에 부랴부랴 참가했던 까닭이다.

2. 반파시즘전쟁을 보는 시각

8월 3일 인천공항을 떠난 비행기는 청도에 안착하였다. 청도에서의 일정은 그저 여행의 지루함을 잠시 달래기 위한 장치에 불과했다는 느낌이다. 독일 점령기에 세워진 제독 관저를 둘러보았고, 소청도를 한 바퀴 돌아 걷기도 하였지만, 남는 것은 소청도의 바위가 진한 누런색이었다는 기억 말고는 없다. 바다의 바위가 누런색이라니, 나로서는 여태껏 이에 대해서 들은 바도 없고 본 바도 없다. 내가 자란 제주도 바닷가의 현무암은 온통 검은색이다. 아마 그래서 그 바위의 색깔이 인상적으로 다가왔을 것이다. 여행을 떠난 실감은 청도에서 제남으로 떠나는 기차를 타며 비로소 솟아오르기 시작했다. 중국의 거대한 땅덩어리가 점차 실체감 있게 느껴진 것이다.

청도에서 제남까지 기차로 달린 시간은 6시간 30분 정도. 차창바같은 처음부터 끝까지 광대한 평야로 펼쳐지고, 옥수수의 물결만이 줄창 줄을 잇는 모습이다. 도대체 눈에 뜨이는 변화가 없다. 아, 그 막막함이라니. 일찍이 이태준은 만주를 달리는 기차 안에서 나와 같은 막막함에 직면한 바 있다. 1938년 4월 8일부터 21일까지 『조선일보』에 연재된 「이민부락 견문기」에 그의 심정이 드러나는데, 막막함에 직면하여 그가 세종대왕의 억센 경륜과 성삼문의 노고를 떠올렸다는 사실이 흥미롭다. "세종께서 지금 내가 쓰는 이 한글을 만드실 때 삼문을 시켜 명(明)의 한림학사 황찬(黃璨)에게 음운(音韻)을 물으러 다니게 하였는데 황 학사의 요동적소(遼東謫所)에를 범 왕반십삼도운(凡往返十三度云)으로 전하는 것이다.”[2] 조선어학회를 주도했던 인물이 대종교(大倧敎) 교인인 이극로였고, 대종교의 총본사(總本司)가 만주의 발해농장 안에 있었으며, 발해농장의 경영자는 이태준이 일본으로 유학을 떠나고 이극로가 독일로 유학 가는 데 커다란 도움을 제공했던 백산 안희제였다. 아마도 이러한 인연의 타래를 따라 이태준은 만주벌판의 막막함에 직면하여 세종대왕을 떠올렸으리라.

하필 내가 이태준을 떠올린 까닭도 인연의 타래를 좇고 있기 때문이다. 1932년 중국 남경에는 조선혁명간부학교가 세워졌고, 독립을 꿈꾸며 모국을 벗어난 청년들은 이곳에서 군사훈련을 받았다. 그 청년들 중에는 이육사가 끼어 있었다. 한편 김학철은 1937년 강서성 성자현 소재 중앙육군군관학교 분교에 입학하여 교육 과정을 이수하였다. “리육사(李陸史)라고 하는 시인이 의렬단에 참가했다가 체포되어 1944년 북경감옥에서 사형당했는데 그분을 아십니까?”라는 오무라의 물음에 “모르겠습니다”라고 김학철이 답변했던 것으로 보건대 김학철과 이육사는 교류가 없었던 것으로 생각된다.[3] 그럼에도 불구하고 이들은 결코 무관하지 않다. 김학철은 조선의용군의 제2인자 격이었던 윤세주와 함께 활동했으며, 이육사는 윤세주와 각별한 친분을 쌓고 있었기 때문이다. 죽기 직전 이육사가 국내로 무기를 들여와 거사를 도모하고자 했던 사실도 조선의용군과 관련이 있다. 아마 점조직으로 운영된 의렬단의 성격상 김학철과 이육사가 서로의 존재를 제대로 인식하지 못하였을 것이다.

이육사는 대구에서 활동을 시작하였다. 그곳에서 그는 서상일 인맥과

---

2) 이태준, 「만주 기행」, 『무서록』, 깊은샘, 2003, 162면.
3) 오무라 마스오, 「김학철선생의 발자취(상)」, 『조선의용군 최후의 분대장 김학철』 2, 연변인민출판사, 2005, 212면.

깊은 관계를 맺고 있었는데, 서상일은 안희제·김동삼·남형우 등과 함께 대동청년단(大同靑年團)을 조직했던 인물이다. 서상일은 후에 안희제가 세운 백산주식회사의 대구 지점을 운영하기도 하였다. 이때 백산주식회사를 통해 만주의 독립운동자금이 제공되었고, 상해 임시정부의 운영자금 60% 이상이 흘러들어갔다는 사실에 주목할 필요가 있다. 김학철·윤세주—이육사—서상일—안희제·이극로—이태준으로 이어지는 인연의 끈들. 그 끈들을 더듬으며 나는 6시간 30분의 긴 기차여행을 견디었다. 조금만 살펴보면 굵직하게 세상을 살아나간 인물들이 결코 적지 않은 듯하다.

제남에서 하룻밤을 묵고 아침 일찍 일어나 석가장으로 이동하였다. 대명호(大明湖)에 들러 한 시간여 머뭇거렸을 뿐인데도 석가장에 도착하니 벌써 오후 두 시다. 식사를 하고 나서 하북성 작가협회를 방문하고 공식일정에 들어갔다. 행사장 전면에는 커다란 플랜카드가 걸려 있다. '중국항일전쟁 승리 및 세계 반파시즘전쟁 승리 60주년 기념 중한작가 세미나' 행사의 진행을 보니 중국 측에서 신경을 많이 쓴 흔적이 역력하다. 티에닝(鐵凝) 중국작가협회 부주석, 지디마자(吉狄馬加) 중국작가협회 서기, 김학천 연변작가협회 주석 등이 나서서 접대를 해 주었는데, 사실 나로서는 이런 행사에서 그다지 큰 감흥을 받지는 못 하였다. 스스로가 원체 의례적인 절차를 귀찮게 여길 뿐만이 아닌데다가, 중국이 사회주의 국가라서 그런지 의식이 다소 복잡하게 길었기 때문이다. 행사의 성사를 위해 그들이 고마움을 표시해야 하는 사람들은 왜 그리 많으며, 그 내용은 왜 또 천편일률적인지 인사말은 지루하기만 했다. 반면 이번 행사를 계기로 꾸준한 문화 교류가 이루어졌으면 좋겠다는 바람은 충분히 이해할 수 있었다.

연구자이기 때문일까, 행사장에서 정작 내 생각을 붙들어 맨 문구는 '반파시즘전쟁 승리 60주년'이라는 표현이었다. 지금 우리 학계에서는 파시즘 논의가 한창이다. 파시즘의 체제 내부에서 살아온 자의 내면에

는, 파시즘에 시달렸다고 하더라도, 파시즘의 그림자가 외부세계의 공
모자로서 깃들어 있게 마련이라는 논리이다. 이러한 입장에 서게 되면
'반파시즘전쟁 승리'란 어불성설에 불과하다. 자기 안의 파시즘을 몰각
혹은 은폐하는 태도에 머무르기 때문이다. 파시즘의 논리를 전가의 보
도 삼아 식민지(지식)인의 의식을 일방적으로 규정하려는 태도가 어리석
은 일임에는 분명하지만, '반파시즘'이란 선명한 기치로 당대의 상황을
일도양단(一刀兩斷)해 내는 태도도 우려스럽기는 마찬가지가 아닐까.

　행사 후 하북성 문학관을 둘러보며 이런 생각은 더욱 깊어졌다. 중국
의 문학사를 사진과 그림으로 정리해 놓은 문학관 2층의 들머리에는 전
설상의 인물 황제(黃帝)의 그림이 걸려 있던 바, 한족(漢族)의 조상신인
그는 조선족(朝鮮族) 뿌리의 상징처럼 다뤄지는 치우(蚩尤)를 몰아내고
중화문명의 기틀을 형성하였다. 신화로까지 거슬러 올라가며 자신의 뿌
리를 확인하고자 하는 심정이야 이해 못할 바 아니지만, 이러한 세계로
부터 동북공정(東北工程)의 욕심은 그리 멀리 떨어져 있는 것으로 보이
지 않는다. 어쩌면 황제에 반응하여 곧장 그 맞은편에 치우를 내세우는
나의 의식 또한 그 틀에 갇힌 것인지도 모르겠지만 말이다. '반파시즘
전쟁 승리'를 통해 한국과 중국이 하나가 되지만, '황제'의 그림 앞에서
다시 한국과 중국이 둘로 나눠진다는 생각에 느낌이 다소 묘해진다.

　토론·문학관 견학이 끝나자 만찬이 이어졌다. 최근 활동하는 중국
작가라고 해 봐야 내가 이야기할 수 있는 이는 『상상의 초가 교실』, 『빨
간 기와』, 『까만 기와』 연작을 쓴 차오원쉬엔(曹文軒) 외에는 없다. 연변
작가들에 대해서 또한 마찬가지다. 그러니 그들과 섞여 앉아 할 수 있
는 것이라곤 그저 술잔을 비우는 일이었다. 술을 주고받으면서 띄엄띄
엄 들은 흥미로운 이야기는 작가의 정년 문제였다. 중국에서는 작가에
게도 정년이 있어서, 정해진 기간 동안 그들은 몇 편의 작품을 써 내야
하고, 그 대가로 월급을 받는다고 했다. 그리고 정년이 지나면 월급이
줄어든단다. 문학이 그럴 수 있는 것인가 고개를 갸웃거리니 그들은 그

게 재미있는지 소리 내어 웃는다. 하기야 시장에서 문학의 가치가 좌지 우지되는 우리네 상황이라고 해서 그리 나을 바는 없다. 이는 중국 작가들이 관심을 보인 대목이다. 그런저런 이야기를 나누며 진행된 술자리가 파하고 8월 4일의 일정은 끝이 났다.

8월 5일 아침 우리 일행은 석가장에서 원씨현으로 이동하여 관사 앞에서 기념사진을 찍었다. 그리고는 다시 문학비 건립 제막식이 벌어질 원씨현의 벽지(僻地) 호가장으로 이동. 나로서는 이제부터 진짜 여행이 펼쳐지는 셈이다.

3. 뜨겁게 남은 흔적을 좇아서

원씨현에서 기념사진을 찍고 난 뒤 우리 차량에는 한 남성이 동승하였다. 김학철의 아들인 김해양 씨다. 가만히 보면 사진을 통해 접했던 아버지의 모습을 닮은 듯도 하다. 그의 설명에 따르면, 당시 일본군으로서는 조선의용군이 상당히 골칫거리였다고 한다. 어린 시절부터 일본인들과 함께 교육을 받고 생활을 했던 까닭에 조선의용군들은 언어와 습성에서 일본군들을 정확히 간파하고 있었고, 그에 따라 심리전·선전전이 용이하였으며, 야음이나 자욱한 안개를 틈타 일본군의 혼란을 야기하는 데에도 큰 역할을 하였다. 김학철이 남긴 기록에서도 이런 분위기는 충분히 감지할 수 있다. "팔로군은 우리 조선의용군이 실전(實戰)하는 걸 좋아하지 않았습니다. 전부가 300명밖에 안되는데 죽는다면 보충할 수가 없거든요. 그뒤 3천명쯤으로 불었습니다. 우리 의용군이 전사하는 걸 팔로군은 반대했지요. 직접 싸우는 것보다 선전을 전개해서 정치적인 공세를 하는것이 더 효과가 큽니다. 말하자면 정치적인 의미가 더 중요하다는것이었지요. 그렇지만 우리도 맞부딪치면 싸웠습니다."[4]

그 구체적인 양상을 나는 김사량의 『노마만리』에서 읽은 바 있다. 외부와 격리된 일본군 포대를 점령하기 위해 조선의용군 측이 꾀를 내어 전화를 걸었다. 구원병이 곧 갈 터이니 문을 열라고 전갈을 보낸 것이다. 조선의용군의 계교에 빠지는 것이 아닐까 걱정하는 부하의 뺨을 갈겨대며 통화를 했던 대장은 이렇게 일갈했다. "내가 되놈과 요보(조선놈)의 일본말을 분간 못할 테냐? 올데갈데없는 아키다(秋田) 방언이었다, 아키다 방언."[5] 아니나 다를까 밤안개 속에 거뭇거뭇 나타난 그림자는 분명 일본군복이었다. 그렇지만 그들은 변장한 조선의용대였으니 별다른 피해 없이 일본군 포대를 점령해 버린 것은 예정된 결과였다. 이런 일이 비일비재하였으니 일본군이 조선의용군을 먼저 분쇄하려고 나선 것은 당연했으며, 반대로 팔로군으로서는 조선의용군들을 귀하게 여길 수밖에 없었다. 지금 우리가 가는 호가장에서 1941년 전투가 벌어진 데에는 이런 상황이 배경으로 작용하고 있다.

친절하게 설명을 해 주던 김해양 씨가 "이제 호가장에 거의 다 왔습니다"라고 정리를 할 즈음 난데없는 북소리, 피리소리가 들려온다. 창문 밖으로 고개를 돌려보니 붉은 색 전통복을 입고 나온 할머니들이 긴 천을 너울너울 흔들면서 환영하는 춤을 추고 있다. 북소리·피리소리는 할머니들의 춤에 박자를 넣느라 그 마을 할아버지들이 울려내는 소리였다. 버스에서 내려 기념탑 옆을 보니 마을의 꼬마들이 대열을 맞춰 '조선의용군추도가'라는 노래를 준비하고 있다. 나머지 마을 사람들은 행사장을 둘러싸고 우리를 기다리는 모습을 보여 준다. 누군가가 마을 주민 4백여 명이 모두 나와 있다고 전해 주었다. 그들의 환대는 정말 송구스러울 정도이다. 가뜩이나 더운 여름날 뜨거운 햇볕 아래서 펼치는 행사는 얼마나 짜증나는 일이겠는가. 학교의 책걸상을 새 것으로 교체

---

4) 위의 글, 213~214면.
5) 김사량, 『노마만리』, 실천문학사, 2002, 215면.

해 주고, 네 마리의 소를 기증한 때문이라고 짐작하니 다소 불편한 느낌도 들지 않을 수 없었다. 아마 김해양 씨의 설명이 없었더라면 나는 결코 그들의 분에 넘치는 환대를 제대로 이해하지 못했을 것이다.

"1940년대에 이 곳 호가장에는 조선의용군 분대가 머물렀습니다. 그때 사업을 참으로 잘 하였지요. 그래서 주민들과 아주 친밀하게 지냈고, 존경을 받기도 했습니다. 지금 호가촌은 1백여 호가 살고 있는데, 촌장의 이름이 후아이차오(胡愛朝)입니다. 촌장의 아버지가 '조선을 사랑한다'는 의미에서 아들의 이름을 그렇게 지었던 것이지요. 우리말로 하면 '愛朝' 아닙니까. 아직까지도 그 당시 조선의용군과의 관계를 기억하는 사람들이 살아있지만, 지금 자라나는 아이들은 그걸 잘 모른다고 합니다. 그래서 후아이차오는 문학비가 좀더 빨리 세워졌더라면 하는 아쉬움을 드러내기도 합니다. 환대가 성대한 것은 아마 그러한 사실과 연관되어 있을 겁니다."

호가장 항일문학비 제막행사는 순서에 따라 열네 가지 의식이 진행되었다. 이 날도 티에닝 중국작가협회 부주석, 지디마챠 중국작가협회 서기, 김학천 연변작가협회 주석, 원씨현의 여러 관료 등이 참석하여 자리에 무게를 더해 주었다. 그렇지만 행사의 무게보다도 내 눈길을 끄는 것은 아무래도 문학비를 둘러싼 풍경이다. 항일문학비가 세워진 장소는 꽤 마음에 든다. 한 편으로 호가장 마을이 한 눈에 들어오고, 그만하면 우람한 태항산맥 줄기도 느낄 수 있기 때문이다. 탁 트인 마을 입구라는 점도 흡족함에 한 몫을 더한다. '김학철항일문학비(金學鐵抗日文學碑)'와 '김사량항일문학비(金史良抗日文學碑)'에는 쇠귀 신영복의 글씨로 다음과 같은 문구가 각각 새겨져 있다. "밤소나기 퍼붓는 령마루에서 래일 솟을 태양을 우리는 본다", "이십 구 용사가 서로 엄호해 가며 내달려 올라가 진지를 잡았다는 호사산은 말이 없고 이끼 앉은 바위 위에는 낙엽만이 쌓여 있었다." 그리고 두 개의 문학비 사이에는 또 하나의 비석이 놓여 있다. "1941년 12월 12일 새벽 / 일본군의 기습 포위공격 / 어둑한 골짜기 자욱한 총소리, / 그날, 조선의용군 네 전사 / 그들을 구하려던 팔로군 열두 청년 / 이곳에서 전사하였거니, / 이 보리밭 머리에 / 태항산의 돌을 깎아 비를 세우노라. / 중국 하북성 원씨현 인민정부 / 중국 연변작가협회 / 한국 실천문학사 김영현 / 우(于)호가장전장 2005년 8월 5일."

복잡한 행사가 끝나자 호가장 마을의 전투지 답사가 진행되었다. 이를 이해하기 위해서는 먼저 간략한 설명이 필요하겠다. 여기에 대해서는 김남일이 요령 있게 정리해 두었으니 그대로 인용한다.

> 1941년 12월 12일 새벽, 일본군 점령지에 들어가 선전공작을 마친 김세광 대장 휘하 조선의용군 대원 스물아홉 명은 유격구 내 호가장에서 하룻밤을 묵게 되었다. 사흘간 눈 한번 붙이지 못한 터라 대원들은 머리를 눕히기 무섭게 잠에 곯아떨어졌다. 이날따라 유숙지 바깥에만 보초를 세웠고 따로 유동 보초를 세우지 않은 게 불찰이었다. 게다가 마을의 구장이 한간(漢奸 : 밀정)이었다. 얼마 후 대규모 일본군 무장부대가 마을을 급습했다. 그제야 황급히 잠에서 깨어난 의용군 대원들은 필사적으로 대항했지만 역부족이었다. 날이 밝을 때까지 벌어진 이 날 전투에서 조선의용군 대원 네 명(손일봉, 박철동, 왕현순, 한청도)이 전사하였다. 김세광 대장은 팔을 잃었다. 한 대원은 다리에 부상을 입고 일군에 체포당했다. 그가 훗날 『격정 시대』, 『항전별곡』, 『해란강아 말하라』 등을 쓴 외다리 작가 김학철이었다. 적군의 피해는 더욱 컸다. 사망 18명에 부상 32명이었다.[6]

마을을 답사하며 당시의 상황을 설명해 준 이는 역시 김해양 씨다. "이 집입니다. 여기에 분내의 지도부가 머물렀습니다. 집은 옛날 그대로입니다. 이 분이 주인이신데, 집을 그대로 보존하기로 약속했습니다. 저기 맷돌 보이시죠? 조선의용군들은 저걸로 곡식을 갈아 음식을 만들어 먹었습니다. 그리고 보초를 서는 사람은 여기 이 사다리를 타고 올라가서 바깥을 살폈습니다. 자, 이제 12일 의용군들이 움직였던 길을 따라가

---

6) 김남일, 앞의 글, 455~456면.

볼까요? 조선의용군 29명이 호가장에 있다는 정보를 입수하자 일본군들
1천 명이 한밤중에 호가장을 포위합니다. 사다리 위에서 보초를 서던 이
가 알아채서 조선의용군들은 이 집을 빠져 나가게 됩니다. 그래서 이 문
을 나서서 이쪽 길로 달려 나가지요. 태항산을 보고 움직인 것입니다."

꼬불꼬불 꼬이고 갈라지는 길을 여기저기 헤치고 이리저리 돌아 마
을 뒤의 언덕으로 일행은 움직였다. 언덕 너머에는 태항산이 넓은 품을
펴고 있다. "우리가 지나온 길 어느 쯤에서 전투가 벌어졌습니다. 거기
서 김학철이 다리에 총을 맞고, 김세광 대장이 팔을 잃지요. 조선의용군
네 명이 죽기도 합니다. 그러면서 결국 여기까지 피해 왔습니다. 일본군
의 마지막 포위망이 저기 언덕 위에 있었습니다. 그들은 벌써부터 마을
을 향해 기관총까지 겨누고 있던 상태였습니다. 퇴각하는 조선의용군의
기척이 느껴지자 일본군이 묻습니다. '누구냐?' 이 때 조선의용군이 기
지를 발휘하지요. '총소리 못 들었나. 지금 저 쪽에서 전투가 벌어졌는
데, 너희들은 왜 아직까지 여기 이렇게 있는 거냐? 빨리 가서 도와줘야
한다.' 이 말에 일본군들은 방금 우리가 지나온 마을 방향으로 뛰어 내
려갑니다. 이 때 조선의용군이 저 언덕 너머로 건너갔지요. 마침 그 날
안개가 자욱했다고 합니다. 만약 안개가 없었다면 전부 몰살되었을 겁
니다."

언덕에 올라보니 정말 아찔함이 느껴졌다. 언덕 아래가 시원하게 눈
에 들어오기 때문이다. 여기서 만약 일본군이 기관총을 갈겨댔다면 모
든 조선의용군들은 영락없이 죽음을 면치 못했으리라. 조선의용군 대신
기관총 세례를 받은 이들은 팔로군이었다. 마을로 내려가다가 속은 것
을 깨달은 일본군들이 다시 언덕 자리로 돌아와서 낮은 곳에서 올라오
는 팔로군을 공격했던 것이다. 총소리를 듣고 조선의용군들을 돕기 위
해 급하게 뛰어들던 팔로군 12명이 이때 일본군의 기관총에 목숨을 잃
었다. 다리를 다쳐 일본군에 붙잡힌 김학철은 일본 나가사키 형무소로
압송되었다. 해방을 맞을 때까지 그는 거기서 옥살이를 했고, 옥살이를

하면서 결국 왼쪽 다리를 잘라내야만 했다.

1945년 조선의용군에 합류한 김사량은 호가장에서 와서 그 전투에 참가했던 전사로부터 구체적인 사실을 직접 전해 들었다. 그래서 김사량의 『노마만리』에서 호가장전투는 생생하게 기록될 수 있었다. 이야기를 전해 듣고 난 김사량은 아마 지금 내가 걷는 이 길을 직접 천천히 걸어보았을 것이다. 그리고 1941년 12월 12일 스물아홉 명의 조선의용군이 전투를 벌이며 필사적으로 탈출했던 그 길 위에서 치열한 독립정신을 되새겼으리라. 오늘날 나는 다시 그 길을 걸으며 김학철과 조선의용군 그리고 김사량을 떠올리고 있다. "이십 구 용사가 서로 엄호해 가며 내달려 올라가 진지를 잡았다는 호사산은 말이 없고 이끼 앉은 바위 위에는 낙엽만이 쌓여 있었다."

전투지 답사가 끝난 뒤 우리는 주변 마을로 이동하였다. 당시의 전투에서 사망한 네 명 전사의 묘가 거기에 있기 때문이다. 주변 마을이라고 하지만 거리가 만만치 않아서 차를 타고서도 1시간 30분여나 움직였다. "왜 이렇게 먼 곳에다 묘를 쓴 건가요? 그냥 호가장에 묘를 썼으면 되었을 텐데 말입니다. 호가장에 무슨 문제가 있었습니까?"라고 묻자 김해양 씨가 친절하게 설명해 준다. "저쪽 산길을 따라오면 백 리입니다. 그런데 우리는 차를 타고 오느라고 돌아서 이백 리를 왔지요. 그래서 멀게 온 겁니다. 1940년대에 이 마을에는 팔로군 사령부가 있었습니다. 바로 이 집입니다. 사령부는 저기 앉아서 회의를 하였습니다. 이 곳에 조선의용군의 묘를 쓴 이유는 바로 팔로군 사령부가 있었기 때문입니다. 호가장에는 한간이 있었고, 또 일본군이 호가장을 노리고 있었으니 시체가 훼손당할 우려가 있었거든요. 그래서 호가장 인민들은 팔로군 사령부가 있는 이 곳으로 조선의용군의 시신을 옮겼던 겁니다. 저쪽 산길을 따라 호가장 인민들은 몸을 숨겨가면서 조선의용군 시신을 들쳐 업고 백리 길을 건너왔습니다. 시신을 옮기다가 일본군이나 한간에게 들킨다면 죽을 수도 있었을 테니 그 사람들은 무척 조심했을 겁니다."

세상에, 만약 나였더라면 내 가족이 아닌 이상 시체를 업고 백리 길이나 나서는 고생을 감히 시도하지도 못했으리라. 더구나 추운 겨울날 제 목숨까지 걸고서라면 더 말할 나위가 없다. 그런데도 호가장 인민들이 그런 노력을 보여 주었다니 놀랍고 고맙기만 하였다. 일본과 함께 맞선다는 이유만으로 이민족의 시신을 운반하였던 것이다. 그들의 관계가 그토록 가까웠던 것인가. "김선생님, 같은 민족이라는 것 외에는 여기 잠들어 계신 분들과 아무런 연고도 없습니다만, 괜히 제가 호가장 인민들에게 상당히 고마워지고 무언가 큰 빛을 진 것만 같은 느낌이 드네요. 민족의 울타리를 뛰어넘어 이렇게 서로에게 감동을 줄 수 있는 관계가 다시 새롭게 복원되어야 할 텐데요. 정말, 저로서는 가슴이 뛸 정도로 놀라울 따름입니다. 아, 이런 일이 가능하다니 ……." 지금도 조선의용군들의 묘에 신경을 쓰는 듯 원래 아래편에 있던 묘자리는 보다 넓고 시원한 자리로 옮겨진 모습도 확인할 수 있었다. 간단히 술을 올리고, 묵념을 하고 우리는 다시 1시간 30분을 달려 숙소로 돌아왔다. 숙소에서 확인해 보니 1941년 12월 12일 세상을 떠난 조선의용군 용사들은 아주 젊은 나이였다.

> "손일봉(孫一峰) 28세
> 박철동(朴喆東) 26세
> 한청도(韓淸道) 27세
> 왕현순(王現淳) 24세"7)

이들의 젊은 죽음을 배면에 깔고 "밤소나기 퍼붓는 령마루에서 래일 솟을 태양을 우리는 본다"라는 문장에 대해 잠깐 생각해 보았다. 1930년대에 이상은 "어느 시대에도 현대인은 절망한다. 절망은 기교를 낳고 기교 때문에 또 절망한다"라는 문장을 남긴 바 있다. 이상은 절망에 뿌

---

7) 김학철, 「전적지에 얽힌 사연」, 『태항산록』, 대륙연구소 출판부, 1989, 225면.

리를 박고 난해한 기교로써 세상과 맞서고자 하였다. 이를 테면 언어를 통해 현실의 절망을 견디어 내고자 했던 것이다. 따라서 절망의 깊이에 비례하여 갈고 닦인 그의 언어(기교)는 빛을 발할 수 있었다. 그렇지만 그것은 결국 절망의 순환 안에서 의미를 가질 뿐이다. 애초에 그의 기교(문학)가 절망에 뿌리를 내린 탓이다. 이상의 정신이 우뚝 설 수 있는 까닭은 절망에 정직했기 때문이며, 절망을 거름 삼아 그는 나름의 세계를 일굴 수 있었던 게 아닐까. 그렇지만 김학철은 절망 그 자체와 맞서는 모습을 보여 준다. '밤소나기 퍼붓는' 오늘 그는 벌써 '내일 솟을 태양을' 바라보고 있다. 오늘의 절망 위에 내일의 희망을 겹쳐놓고 있기 때문에 절망의 순환이란 김학철에게 가당치 않게만 다가선다. 그런 점에서 김학철은 이상의 반대편에서 하나의 문학정신으로 우뚝한 봉우리를 이루고 있다. 그렇게 절망의 사슬을 끊고 앞으로 나아가려는 정신은 조선의용군의 정신이기도 하였다. 조선의용군의 정신 안에서 네 명의 전사는 젊은 나이에 죽음의 세계로 들어섰다. 8월 5일의 밤은 그들의 죽음처럼 까맣게 깊어 갔다.

8월 6일은 조선의용군의 흔적을 더듬는 마지막 날이다. 이틀의 여정이 더 남아 있었지만, 그것은 그저 여느 여행과 마찬가지 일정일 따름이다. 낙양과 북경 관광으로 계획되어 있었던 것이다. 아침부터 버스로 네 시간 이상을 달려 남장촌으로 움직였지만, 교통 체증 때문에 결국 남장촌에는 갈 수 없었다. 가는 날이 장날이라고 한단을 빠져나가니 마침 상당히 긴 구간에 걸쳐 도로 공사를 하고 있었는데, 공사를 벌이는 이들은 아무런 대책 없이 절반의 차선을 점거해 버린 양상이있다. 차량의 통행이야 어찌 되든 각자 알아서 하라는 식이다. 만약 한국이었다면 난리가 났을 법하지만, 어쩔 수 있나, 여기는 중국인 것을. 남장촌에는 조선항일군정학교 등 항일의 흔적이 제법 남아 있다고 한다. 아쉽지만 남장촌 견학은 다음 기회를 기약하기로 했다. 결국 이제는 단 하나의 경유지만 남게 되었다. 한단에 있는 항일전사의 묘소다.

많은 묘비 사이에는 윤세주의 묘비가 자리하고 있다. 윤세주는 1942년 5월의 이른바 '5월 반소탕전'에서 목숨을 잃었다. 소설가 이원규가 작성한 여행 자료에는 '5월 반소탕전'이 이렇게 설명되어 있다. "이 무렵 일본군은 태항산 지역에 대공세를 펴기 시작했다. 5천명의 팔로군 지휘부는 고립된 채 일본군 10만 병력에 포위되었고 조선의용대에 활로를 뚫으라는 명령을 내렸다. 조선의용대는 절망적인 상황에서 내려진 명령을 받아 들였다. 기적 같은 기만작전으로 포위망을 뚫어 팔로군 지휘부를 구했다. 이때 의열단과 조선의용대의 제2인자로 투쟁해온 윤세주와 진광화가 전사했다. 이 전투를 중국현대사는 '5월 반소탕전'이라고 부른다."

나는 이육사에 대해 공부를 하며 '윤세주'라는 이름을 처음 접했다. 이육사로부터 "꼭 목숨 이외에 사랑하는 물품"으로 삼았던 "비취 인장 한 개"를 선물 받았던 "S"가 바로 윤세주였던 것이다. 다음은 이육사가 쓴 수필 「연인기(戀印記)」의 한 대목이다.

나는 내 고향이 그리울 때나 부모형제를 보고저울 때는 이 인장을 들고 보고 七月章을 한 번 외워도 보면 속이 시원하였다. 아마도 그 翡翠印에는 내 향수와 血脉이 통해 있으리라. 그 뒤 나는 上海를 떠나서 조선으로 돌아오게 되었고, 언제 다시 만날런지도 모르는 길이라 그곳의 몇몇 문우들과 특별히 친한 관계있는 몇 사람이 모여 그야말로 최후의 만향을 같이하게 되었는데, 그중 S에게는 나로부터 무엇이나 기념품을 주고 와야 할 처지였다. 금품을 준다 해도 받지도 않으려니와 眞正을 고백하면 그때 나에겐 금품의 여유란 별로 없었고 꼭 목숨 이외에 사랑하는 물품이래야만 예의에 어그러지지 않을 경우이라, 나는 하는 수 없이 그 귀여운 비취인 한 면에다 '贈 S・一九三三・九・一○・陸史'라고 새겨서 내 평생에 잊지 못할 하루를 기념하고 이 따를 돌아왔다.8)

---

8) 이육사, 「愛印記」, 『李陸史 全集』, 깊은샘, 2004, 180면.

이육사는 조선혁명학교의 과정을 이수한 뒤 은밀한 임무를 띠고 국내로 잠입했다. 그러니까 「연인기」의 내용은 잠입하기 직전 펼쳐진 만찬에서 있었던 일에 해당한다. 「연인기」는 다음과 같은 내용으로 끝을 맺고 있다. "지금 S가 어디 있는지 십 년이 가깝도록 소식조차 없건마는 그래도 S는 그 나의 귀여운 印을 몸에 간직하고 천태산 한모퉁이를 돌아 많은 사람들 틈에 끼어서 강으로 강으로 흘러가고만 있을 것같이 생각된다. 나는 오늘밤도 이불 속에서 手詩七月章이나 한 편 외워보리라, 나의 비취인과 S의 無恙을 빌면서."9) 「연인기」는 『조광』 1941년 1월호에 발표되었다. 그러니 이때까지 S—윤세주—는 살아 있었다. 그렇지만 그의 삶은 오래 이어지지 못했다. 이육사는 S의 죽음을 언제 전해 듣게 되었을까. 그리고 무슨 생각을 하였을까.

"한문학의 세계가 무너진 자리에서 찬란하게 빛을 발한 사람들이 꽤 되네요. 특히 경상도 출신 가운데 말입니다. 얼핏 떠올려 봐도 여기 누워 있는 윤세주가 밀양, 약산 김원봉도 밀양, 안희제는 의령, 서상일은 대구, 이시영도 대구, 김동삼이 안동, 이육사도 안동." 이육사와 윤세주의 관계를 생각하다가 문득 그 옛날의 '지역감정'이 멋있었다는 생각이 들어 한 마디 하였더니 김해양 씨가 "밀양은 혁명가의 고장이지요"라고 첨언을 한다. 김해양 씨가 내 생각을 읽고 말을 더한 것은 아닐 터이지만, 듣고 보니 마음속에 묘한 여운이 남는다. 밀양 김용갑 국회의원의 모습이 언뜻 떠올랐기 때문이다. 얄궂은 시간의 흐름이라니 뽕나무밭이 바다로 변한 듯한 느낌이다. 여행을 하면서 추체험하였던 '그때의 시간'에서 현재 살고 있는 시간으로 나는 서서히 귀환하기 시작했다.

"선생님께선 이제 연변으로 가시는 건가요? 윤세주 선생의 묘비 앞에서 인사를 나누게 되네요. 덕분에 많이 배웠습니다. 나중에 공부하다가 궁금한 것이 있으면 도움 청하겠습니다. 귀찮다 마시고 도와주시면 고

---

9) 위의 글, 181면.

맙겠습니다. 건강하십시오.” 아쉬운 인사에 김해양 씨도 손을 맞잡고 다음을 기약한다. “언제 연변으로 오십시오. 드린 책 사이에 이메일 주소도 들어있으니 연락도 주시고요. 안녕히 가십시오.” 모든 시간의 흐름이 얄궂기만 한 것은 아닐 터, 다음에 만날 때는 김학철·김사량에 대해 좀 더 이해를 쌓아 깊이 있는 대화를 나누는 것도 의미가 있으리라 싶다. 그렇게 마음을 다잡는 나를 태우고 버스는 김해양 씨와는 반대편으로 달리기 시작하였다. 이제 여행이 끝나는 것이다.

4. 다시 열리는 길

여행에서 돌아오면 얼마간 들떠 있게 마련이다. 그곳과 이곳의 거리가 잔영처럼 남아 있는 탓이다. 내게 남겨진 잔영이라면 스스로에 대한 ‘노마(駑馬)’라는 자각 정도가 되겠다. 노마라면 걸음이 느린 말을 일컫는다. 스스로를 겸손하게 이를 때 ‘재능이 모자라는 사람’이라는 뜻으로 사용되기도 한다. 김사량은 『노마만리』를 써 내려가면서 스스로를 ‘노마’라고 겸양하였다. 그보다 앞서 태항산맥 그늘에 뛰어들어 사투를 벌였던 전사들에 대한 경의를 읽을 수 있다. 그래서 선배 조선의용군들이 자신에게 요구했던 바를 다음과 같이 명확하게 밝혀 놓기도 하였다.

“쓰시오, 쓰시오 모두 기록에 남겨두시오. 이 하북 땅에도 조국을 찾기 위해 목숨을 바치고 피를 흘린 동무들이 있었다는 것을 때를 만나 돌아가거든 국내 동포들에게도 알려야지요. 이 관내의 중국 땅에서는 그래 총을 들고 왜적과 싸우기는 우리들입니다. 중경서 영감쟁이들은 책상머리에 대신(大臣) 말뚝이나 세워놓고 서루 으르렁거리고 있군요. 일본이 망하면 돌아가서 한자리씩 해 볼 궁냥만 앞서지 왜놈들과 싸울 생각이야 날 뻔이나 하오? 하기는 실지 공작을 하는 가운데서 동무도 더 절실한 기록을 쓰게 되리다."10)

여행에서 돌아온 나는 『노마만리』를 다시 읽으며 한 마리 노마를 발견한다. 한 마리 노마는 지금 기껏해야 컴퓨터를 마주하고 자판기를 똑딱거리고 있다. 얼마나 똑딱거리면 나 또한 만 리를 갈 수 있을까. 내가 떠나 기록할 세계는 내가 살고 있는 현실 깊숙한 곳이 되어야 할 터, 여행에서 돌아와서 다시 여행을 떠나야 하는 셈이다. 하기야 삶은 늘 그렇게 이어지는 법 아닐까. 화려한 언어는 생생한 삶 앞에서 늙은 술집 작부의 화장처럼 초라해질 따름이니, 그저 이러한 사실을 지팡이 삼아 세상을 헤쳐 나가면 되겠다. 그렇게 길은 다시 열린다.

10) 김사량, 앞의 책, 152~153면.